不屈の春雷

上

十河信二とその時代

Maki Hisashi
牧久

ウェッジ

不屈の春雷——十河信二とその時代（上）　目次

下巻目次

装幀　間村俊一

不屈の春雷

――十河信二とその時代（上）

凡例

・本文中の敬称はすべて省略した。
・「満洲」（現中国東北部）および「満洲国」は、満州と表記した。
・「支那」は原則として「中国」としたが、当時の固有名詞や引用文、会話中では「支那」と表記した箇所がある。華北、華中、華南も同様に「北支」「中支」「南支」と表記した箇所がある。
・軍隊の部隊名および人物の肩書、学校名、地名等々は原則的にその時点のものとし、（ ）内に適宜補足した。また、外国の地名に関しても原則的に当時の呼称に合わせた。
・書籍・新聞等の引用に際しては、読みやすさを考慮し、旧漢字を新字、旧仮名を新仮名、片仮名を平仮名にするなどした。また、句読点を入れたり一部簡略化したりするなど、適宜変更を加えた箇所もある。
・十河信二の「備忘録」（西条図書館蔵）と十河が吹き込んだ「録音テープ」（十河光平氏蔵）は、内容において相互に補完する部分があり、双方を合体して一つのものとして扱った箇所がある。

写真提供および協力

十河光平、十河新作、島隆、三島叡、毎日新聞社、共同通信社、公益財団法人後藤・安田記念東京都市研究所、Wikimedia Commons（その他は著者撮影）

序章「明治以来の夢なり」

東海道新幹線開通の朝

東京オリンピックの開会式を九日後に控えた昭和三十九（一九六四）年十月一日朝。東京駅十九番線ホームで午前五時四十五分から大阪行の一番列車「ひかり1号」の出発式が始まった。紅白のモールやクス玉で華やかに飾りつけられたホームには、ブラスバンドの賑やかなマーチが、明けやらぬ薄暗さを吹き飛ばすようにこだまし、祝賀気分がいっぱいに漂っていた。

出発一分前の発車ベルと出発の警笛。石田礼助総裁が紅白のテープを切るのと同時にクス玉が割れ、五十羽のハトが羽ばたく。二十一発の祝砲の花火が威勢よくとどろいた。「汽笛一声新橋を……」の曲を織り込んだメロディーをブラスバンドが一段と高く演奏する。定刻の午前六時、「ひかり1号」は軽快なレール音を響かせてホームをすべりだした。

NHKテレビは午前五時四十五分から特別番組を組み、出発式の模様を東京駅から中継した。

当時、カラーテレビの普及率はまだ低く、全国で約五万四千台（電子機械工業会調べ）ほど。NHKのカラー放送は一日合わせて二時間しかなかった。この出発式の中継も現場の華やかさとは裏腹にモノクロ放送だった。

東京・千駄ヶ谷の狭いアパートの一室で、口をへの字に結んで食い入るようにこの中継に見入る老人がいた。一年半前に国鉄総裁を退いた八十歳の十河信二《そごう》である。渋谷区初台の総裁公邸を引き払った十河は、2DKのアパートで秘書兼世話人の高木滋子の世話になりながら生活していた。五十年近く連れそった妻キクは十河が国鉄総裁に就任した三年後の昭和三十三年七月、七十一歳で病死する。以後、滋子が十河の身の回りの世話を続けてきた。滋子は十河の唯一の趣味である俳句の宗匠でもあった。

十河総裁の最後の秘書だった三坂健康（のち国鉄常務理事、日本交通協会会長）はこの日早朝、一人で十河のアパートを訪ねた。晴れの出発式に招かれなかった十河と一緒に、せめてテレビに流れる映像を見ながら、十河が命がけで奔走し、実現に漕ぎ着けた東海道新幹線の開通を祝いたい、という思いからだった。朝食の支度を始めていた滋子に目配せすると、三坂は十河の座ったソファの端に腰を下ろした。部屋には味噌汁の香りがほのかに漂っている。十河は、三坂がやってきたことに気付いたのかどうか。彼の目は無言のままテレビに釘付けになっていた。「ひかり1号」は次第にスピードをあげ走り始める。「これでいいんだ、これでいいんだ」。十河は二度、繰り返すように低い声を発した。そう多くない頭髪にめっきりと白いものが増えた十河の横顔。長い間、ライオンが吠えるような怒鳴り声を聞きなれた三坂には、その声は弱々しく寂しそうではあったが、自分の心に「何かを言い聞かせている」ように聞こえた。「十河さんはテープカットをする石田総裁に自分の姿をダブらせていたのでしょうか」と三坂はいう。

国鉄総裁として悪戦苦闘しながら東海道新幹線の実現に漕ぎ着けたのは、間違いなく十河信二であった。新幹線計画が世に出た時、「戦艦大和、万里の長城、ピラミッドという〝世界三大バカ〟に並ぶ愚挙」とも揶揄された。十河の信念と決断がなければ新幹線は生まれなかっただろう。しかし、昭和三十七年に起きた常磐線三河島事故で、百六十人もの犠牲者が出た。その責任追及の矢面に立たされ、追い打ちをかけるように新幹線建設費の大幅な不足が明るみに出る。新幹線開通を一年半後に控え、十河は、〝石もて追われる如く〟国鉄総裁の座を去らなければならなかった。

十河信二は国鉄総裁に就任した時、密かに遺書を認《したた》めた。「残される愛するものへ」と記されたその遺書（西条市・十河記念館所蔵）には、新幹線建設にかけた彼の思いが込められている。

一、予既に古希を過ぐ　余生を君国に奉仕するを得ば　満足之に過ぐるなし
一、不敏にして他に報恩の途を知らず　一意国鉄に殉せんことを念願する此以之
一、万一職場に於てたほる《(ママ)》るが如き機縁を得らるるならば　是予にとりて至幸とす
一、広軌新東海道幹線は我民族にとり明治以来の夢なり　夢は生命なり　この夢を実現せしむることは先人に対する予の責務ともいふべし
一、万一予にこの責務を完遂することを許さるるならば　予は唯々天恩の深きに感泣せんのみ

明治四十二（一九〇九）年、鉄道院に入って以来五十五年。師と仰ぎ続けた初代総裁、後藤新平や彼を継いだ仙石貢、鉄道技師の島安次郎ら先人が思い描いた「広軌新東海道幹線」の夢がやっと実現したのである。「これでいいんだ、これでいいんだ」との声が口をついて出たのは、「先人たちへの責務」を果たし終えたことへの〝満足感〟だったのかも知れない。

十河は、七十一歳の高齢で国鉄総裁に就任した最初の記者会見で「鉄路を枕に討死の覚悟」と述べて世間の顰蹙を買う。平和主義と民主主義が正義の御旗になっていた昭和三十年代初めに、その大時代的表現は、「戦時中の亡霊が現れた」とマスコミの批判の嵐に晒される。十河は、心底から広軌新幹線の建設にその命を懸ける覚悟で総裁を引き受けたのであり、明治以来、屍累々たる広軌鉄道派の先人たちの無念な思いに対する〝弔い合戦〟と考えていた。彼にとっては大げさでもなんでもない本音そのものだったのである。

十河が「明治以来の夢なり、夢は生命なり」と遺書に記した「広軌新幹線」について簡単に説明しておきたい。鉄道のレールの軌間（レール幅、ゲージ）の国際標準幅は、四フィート八・五インチ（一四三五ミリ）でこれが広軌と呼ばれる。しかし、日本では明治時代の鉄道敷設開始以来、建設費用が安上がりな狭軌（軌間三フィート六インチ＝一〇六七ミリ）で建設が進められてきた。後述するが鉄道草創期の軌間幅の意志決定が、百年以上にわたって日本の鉄道の原則となってきたのである。

しかし、明治後期から後藤新平らを中心に国際標準軌である広軌への改築論が主張されるようになる。これに対し軌間は狭くても、まず全国の隅々まで鉄道を敷設することが先決とする原敬らの政治勢力の反対によって、広軌改築論は常に潰されてきたのである。「我田引鉄」という言葉が残るように、自分の選挙区に鉄道を引くことは政治家の力量を示すことであり、選挙結果に大きな影響を与えた。広軌か狭軌か、という争いは明治以来の鉄道界の宿命であった。

道楽息子

　話を新幹線開通の朝に戻そう。一番列車の出発式に新幹線建設最大の功労者、十河信二を招かなかったことについて、後任の石田総裁や磯崎叡《さとし》副総裁は「冷たすぎる」とその後、国鉄内外で話題となる。十河と犬猿の仲だった磯崎が意識的に外した、とも囁かれた。新幹線の運営責任が現役総裁の石田礼助にあることを考えるなら、彼がテープカットをするのは組織的には常識ではあるが、十河は石田から「組織の示しがつかないから、君には話も相談もしない」と言われたという。また石田は、国鉄総裁を引き継ぐとき、「君は新幹線という〝道楽息子〟を残していくんだから」と十河に愚痴った。三井物産出身の財界人、石田からみれば膨大な経費をかけた金食い虫の新幹線は、国鉄の〝道楽息子〟に見えたのだろう。

　同時に石田は超高速で走る新幹線の事故発生を恐れていた。当時、石田の秘書だった岩崎雄一（のち国鉄常務理事、日本鉄道広告協会会長）は開業式の前日、試運転列車に乗車する高松宮殿下夫妻を東京駅長室にお迎えした時のことを覚えている。高松宮殿下が石田にお祝いとねぎらいのことばを述べると、石田は「皆さん喜んで下さるが、私にとっては毎日、事故なく走ってくれるか、心配のタネが一つ増えました[*1]」と述べた。「殿下は石田さんのジョークと思われたようだったが、そうではなかった」。石田は休日の日、神奈川県・国府津《こうづ》の自宅付近を散歩していて新幹線が定刻通り走っていないことがわかると「事故でもあったのではないか」と神経質なほど電話をかけてきたという。

十月一日午前十時から東京駅前の国鉄本社（当時）で、天皇、皇后両陛下を迎えて開かれた「開業式典」には十河も招かれている。

この日の各紙夕刊は「日本の新しい大動脈の開通」を大々的に報じたが、生みの親である十河に触れた記事は皆無に近い。「読売新聞」だけが十河の表情を追っていた。

〈両陛下をおむかえしての開業式典では、前総裁の十河さんが〝焦点の人〟だった。陛下のお言葉にじっと目をとじて聞き入る。新幹線建設に功績があったと、天皇陛下から銀杯一組を贈られることになった十河さんは、また目をしばたたく。涙もろい総裁だっただけに、大きな感情のうねりをこらえかねているのかもしれない。あるいは、新幹線計画当初の、さまざまな苦慮の思い出を、この晴れの日を迎えてなつかしく反すうしているのだろうか。生涯最良の日の喜びをこらえかねる十河さんの表情だった〉

「カミナリ総裁」と呼ばれ、周囲から恐れられた十河だが、この開通式の一番列車のテープカットを自分の手でやりたいと、彼自身がだれよりも強く思い続けていた。「日経新聞」の国鉄担当記者だった大谷良雄（のち酒田コミュニティ新聞社長）は昭和三十七年五月三日の三河島事故発生から一か月ほどたった六月初め、東京・麴町にあった国鉄総裁公邸に夜回りする。遅れて中日新聞社の高橋久雄記者もやってきた。事故の責任をとって辞任すべきだとの声が政府、国会、国鉄内部からも強まっている最中である。

十河は夜十時すぎ、大谷らが待つ公館へ帰ってきた。十河は事故発生以来「この一か月、泣き通しです」「遺族の方々に申し訳ない」と言いながら、二人の前でポロポロと涙を流した。その後だった、と大谷は「交通ペン20周年記念号[*2]」に書いている。

〈僕は新幹線のテープを切りたいのだ。テープを切るまでやめたくないのだ〉

十河の本音が二人の記者の前で飛び出した。大谷の頭の中には「十河総裁涙ながらに留任の意向語る」という朝刊の見出しがよぎった。だが、公邸を出て考えてみれば、十河の口から留任の意向が出れば〝十河無責任論〟は一段と高まり、留任とは反対の方向に一挙に傾くかもしれない。公邸を出た二

1964年10月1日、東海道新幹線が東京－新大阪間で開業、東京駅19番ホームでひかり号のテープを切る石田礼助国鉄総裁（中央壇上）

人を、後ろから同席していた秘書が追っかけてきた。多分、三坂健康だったのだろう。「お願いです。今日の会見の中身は絶対に書かないでください」と拝むように懇願した。いつも本音を率直に話す十河のファンでもあった大谷は秘書の気持ちに同情し、この特ダネを流してしまったという。高橋記者も同じだった。

十河には新幹線開業までにまだやり残したことがあった。大幅に不足することが確実な建設費の確保にメドをつけねば、新幹線建設が頓挫する恐れが残っている。三河島事故の責任を取って辞職するわけにはいかなかった。当初から織り込み済みだった新幹線の予算不足問題に、自ら決着を付けねばならないのだ。それをどんな形で表に出すか。

十河の二期目の任期切れ直前の昭和三十八年四月末、工事費の大幅不足が突然、マスコミに流れる。国会でも大騒ぎとなり、十河はその責任をとって同五月、「任期満了」を理由に、新幹線開業を待たずに退任に追い込まれた。その裏にはどんな事情が隠されていたのか。

鉄道担当記者

私（筆者）は東海道新幹線が開通した昭和三十九年の四月、日本経済新聞社に入社し、東京編集局社会部に配属になった。先輩記者がオリンピック取材に集中する中、〝トロッコ〟の私は、本社遊軍に籍を置き、先輩たちの手の回らない現場取材で都内を駆け回る毎日だった。新聞社では、記者（汽車）になれない半人前の記者を〝トロッコ〟と呼んでいた。新幹線開通の日は今でも鮮明に覚えている。

泊まり番明けであった私は、早朝から遊軍席のテレビの前のイスに座った。開通式の中継をよく見ておけ、と先輩記者に指示されていたからだ。現場の先輩から電話で送稿されてくる夕刊用原稿を、原稿用紙に受けるのが私の役割だった。思えばあれから半世紀。私の新聞記者人生は、新幹線と共にあったといっても過言ではない。

十月十日、東京・代々木の国立競技場で開かれたオリンピックの開会式が終わったその日、開会式にも姿を見せた〝所得倍増論〟の池田勇人首相が「前ガン症状」を理由に入院した。東京五輪は日本の高度成長への号砲であった。オリンピックから大阪万博（昭和四十五年）へ。日本は高度経済成長の途を突っ走る。東海道新幹線は日本の東西を結ぶ新しい大動脈として高度成長の牽引役となり、十河信二が絶えず主張し続けた「日本経済の発展を支える大きな基盤」となった。そして新幹線は東海道から山陽、東北、上越、長野、九州、秋田、山形と日本全国に延び続け、中国や台湾など世界に羽ばたいている。

入社五年目を迎えた昭和四十三年三月、私は東京駅前にあった国鉄本社の記者だまり「ときわクラブ」詰めを命じられる。当時の国鉄総裁は、十河信二の後を継いだ三井物産出身の石田礼助であり、副総裁は国鉄生え抜きの鉄道官僚、磯崎叡だった。

この頃、国鉄は大きな曲がり角を迎えていた。鉄道建設を担う別組織として田中角栄主導でつくられた日本鉄道建設公団は、国鉄の資金不足で実現できなかったローカル線の新規着工を次々と予算化する。つくった新線は国鉄へ譲渡され、国鉄の財政事情は年を追って悪化していた。最後の黒字決算年となったのが昭和三十八年度。この時点で一五九五億円あった繰り越し利益を四十二年度までに食い潰し、国鉄は「企業体としては最悪の状態」に陥っていた。

収支悪化を助長する最大の要因が「ローカル赤字線」だった。四十三年九月、総裁の諮問機関である国鉄諮問委員会は「赤字線の八十三線二千六百キロを廃止し、バス輸送に切り替えるべきだ」との意見書をまとめ石田に手渡した。二千六百キロは国鉄総延長の一割に当たる。明治以来、地方の隅々まで「狭軌」の鉄道を敷設するという拡張一辺倒で突き進んできた鉄道政策史上、初めてのローカル線廃止論だった。

「日経新聞」（昭和四十三年九月五日付朝刊）でもこれを一面トップで報じると同時に、私は社会面の解説記事「取材ノート」で「赤字線廃止　全国で激しい抵抗か、議員と住民一体で」との見出しで次のように書いた。

〈（略）もともと赤字線廃止は国鉄がやりたくても国会議員を先頭にした地元住民の強い反対で実現できなかったもの。早くも北海道、九州、中国地方などでは反対期成同盟をつくる動きがもちあがっており、今回もはげしい抵抗が予想される〉

〈（略）廃止すべきだとされている線は、根北線（北海道）が百円の収入をあげるのに千七百九十三円もの経費がかかる（営業係数千七百九十三）のを最高に、営業係数が五百以上というものが九線もあるほか、大部分が収入の倍以上の経費をかけている〉

〈鉄道は心理的にも地域社会に密着しており、地域住民の愛着は強い。「選挙区に国鉄をしくことができればその議員は永久に当選できる」という話も聞かれるほどで、今回も参院選前に原案が報道されると中曽根運輸相自身が「これで自民党の票はだいぶ減った」ともらしたほど。

（略）石田総裁も「廃止するとしても時間がかかるかもしれない。なにがなんでも押し切るわ

けではなく、住民を納得させたうえで……」という。しかし国鉄財政の現状からみて赤字線問題の解決は急を要している〉

その後の半年間、私は赤字ローカル線問題の実情取材に取り組んだ。誕生し続ける政治路線や、一方で北海道の根北線、茨城県の真岡線、山口県の岩日線などを訪ね、「さびついたレール」「一両編成、草むす無人駅」などといった記事を書き続けた。そうした取材の中で知ったのは、前任の十河信二総裁の時代は、東海道新幹線の建設に資金を集中、あらゆる地方ローカル線の建設を頑ななほどに抑えてきた。そのために十河に対する強い反発が起き、政治家だけでなく国鉄内部からも十河批判が相次いでいた、という事実である。

エリート職員たちの反発

国鉄を担当して二年目の昭和四十四年五月、六年間総裁の座にあった石田礼助が任期を終え退任する。石田の後任には副総裁の磯崎叡が昇格することになった。「石田礼助の六年間の総括原稿」を書かねばならない。彼の就任前後の資料にあたり、関係者に取材した。「国鉄を去るヤングソルジャー」との見出しで、同年五月十日朝刊に「とても八十三歳の〝消えゆく老兵〟ではなく、六年前の就任当時の名言そのままの〝ヤングソルジャー〟だった」と書いた。「粗にして野だが卑ではない」と国会でも議員に向かって胸をはった石田礼助の人気は、国鉄内外でも極めて高かった。

石田の総裁就任時の経緯を取材しようとすると、必然的に石田の前任者である十河信二に話題は及ぶ。驚いたのは、「新幹線を実現させた前総裁」であるにもかかわらず、国鉄本社内のキャリア職員の中には強い口調で十河を批判する人が多いことだった。「悪評ふんぷん」と言ってもよい。


「威張っていて人を怒鳴りつけることしか知らない頑固じじい」

「自分の意見だけが正しいと思い、人の意見に聞く耳を持たぬ人」

「彼に毎日怒鳴られ、自殺した部下だっているのに、彼はなんの痛みも感じていなかった」

「本人は春雷子と号し、春雷は音は大きくても被害は少ないとうそぶいていたようですが、怒鳴られたもののの身にもなってくださいよ」


十河の部下を怒鳴る声は、廊下まで聞こえたという。

こうした性格的な人物評に続いたのが、「関東軍の十河」だった。ある若いエリート職員はこう言った。


「彼は満鉄理事時代、関東軍参謀の石原莞爾と手を結び、満州事変の手助けをした人物と聞いていますよ。戦犯の一人ですよ」

「新幹線建設への貢献を声高に言う人もいますがね。彼の考えたことは、戦時中の軍隊や兵器輸送のための弾丸列車構想を実現しようとしたことです。東京から東海道、山陽を通って関門海峡をわたり、さらに海底トンネルで韓国の釜山に延ばし、満州鉄道につなげるという侵略鉄道路線を作ろうという考えが根底にあったのだと思いますよ」

「新幹線建設は彼の手柄だったと言いますが、あれは高度成長時代を迎えた時代の要請であり、彼一人の手柄のように言うのはおかしい」と指摘する人もいた。

十河信二について取材して回っていることを知ったある職員が、オフレコを条件にこんな解説をしてくれた。今なら書いてもいいだろう。

「石田さんの後任総裁に決まった磯崎叡さんは、十河さんが就任した直後から犬猿の仲。十河さんは磯崎さんのような官僚中の官僚が大嫌い。磯崎さんは政治家に擦り寄ろうとする男だと声を荒らげていました。常務会などでも磯崎さんを狙い撃ちするように怒鳴りつけていましてね。磯崎さんは相当に根に持っていたと思いますよ」

「十河総裁は磯崎さんを北海道支社長に飛ばそうとして発令までしたのですが、磯崎さんは札幌に行けば副総裁の目はなくなる、とこれを拒否して辞表を出したのです。磯崎さんを副総裁として呼び戻し、復活させたのが石田総裁だったのです。磯崎さんが総裁に就任する現在、〝十河派〟などと思われては今後、国鉄の中で生きていけないとキャリアの多くは考えているんですよ」

おこられ会

当時、新聞社でもそうであったが、民間の企業社会では、上司が部下を怒鳴りつけることなどそう不思議なことではなかった。昨今ではパワハラ（パワー・ハラスメント）として問題になるのかもしれない。〝単線路線〟を走り続けた国鉄のエリート官僚たちは、十河信二という個性的でアクの強い人物を、理解し難かったのではないか。

前掲の秘書、三坂健康は昭和二十八年、東大を卒業して国鉄に入り、昭和三十六年暮れ、三十歳の若さで十河の秘書を命じられる。それまでの二年間は本社文書課で役員会の書記を務めており、会議の席で十河が怒鳴りつけるのを何度も目にして来た。先輩が叱られるのを見ていればよい立場だったが、秘書となって直接、叱られ、怒鳴られる立場となる。

「議論の中味が意に沿わなくて怒られる時の迫力は相当なもので、オーバーな言い方をすれば百獣の王が吼えるような印象をうけた。十河さんは何事にも全身全霊をあげて当られるタイプの人だったので怒られる時も極めて真剣率直であり遠慮がなかった」

「私の場合は十河さんと『おじいちゃん』と孫ぐらい年の差が違っていたので、叱られても総裁の言っておられることが、もっともだと素直に思えたし、その時は大変でも後はサッパリしていて夕立のようなスガスガしい感じさえあった。（略）叱られる方の立場から言うとそうは行かず、特に本社の偉い方達は、私のような若輩が受ける感じとは違ったものがあったと思う」[*3]

　当時、文書課長だった谷伍平（後に北九州市長）によると、十河の怒号は部屋の外の廊下までとどろき渡った。よく口にしたのは「縁日あきんどのようなことをいうな」[*4]であった。「頑固」は「十河の売り物」だったが、「頑固と頑迷はちがう」というのが口癖だった。「理屈も道理もないのは頑迷だ。オレは頑迷とはちがう」といつも言った。

　そのころ本社の秘書課、文書課には「おこられ会」と称する会があった。職務上、十河総裁の近くにいて、叱られる機会の多い者たちが、密かに集まって酒を飲み、総裁の悪口を言って慰め合おうという会だった。ある時、三坂は十河に「みんなは僕のことをどう言ってるかね」と聞かれる。「叱られてばかりなので、自分たちの意見が充分述べられないと言っていますよ」と答えた。その時、十河はこう言った、と三坂は語る。

「それは君、勇気がないんだよ。僕らの若い時に仙石貢さんという鉄道大臣がいた。雷大臣と言われるぐらい大変な人だったが、僕らはカミナリは上からだけでなく、下からも上がるのだと言い返したもんだよ。自分に信念があれば堂々と反駁すればいいんだ」

十河はそのうち「おこられ会」の存在を耳にして、メンバーの一人である三坂にこう言った。「なかなか良い会だ。僕も日頃みんなに迷惑をかけているので、その会に出席して慰労してやろう」。御本人に出席されたのでは、会の趣旨がダメになってしまうと、丁重にお断りした、と三坂は振り返った。

私は十河信二という人物に会ったことはない。だが、こうした国鉄本社内の〝十河評〟を聞くうちに十河信二という男に強い興味を覚えた。十河は戦後の国鉄職員の多くにとって、理解不能の明治男の〝化石〟であり、〝異邦人〟であったにちがいない。

大送別会

私は国鉄本社だけでなく、「新幹線総局」と呼ばれていた新幹線運営の現場や、東京鉄道管理局などのノンキャリアの職員まで取材対象を広げた。そこでは本社のキャリア職員とは全く違った反応が返って来た。

「十河さんほど国鉄の現場で働く人たちと同じ目線に立って接してくれた総裁はいません。国鉄改革と新幹線の建設に、命がけで取り組んでいることがひしひしと伝わってくる人でした」

「批判している人は、十河さんの生き方や信念を理解できず、自分の過去の生き方が全面的に否定されている、と思っていたからではないのですか」

十河は事あるごとに現場に出かけて、現場職員の声に耳を傾けた。そこでも自分の意見を曲げることはなく、カミナリを落とし続けたが、彼の話を「もっともだ」と納得する現場職員が多かったという。

現場職員の十河人気を示すものとして語り草になっているのが、昭和三十八年五月三十一日、東京ステーションホテルで開かれた「〝親愛なるわれらの雷おやじ〟十河さんの送別会」である。会場入り口には「雷が新幹線を抱いた大きな装飾」。発起人に名を連ねた二十九人にはキャリア組は一人も含まれていない。全員が課長補佐以下のヒラ職員である。発起人の代表格がその頃、「サラリーマン目白三平」シリーズの著書で人気を博していた厚生局厚生課の職員中村武志だった。

「われわれの知り得る限り、十河さんのように国鉄の職員、とくに現場で働く鉄道マンと呼吸のあった総裁はいなかった」と翌日の「交通新聞」は書き、「十河さんが国鉄のためにどんなに尽くしてこられたか、私たち職員のためにどのように骨を折られたかということは、いまさらいうまでもないことです」という中村の談話を掲載している。

元「東京日日新聞」（現在の「毎日新聞」）記者で鉄道記者の草分けである青木槐三《かいぞう》（のち日本交通協会理事）は、六月六日付の「交通新聞」のコラム「新週間録」*5でこの送別会の模様を次のように書いている。

〈世の中に大送別会ということがあるかどうかはしらないが、それは送別会ではない、まさに大送別会だった。

それは鉄道のヒラ職員のみが、ずらりと発起人になって去る卅一日、東京ステーションホテルの宴会場で行なわれた十河前総裁を送るの会であった。平生は精々二五〇人位しかはいれない会場に五〇〇人もの人が集まった。集まった人は会が始まってから終わりまで、ほとんどビールものまず、サンドイッチもつままず、ぎっしりと詰まって身動きもできない。

つぎつぎと鉄道制服の大駅長さんから花束がささげられる。それを高々と十河さんがさしあげて、いちいちありがとうをいう。記念品の目録が渡されると、一きわ高々とあげて一同に左右に振って現品は今朝ほど自宅に届いております、アパートと言っても一室で、どうにかおさまりました、ありがとうという。

そのひとつひとつのあいさつに、満堂割れんばかりの拍手である。拍手は普通のことかも知れんが、誰がいうのか「ご苦労さま」「ご健康で」「長生きをしろ」「よくやったぞ」「後

東京ステーションホテルで開かれた十河信二の送別会

におれたちがついてるぞ」「これから頑張れ」「国鉄をたのむぞ」と大声の弥次が方々からとぶのである。このあらあらしい大声の弥次の中に、十河さんのよろこばしそうな顔がほころぶ。役人は官を退いて見なければ本当のところは知れないものだ。（略）いまや鉄道に関係をまったくたって千駄ヶ谷一ノ九の第一生命のアパートの一室に居住する素浪人である彼は、鉄道の生涯の中でもっとも輝やかしい経験、あたたかい光栄に包まれているのである。

（略）やがて司会者の中村武志氏が苦心して依頼したバンドマンが、明治の歌をつぎつぎと演奏しだした。演奏が始まったから十河さんも謝辞に鳧《けり》をつけた。あまりにうれしく十河さんは、一晩中でもヒラ職員に呼びかけたかったろう〉

国鉄内部の〝十河評〟はまさに「毀誉褒貶相半ばする」という感じだった。私がそんな感想をもらすと、ある人は向きになって「そうではありませんよ。批判し反撥する〝敵〟が六、七割、彼を誉め支持する〝味方〟は三、四割というところでしょう」と反論した。国鉄内部の「十河評」は、国鉄総裁在任中の七十一歳から七十九歳までの八年間に彼に接した国鉄職員たちの見方である。今風にいえば後期高齢者、晩年に近い年齢に達した頃の十河評である。古希をすぎ、喜寿を迎えた老人が性格的にも頑なになり、自分の過去にこだわる〝頑固じじい〟と敬遠されるのは、世間によくあることである。当時の十河もそんな一人だった、と見てもおかしくはない。ましてや部下である国鉄職員は自分の子供や孫の年代である。

「大親分とひょうきん者」

こうした国鉄内の相反する評価は当然、国鉄外でも話題となる。外部の口うるさいマスコミは十河信二をどう見ていたのか。一筋縄では捉え切れない十河に、当時のメディアも戸惑いを隠せない。例えば得意の似顔絵で政治家の本質に迫っていた風刺漫画の名手、近藤日出造は、国鉄総裁に就任して二年目の十河について、「中央公論」に「僕の診断書《カルテ》」*6としてこう書いている。近藤は当時およそ五十歳、脂の乗り切ったころだった。

〈(各種の十河評を）三べん読んで眼をつむれば、十河信二なる人物のアウト・ラインがもやもやと現れる。

そのアウト・ラインを月並に評すると、「古武士」とか「大親分」とかいうところだろう。しかし、月並は要するに月並で、事柄の実感を伝えない。この人に三度ほど会って得た実感では、「古武士」というべく少々水気がありすぎた。「大親分」と評すべく、年齢に似合わない近代性があった〉

〈(彼の）豪傑ぶりが、周囲の、小心翼々たる官僚ばらをタジタジとさせ、「あっぱれサムライ」と恐れおののかせ、「大総裁」の名をほしいままにする。大総裁の名をほしいままにすればするほど、この人は如才のないひょうきん者になったりして、人心シュウランのワザを用い……〉

そして、「国鉄出身の岩井（章）総評事務局長あたりまでが、立場を別にしてその人物にちょっと傾倒、という段取りになってきた」と書き、岩井が彼に語った言葉をこう紹介している。

〈「じいさんはね、感覚は古いといわれるがとにかく面白いおっさんですよ。まァ歴代の官僚臭フンプンたる総裁にくらべると、幾廻りもでかいですな。放言失言の癖はあるが、ともかく自分の考えを率直にいいますからね。その考えは間違いだといえばトコトンまで話し合うところがあるし……根本の思想において、われわれとまったく相反すにしても、とにかく相手にとって不足がないですよ」〉

岩井の十河評を伝えると、「岩井とかいう男、そらァ君、話のわかる男でね、すっかり意気投合よ」と十河は言ったという。これが十河流の人心収攬術かどうかは別にして、近藤は「両者には共通の『物わかりよき豪傑風』があり、東洋的な『腹』がある」と述べている。豪傑風とものわかりのよさ。東洋的な「腹」と年齢離れした「近代性」。月並みな人物評では捉え切れない二重性、二面性を漫画家の直観で診ていたのだろう。

「正直と権謀の同棲」

若い時代や壮年期の十河信二はどんな人物だったのか。私はそんな時代の「十河評」を探した。そして辿りついたのが昭和十三年一月二十四日付の「東京日日新聞」に阿部真之助が書いた「十河信二論」である。阿部は連載企画「新人物群像」(全十回)で、当時の話題の人物、山本五十六、鮎川義介、岸信介らと並んで十河信二を取り上げている。

阿部はこの連載で対象にした人物について「新聞記者が思い出すからは、時代の息が、呼吸していない筈はない。私の対象とする群像は、時代のかなたで、博物館の塵に埋もれているそれではなく、今日から明日へ、溌剌と、活きて、躍っている彼等なのである」とそのリードに記す。阿部は十河と同い年の明治十七年生まれ。大正から昭和にかけて活躍した著名な政治記者であり、「東京日日新聞」の主筆を務めた。戦後は政治評論家として健筆を揮い、日本エッセイストクラブ初代理事長であり、九代目のＮＨＫ会長となった。

昭和十三年一月といえば、十河信二は満州に設立した興中公司の社長時代であり、彼が突如、林銑十郎内閣の組閣参謀長として登場して世間をアッと驚かした一年後のことである。前年七月には盧溝橋事件がおこり、日中戦争は拡大の一途を辿っていた。そんな時代に世間も、十河という男は何者だ、とスポットライトを当てていた。阿部も政治記者として注目していた人物の一人だったのである。

記事は「〝正直〟と〝権謀〟同棲」「描く性格悲劇」「浄瑠璃に泣く彼の本質」との三本見出し。阿部は表に現れる極端で複雑な十河の行動や表現に戸惑いながら、「浄瑠璃の物語る義理人情に涙するところに彼の本質が現れているような気がしてならない」と結ぶ。以下は、少し長くなるが、同世代の阿部真之助の見た〝十河像〟である。[*7]

〈後藤新平が生きていて、復興局総裁をやっていた頃、十河を、鉄道省から引き抜いて、経理部長の椅子を与えた。ある時、ことによって、後藤と十河と意見を異にした。短気の十河は、馬鹿野郎と、後藤を怒鳴りつけて、そのまま役所を飛び出し、箱根の温泉に浸っていたというのである。これが十河自らの「馬鹿野郎」なることを、説明するために物語られているのなら、まだしもわからないことはないが、彼が如何に剛直であるかの、一挿話として、受け取られているのだから、凡そ世間の噂話というものの、道徳的没批判性には、驚かざるを得ないのだ〉

彼の記事はこんな書き出しで始まり「常識で考えても、おのれの知己であり、恩人であり、上長官でもあるものを、如何に議論に熱したとはいえ、我を忘れて馬鹿野郎呼ばわりするような真似は、正気な人間では、なし得ない」と述べながらも、「よくよく突き詰めて、調べてみると、万更、火のないところの煙ではなく（略）歪められて、影を止めないまでになっていても、必ず基くところあることが知らるるのである」という。そして「彼の場合でも、非常に腹立ちっぽく、社員達を頭こなしに、叱りつけるようなことがなければ、あんな不都合の噂を立てられるわけはなかったのであろう」と述べ、十河が晩年の国鉄総裁時代だけでなく、若いころから所構わず怒鳴りまくっていたことを肯定する。そして続けている。

〈非常に道徳的に、自己反省力の強い人か、その反対に、非常に利害の打算に明敏の人は、猥《みだ》りに、使用人などに対し、荒い言葉を出さない。他人のことより、自分はどうかと、反省してみれば、威張って、他人を責める気にならないと同様に、損得を考えてみても、ただ他人から恨みを買う許りで、実益は、一つも伴わぬことが、知れ切っているからだ。だから十河が腹立ちっぽいというのは、道徳的に反省力の乏しさを物語ると共に、利害の打算によって、自己を韜晦するほど、人間の性質が悪くないことを、表白するものなのである〉

〈感情を、あけすけに表現する人に、悪人がないとは、私の哲学だが、この私の哲学によれば彼も善良なる正直者であるべきに拘らず、彼自らは、東洋流の豪傑を気取り、東洋流の策士をもって任じているのである。彼の主宰する興中公司が、堅実なる実業会社であるべくして、何となく、政治的策謀の巣窟の如く受け取られるのも、彼の政治的な風格に負うところが、少なくないようだ。実際彼は実業家よりは、政治家をもって自らおるのかも知れない。政治家も、

あの正直さで、大策士をもって自任しているあたりは、正しく性格喜劇であって、同時に、悲劇でもあるのである〉

そして阿部はこの記事をこう締めくくる。

〈権謀一点張りの、殺風景の彼が、奇妙に文楽の人形浄瑠璃に心を惹かれるという。浄瑠璃の物語る義理人情に涙が流れてとどめあえないのだそうである。支那の政客を相手に、駄法螺を吹き立てて、豪傑を気取った彼よりも、十河信二の本質はむしろここに現れているような気がしてならない〉

極めて辛辣な十河信二論であり、十河の生涯を辿ると、まさに阿部が指摘する通りの〝喜劇〟と〝悲劇〟の繰り返しだったのかも知れない。彼が信念をもって実現に取り組んだことは、ことごとく途中で挫折し、失敗に終わる。彼の真っ正直な性格が、足を引っ張ることも多かった。しかし彼は少しも意に介さず、挑戦し続けた。明治から大正、昭和という激動の時代の荒波が、彼を翻弄し続けたともいえるだろう。人生最後の段階で挑んだ「東海道新幹線の建設」は、高度経済成長という時代の波に乗り、彼の長い生涯で成功した唯一の例外だった、と言えなくもない。私はこの阿部真之助の「十河論」を読んで、十河信二という男の、喜劇と悲劇が織りなす人生への興味が、ますます深まっていった。

「十河文書」を訪ねて

「国鉄総裁時代の十河さんが残した経営資料や文書類が、彼の故郷、四国・西条の市立図書館に大量に眠っているんです。一緒に見にいきませんか」

元交通新聞記者、吉沢真《まこと》に声をかけられたのは二年前の平成二十三（二〇一一）年秋のことである。吉沢は私も所属する交通ペンクラブのメンバー。その会合などで私が十河信二という人物に関心を持っていることを知っていた。古くからの「十河文書」の研究者である東大名誉教授（日本経済史）原朗と十河信二の孫、光平（十河の四男、和平の長男）に同行して、十河家が二十年ほど前、西条図書館に寄贈した十河信二の蔵書や国鉄時代の書類や文書類の調査、点検に行くのだという。私は喜んで同行させてもらうことにした。

原教授を中心に、東京から新幹線「のぞみ」で岡山へ。特急「しおかぜ」に乗り換えて瀬戸内海ののどかな景色を眼下にしながら瀬戸大橋を渡り、予讃線・西条駅までの四人の旅。それは缶ビールを片手に、十河信二という〝怪物〟を肴にしながらの、知的な〝原ゼミ〟であった。

「十河さんは終戦直後、自宅にあった大量の満州時代の資料や文書を東大社会科学研究所に寄贈しましてね。若い頃から大量の〝十河文書〟に向き合っているうちに、すっかり十河さんの人柄が好きになってしまいましてね」。原は笑いながらそう語った。

吉沢の夫、舜（故人）は、国鉄のキャリア職員として旭川鉄道管理局長などを務め、現役時代から大の〝十河ファン〟だった。水戸管理局長や監査委員などを務めた十河の四男、和平は吉沢舜の一期先輩で一緒に机を並べた仲間である。交通新聞記者として十河に可愛がられた彼女は、今でも「十河のおじいちゃん」と呼ぶ。十河が国鉄総裁を退いた時、東京・麹町の総裁公邸にあった大量の書籍や文書類を選別して、東京・国立の十河和平宅に運び込むため吉沢夫妻は和平と共に悪戦苦闘した。十河は退任後、千駄ヶ谷の狭いアパートに移り、そこには大量の書籍や資料を収納するスペースはなかった。

昭和六十三（一九八八）年、評論家の木内信胤《のぶたね》や松本重治らが発起人に名を連ねた「十河信二伝刊行会」はこれらの資料の一部を使って私家本『十河信二』を刊行した。交通新聞記者だった有賀宗吉がまとめ役となり、吉沢夫妻も事務方としてその編集を手伝った。その作業が終わると、資料類だけでなく書画、愛用のステッキ、硯なども含め千点を超す〝遺品〟は西条市に寄贈され、二十年以上にわたって市営「こどもの国」の倉庫に眠っていた。

西条市は五年前、「学びのまちづくり」の拠点として図書館建設に乗り出し、平成二十一（二〇〇九）年、JR西条駅近くの「西条図書館」のほか、市内三か所に図書館が完成する。市内四つの市営図書館の蔵書数は今では合わせて二十万冊。将来は四十万冊を目指す。年中無休、閉館時間は午後十時という公立図書館では考えられないサービスぶりである。「こどもの国」に置かれていた「十河資料」の大部分は開館と同時に西条図書館に移され、蔵書類は二階の「十河文庫」コーナーで市民に公開された。

しかし、各種の資料類や文書類はその内容の点検、整理が必要である。平成二十一年、西条図書館では原朗や原ゼミ出身の加藤新一（帝京大学教授）らに依頼して「十河文書研究会」を立ち上げた。同研究会による学術調査は数回にわたって続けられ、保存と公開の準備が進んでいる。

原によると、西条図書館所蔵の未公開の「十河資料」は、彼の総裁時代に新幹線建設を決めた東海道幹線増強委員会などの議事録を始め、経営委員会、理事会、常務会などでの協議事項や議決事項、さらに営業局、経理局、運転局、工作局、文書課、審議室、技師長室など、国鉄という巨大組織の末端から選りすぐられて、総裁の手元まで到達した質の高い報告資料がそろっており、監査報告書なども含め七百四十点。新幹線建設に至る議論の過程がすべて揃っているだけでなく、当時の国鉄経営の実情を知る貴重なものばかりだという。

十河信二が所蔵していた資料類は西条図書館に保存されているものだけではない。終戦直後、東京に進駐してきた米軍はいきなり東京・本郷の十河邸を接収する。十河はこの時、自宅の土蔵に保管していた、満鉄経済調査会委員長時代の調査資料や興中公司社長時代の書類などを、旧友の矢内原忠雄（のち東大総長）が所長をしていた東大社会科学研究所の地下書庫に運び込んだ。この書類は一時、占領軍に接収されたが、のち返還される。「返還された書類は何十ページにわたって切り取られていた」。この十河資料は仮目録が作られたまま長い間、数十個の段ボール箱に納められ埃まみれになっていた。昭和四十四（一九六九）年ごろ、軍手とマスク姿、塵払いのブラシをもって懐中電灯で照らしながらそれらの資料を掘り起こし、真っ黒になりながら分析をしたのが、当時、助教授だった原朗である。

「十河信二先生寄贈資料」は和書千四百二冊、洋書十九冊、和雑誌は四百十四冊、このほかに満鉄経済調査会の調査資料、興中公司を解散して北支那開発会社に引き継ぐ時の引継文書などが多数、保存されていた。これらの資料を駆使して原の恩師である中村隆英《たかふさ》（東大名誉教授）は、昭和五十八（一九八三）年、名著『戦時日本の華北経済支配』を上梓する。中村は「あとがき」にこう書いた。

〈東京大学社会科学研究所に、十河信二氏の寄贈にかかる興中公司関係文書が大量に存在することを、伊藤隆氏に教えられ、戦時日本の華北経済支配の問題に関心をもつようになったのは、一九六七、六八年のころであった。ちょうど、原朗氏といっしょに、泉山三六氏旧蔵の日満財政経済研究会や企画院関係の文書の整理を進めていた時だったので、この次はそれに取組むことにしようと意欲を燃やした。もう一五年あまり前のことである〉*8

三十代だった原もこの「十河文書」を読み込んでいくつかの論文を書いた。「一九三〇年代における満州経済統制政策」（一九七二年、満州史研究会編『日本帝国主義下の満州』所収）や「『満州』における経済政策の展開」（一九七六年、安藤良雄編『日本経済政策史論』下所収）などである。「十河文書」が日本の満州史研究に大きな意味を持っていたことがわかる。

「備忘録」と「録音テープ」

私は「西条図書館」の会議室に積まれた資料の山を原朗や十河光平たちと点検している時、片隅にうずたかく積まれた仮綴じの文書に気付いた。全部で十九冊。高さにして五十センチにもなろうか。うち十四冊の背表紙には墨で「備忘録」と書かれている。めくってみると、原稿用紙にびっしりと書きこんだ十河信二自筆の原稿とメモ類である。なかには十河が口述したものを秘書が清書したらしい原稿も含まれている。記述した日付は昭和四十三年から四十四年にかけてのものが大部分である。いつ書いたか不明のものもあるが、大部分は国鉄総裁を辞めヒマになった頃に書いたと思われる。

私は夢中で読み始めた。子供のころの思い出。ストの先頭に立った西条中学時代。一高、東大時代の記憶。後藤新平との出会いと鉄道院に入った頃。関東大震災と復興院疑獄。政友会幹事長、森恪《つとむ》との交友。八幡製鉄の大ストライキで「溶鉱炉の火を消した」浅原健三との出会い。満鉄理事時代の石原莞爾との交友と満州事変。林銑十郎内閣の組閣参謀長の裏話。興中公司の真実。吉田茂との東条内閣打倒計画。東条暗殺計画関与の真実。浅原健三とともに憲兵隊に追われた実情……十河信二の日本の近現代史への関わりが、裏話まで含めて詳細に書き連ねられていた。短い時間に読み切れるものではない。私は三度にわたって西条図書館を訪れることになる。

「備忘録」に強い関心を示した私に、十河光平が囁くように言った。「この図書館に寄贈しなかった祖父の資料がまだ自宅の書庫に残っているんですよ」。私はこの言葉を思いだし、ある日、東京・国立の十河光平邸を訪ねた。光平が書庫から運びだしてきたものは段ボール箱二つにぎっしりと詰まっていた。

一つは七十本近い録音テープである。十河自らが吹き込んだもの、対談のテープ、中には「浅原健三日記」の朗読も入っている。晩年、彼は視力が衰え、テープに吹き込んで繰り返し聞いていたという。合わせれば百時間近い録音テープである。年月を経て、聞き取れない部分もあるが、内容は彼の生涯で接した人物や様々な事件についての彼の記憶と解説であり、「備忘録」の内容を補完するものといってよいだろう。

さらに「浅原健三口述」と書かれた部厚いノート二冊。「浅原健三政治秘録」（明治、大正、昭和）と表紙に記したノートが一冊。「浅原氏の証言　戦時中のこと」と書かれた変色した封筒にはいった二十枚の原稿。右上を紙縒《こよ》りで綴じ、書き出しに「軍法会議」と振ってある。

　関東大震災後の「復興局疑獄」の際の裁判資料も大量に残されていた。十河は鉄道省経理局長だった大正十五（一九二六）年一月、国会政府委員室から東京地検に召喚される。内務省復興局の経理部長兼購買課長だった頃の収賄容疑だった。一審有罪、控訴審で無罪を勝ち取るが、この時鉄道省運輸局長のポストを投げ打って特別弁護人を買って出たのが、同期の種田《おいた》虎雄（のち近鉄社長）だった。この時の種田の弁護資料の大半も十河家に保存されていたのである。

　西条図書館の「備忘録」と十河家の「録音テープ」などを合わせれば、十河信二に

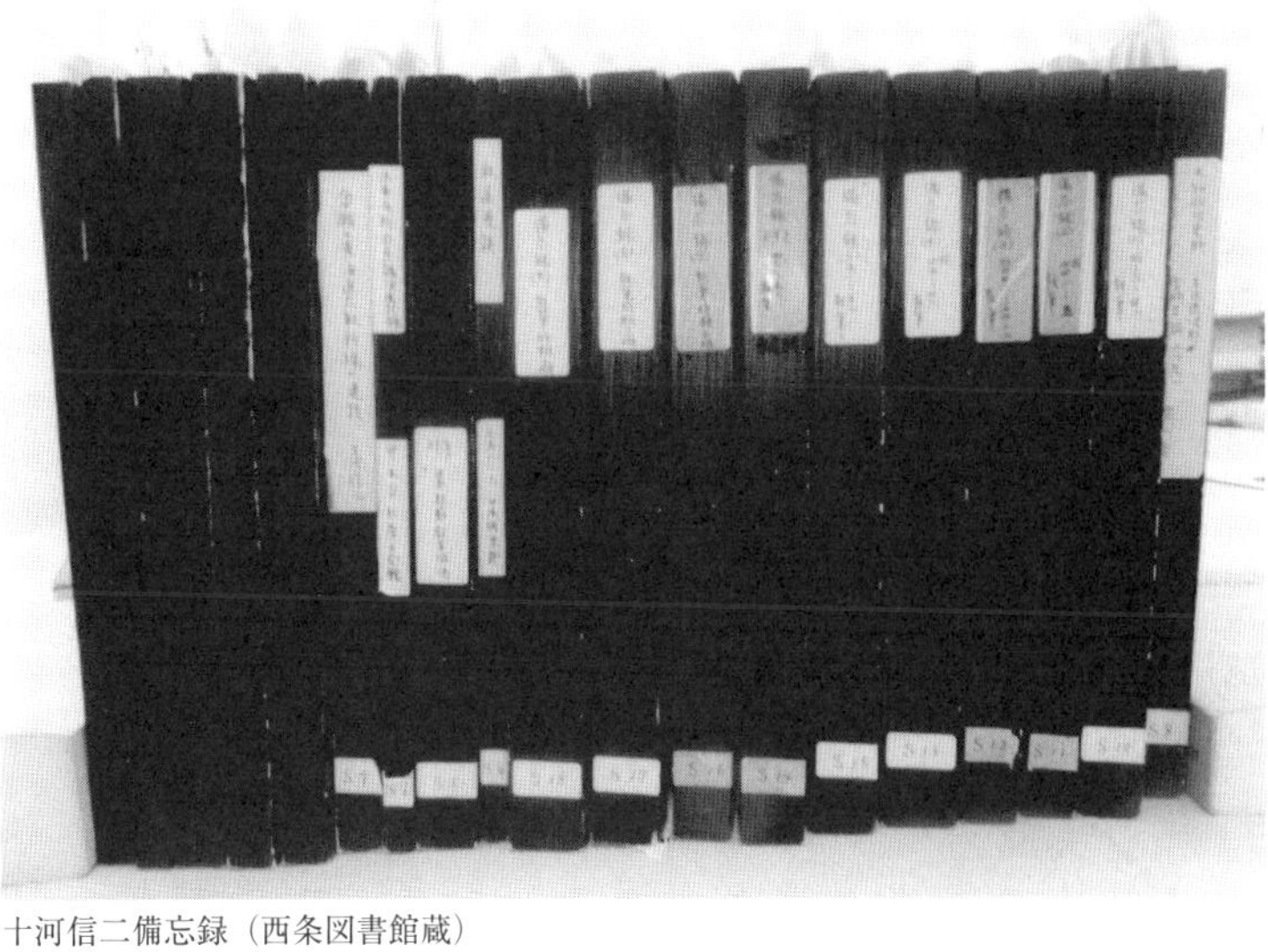

十河信二備忘録（西条図書館蔵）

対する百時間を超すインタビューに相当するだろう。彼はどんな目的でこれほど大量のメモや録音テープを残そうとしたのか。十河の五男、新作は「あのころ昔からの親友だった安宅産業の元社長、安宅重雄さんが〝あなたは歴史の生き証人であり、その真実をきちんと後世に残す義務がある〟と親父をしきりに口説きましてね。親父もその気になり、安宅さんや友人の松本重治さんたちが聞き役となって、テープの吹き込みもやっていたようです」という。新作は日本貿易振興会（ジェトロ）で広報担当理事を務めた。今は神奈川県・鵠沼海岸に隠棲する。

十河は国鉄総裁就任後の昭和三十三年八月、「日本経済新聞」に「私の履歴書」を掲載、翌年には「交通新聞」に「有法子」というタイトルで四十回の連載を書く。しかし、どちらも現職の国鉄総裁という立場を考慮したのだろう、満鉄時代や復興局疑獄など彼の戦前、戦中について真相をすべて吐露しているとは思えない。「有法子」が単行本化された時、その「序」で十河は「もとよりこれは自叙伝ではない。（略）あくまでも、『おやぢ』が子供らに桃太郎の話でもするような気持ち[*9]」で書いたものだと断っている。いずれ本格的な自叙伝を書こうと思っていたのではないか。

いずれにしても、残された「備忘録」と「テープ」には、十河信二の波乱万丈で、かつ破天荒な一世紀近い生涯が率直に、かつ赤裸々に息づいている。後藤新平を生涯の師と仰ぎ、石原莞爾や浅原健三らと共に夢見た王道楽土の満州には、東海道新幹線の原型ともなった特急「あじあ」が風を切って疾走していた。明治期からの日本の鉄道史と、激動する日本の近現代史の渦中で、十河は他と妥協することなく、自らの信念に従って眼前の曠野を切り開こうとした。

それがしばしば周囲との摩擦を引き起こす。何度も夢破れ、汚名も被った。
阿部真之助が喝破したように、真っ正直な十河が、眼前の複雑な歴史に挑戦しようとすれば、いくら策士を気取っても、真っ二つに引き裂かれ、結果として「性格喜劇であると同時に悲劇」を演じ続けなければならなかったのかも知れない。それでも十河は「有法子」（決してあきらめない）を生涯の信条として挑戦し続けた。それが七十一歳という誰もが引退を考える時期に、引き受け手のなかった国鉄総裁に就任し、明治以来の夢だった広軌新幹線を実現する原動力にもなったのである。

「僕がやったことは、たいていみんな失敗した。唯一つ成功したのは今の新幹線ですよ。あれだけは成功した。国鉄の幹部連中はだれも賛成しなかった。政治家が票にならんからとみな反対するから、到底できないと決めちまった。だから出来ないことに骨折ることはバカバカしい、総裁だけにひとり夢を楽しませておけばいい、とみな知らん顔していた。僕はできないものはないんだ、努力すれば出来るんだ、ということを全国を歩いて説いて回ったんだ」

十河信二は口述テープで、自分の生涯を振り返ってこう述べている。彼はある意味で、近現代の日本を象徴する比類なき個性であった。

第一章　ストライキの青春

四国中央山脈の麓の村

「二十歳から成人、というのは人の性格は大体、二十歳ごろまでに形成されるからであろう。私の人格や人生観もこの二十年間に育成されたものと信じる。したがって、この歳ごろまでに生活してきた郷土に対する愛着が強いのは自然である」

十河信二は「備忘録」でこう述べ、再三にわたって「私は四国中央山脈の麓の水呑百姓の倅」と繰り返している。普通の常識では理解に苦しむ十河の独特の性格。彼自身もそれを自覚していたのだろう。そんな人格を生み出した源は生まれ故郷の四国・東予地方にあった、と本人も認めているのである。彼はどんな環境のもとで生まれ育ち、その人格や人生観を育んでいったのか。

十河信二は明治十七（一八八四）年四月十四日、愛媛県新居郡中萩村一五〇番地（現新居浜市中萩町）で、父鍋作、母ソウの次男として生まれた。兄虎之助は七歳上の明治十年生まれ。姉ムラ、妹シゲの四人兄弟である。

〈私の家は貧乏な百姓で、中学を出て、さらに上京して進学するというようなことはできぬはずだった。中学時代、日曜はきらいだった。というのは日曜には百姓の手伝いをやらされたからである。父は中学卒業まではともかく、それからさきは百姓と堅く心を決めていたらしい〉[*10]

生家は、JR予讃線の特急停車駅である新居浜と伊予西条のちょうど中間にある無人駅「中萩」が最寄り駅である。この駅から東に約二キロ、といっても讃岐線（昭和五年予讃線と改称）の中萩駅が開業したのは大正十（一九二一）年。彼の少年時代には鉄道はない。地元では古くから「金毘羅《こんぴら》街道」と称する、讃岐の金毘羅様の参詣で栄えた街道筋にあった。生家跡は今、社会福祉法人経営の「上部乳児保育園」となっており、十河家の跡を残すものはない。乳児保育園の敷地は五〇〇坪（約一六〇〇平方メートル）ほどで、田舎の農家としてはそう広い方ではない。

昭和四十九年、新居浜市の手によってこの保育園の片隅に「十河信二誕生の地」という石碑が建てられた。石碑の裏に「照一隅者是国宝」（一隅を照らす者は国宝なり）という十河自筆の書が刻まれている。比叡山の開祖・最澄の言葉で、十河は晩年この言葉を好んで使った。この生家跡から斜向いを百メートルほど下ったところに、中村観音堂というお堂があり、十河家累代の墓が祀られている。

「私の履歴書」によると、十河家は景行天皇の皇子、神櫛王《かんぐし》の末裔。神櫛王は讃岐の国造《くにのみやつこ》として高松の南東の十河町に居城があり、その城跡に十河家の先祖の墓もあるという。ある先祖が豊臣秀吉に可愛がられ活躍するが、徳川政権になって状況は一変。幕府に追われて逃げ回り、姓を変え、職業を変えて各地を転々としながら、ようやく家系を保持した。十河家が開墾農家として中萩に定住するのは信二の五代前。江戸時代・宝永年間だったという。

瀬戸内海沿岸の農村といえば今、穏やかで豊かな明るい農村をイメージする。しかし中萩地区は四国中央山脈の麓から瀬戸内海に向けてなだらかに下る扇状地である。里山への入り口と言ってもよい。五キロほどの南には海抜一二九四メートルの別子銅山が聳え、その背後は西日本一の石鎚山（一九八三メートル）に連なる。中央山脈から流れ落ちる水は多くの川となり、瀬戸内海に向けて流れ下り、大雨が降ると毎年のように洪水の被害に見舞われた。海岸近くの平野部と違って昔から水田も少なく、麦と芋などの畑作が中心。十河信二の父、鍋作ら先祖はそんな土地を開墾しながら農業に従事してきたのである。それが十河のいう「四国中央山脈の麓の貧しい農村」の実態であった。

この山村で十河信二は「三つの小学校を出た」（「備忘録」）。

〈第一が簡易小学校といって今の幼稚園である。先生の話を聞き手習いをするだけで、あとは庭で遊戯をして過ごした。梅雨時になると幾日も戸外に出られぬ無聊さに、手習いとは名のみ、筆にたっぷりと墨をふくませて互いの顔になすりつけ合い、校門を出て家路につく時はどの子

の顔も墨痕淋漓、真っ黒になっていた〉
〈第二の尋常小学校は約一里（四キロ）離れた四国中央山脈の麓、竹島神社の隣にあった。悪童の頃の思い出は夏祭りに始まる。母が作る「ばら寿司」「押し寿司」の赤い車海老の色どりや木の芽の香りは、子供心を浮き浮きとさせた。綺羅びやかに飾り立てた太鼓が引き廻され、掛声勇ましく叫びあいつつ砂浜に引き込まれると祭りは最高潮。村と村との喧嘩祭りとなるのが常であった〉
〈尋常小学校を出る頃に第三の高等小学校が泉川村に新設された。新設と言っても酒屋の倉を代用したもので薄暗く、六月ごろからは蒸し暑くてやりきれなかった。生来暑さに弱い私は、友人を誘って学校近くの一宮神社で遊ぶことが多かった。時には遊び呆けて始業時間に遅れ、登校せず、弁当を食べて帰宅する日もあった。これを我々は「弁当を泣かす」と言っていた。六月の鎮守の森は青葉の緑も滴るばかりで、森を吹き抜ける芳しい風は、少年の胸をふくらませ夢を育てるには十分であった〉

十河信二は戦後、住友建設の創立二十周年記念式（昭和四十五年）に招かれ、彼が通った中村尋常小学校も、新設された泉川高等小学校も、さらに小学校卒業後に入学した西条の松山中学東予分校（のち独立して西条中学となる）も、「中萩に居を構えた住友家の別子支配人、広瀬宰平《さいへい》の寄進によって開校したものだ」と挨拶し、「新居浜一帯の住民は住友の別子銅山か新居浜製錬所になんらかの関係を持たないものは少なく、住友とは離れることの出来ない関係にあった」と語っている。新居浜の近代は住友家を抜きには考えられない。少年期の十河の精神形成に、別子銅山を始めとする〝住友〟の存在が、大きな影響を与えたと思われる。

広瀬宰平と別子鉱山鉄道

彼の実家の東側の道を、真っ直ぐに南に向けて急峻な坂道を登っていくと、約五キロ先が別子銅山の総本山ともいうべき端出場《はでば》地区であり、今でも国の有形文化財である数々の産業遺跡が残っている。一方、その道を北側に約五キロ下れば瀬戸内海・燧灘《ひうちなだ》である。新居浜港の周辺には住友金属、住友化学、住友重機など住友グループの工場群が立ち並ぶ。十河が生まれ育った中萩は別子銅山と新居浜港のちょうど中間に位置する村落でもある。

『新居浜産業経済史』[*11]などによると、別子銅山は元禄三（一六九〇）年に発見され、翌年から大坂の豪商、住友吉左衛門友芳によって採鉱経営が始まった。当初は採掘した鉱石を別子の山中で製錬して粗銅とし、これを大坂・鰻谷の住友家内にあった製錬所に送って精製していた。

明治時代になって別子支配人となった広瀬宰平は十歳の時、叔父に伴われて別子銅山に給仕として入山、めきめきと頭角を現し、住友大番頭、広瀬家の養子となった。彼は維新前後の激動期に住友の経営を守り抜き、積極的に欧米の最新技術を導入する。新居浜にはフランス人技師ルイ・ラロックら欧米の技術者を招聘し、別子銅山の近代化計画を立案、新居浜西部の惣《そう》開《びらき》新田《しんでん》に新しい洋式の製錬所を建設するなど近代化に取り組んだ。

明治二十六（一八九三）年、広瀬の指揮の下、別子銅山の採鉱本部がおかれた端出場と惣開製錬所、新居浜港を結ぶ全長一〇・三キロの鉱山鉄道が開通する。軌間七六二ミリの軽便鉄道であったが、ドイツ・クラウス社製の二軸動輪の最新式の小型タンク機関車が十四両の無蓋貨車を引いて、急峻な断崖絶壁に敷かれた鉄道を、警笛を轟かせながら約千メートルの高さまで往復し、銅鉱石や作業員を運搬した。それまでは人力や牛車に頼っていた物資輸送が〝陸《おか》蒸気〟に変わったのである。新居浜の「文明開化」でもあった。近隣では大騒ぎとなり、弁当を持った見物客が絶えなかったという。

四国では「坊っちゃん列車」として親しまれている松山・伊予鉄道の松山―三津間が開通したのが明治二十一年。翌二十二年には讃岐鉄道丸亀―琴平間が開通している。別子鉱山鉄道は四国第三の鉄道であり、日本で初めての山岳軽便鉄道であった。

別子鉱山専用鉄道の１号機関車（別子銅山記念館にて著者撮影）

十河の実家の東約五百メートルの旧金毘羅街道と交差するあたりに、鉱山関係者のための日用品の積み込み基地として「土橋駅」が開設された。ダイヤは一日五往復、一編成五〇メートルの貨物列車が時速一五キロで往復した。土橋駅があった付近はいまは空き地となり、そこから南北に延びるレール跡は、そのままコンクリートで覆われ、住民の散歩道となっている。騒音も少なかったその時代、蒸気機関車の力強い響きと警笛は十河少年の実家まで聞こえていただろう。学校を終えると、毎日のように土橋駅まで見物に出かけた少年の姿が容易に想像される。

十河信二はこの時、九歳。開通するまでの建設現場も覗き続けたに違いない。多感な少年の魂を揺さぶる出来事だった。広瀬宰平の名前は、ヒーローとして耳にタコができるくらい聞かされただろう。後に十河が鉄道院（のち鉄道省）に入り、さらに国鉄総裁として新幹線建設に邁進した原点は、この別子鉱山鉄道にあったとみてもよい。

別子銅山公害事件

別子銅山は新居浜周辺の住民にとっては最大の近代的産業であり、雇用確保の場でもある。住民との関わりは極めて強かったが、一方で、住民たちの生活に大きな障害をもたらした。銅の精錬、精製には莫大な量の薪や木炭が必要であり、そのために銅山周辺の山中の樹木が伐採され続けた。坑道の矢木、留木などに使う木材の量も馬鹿にならなかった。その上、製錬の過程で高い濃度の亜硫酸ガスが発生し、植物の発育を止めた。「かつて緑したたる原生林におおわれていた山々は、みるかげもなく憔悴し、年々出水のために荒れに荒れた山層はいたるところ地膚を露出していた」[*11]のである。

また、別子銅山の坑内水や製錬の廃水は、開坑以来、付近の谷川にそのまま流された。このため北に下って新居浜地方の田畑を潤して瀬戸内海に注ぐ国領川なども、鉱毒水を多量にふくんで茶褐色に濁り、流域の田畑を荒廃させる。別子銅山の周辺地域では煙害と鉱毒水による公害が広範囲に発生、住民の生活に大きな影響を及ぼすようになった。別子鉱山鉄道が開通した明治二十六年春の麦作、秋の稲作への被害は特に大きく、新居浜村長は惣開にあった住友新居浜分店に「稲作被害原因の現地立合い調査」を求めた。公害問題について農民の住友に対する最初の呼びかけだった。

この立合い調査では、双方の意見は大きく食い違い、結論は出ない。農民の反発は次第に強まり、住友新居浜分店前での座り込みなど抗議活動が始まり、警備の警官隊との小競り合いが頻発するようになった。十河信二が十歳を迎えた明治二十七（一八九四）年七月十九日、農民千三百人が同分店を取り囲んで、深夜まで気勢をあげ、警官隊と衝突した。七月二十二日付「海南新聞」[*12]（「愛媛新聞」の前身）は、「烟害事件の詳報」としてこの騒ぎを次のように伝えている。

〈新居郡新居浜の住友分店製煉所烟害事件に付き農民不穏の状あり。西条警察署、角野分署、小松警察署、松山警察署等の警官が出張せし事は前号の紙上に記載せしが、今其《その》不穏の景況を掲げんに、去る十九日午后三時頃、金子村大字金子、庄之内、新須賀等の農民八百余名集合し一大隊を編制し、農民中元陸軍兵卒たりし佐薙《さなぎ》伝太郎之れが長となりて指揮する様正々堂々実に陸軍々隊行軍の時の如し〉

〈其携うるものは棍棒、竹槍、竹刀等にして既に住友分店に押寄せんとする所を西条警察署長阪本警部及び河野警部は巡査を指揮して容易に解散せしめたれど、農民は解散後、各部落に集会し軍議を凝らし何分不穏の状あるにぞ、西条警察署より今治警察署へ電報して応援を求め、時間の遅るるを恐れ、一面にては住友所有の木津川丸を今治へ廻船せしかば、同警察署の巡査部長下川登鯉氏は巡査十数名を引率し木津川丸にて新居浜に着し、其他西条警察署より召集せし同署所轄内の巡査も追々集り殆んど五十余名となり、阪本、河野両警部等は巡査を指揮して要所々々に防衛せしめたり〉

〈午後九時頃（十九日）農民は暗に乗じて再挙し、得物の外に石を袂にし松明《たいまつ》を持ち、殆んど分店の門前に押寄せアワヤ大事を醸せんとするにぞ、巡査は之を防禦せんとして茲《ここ》に大衝突を来し、忽《たちま》ち戦争となり、農民は隊長が一声号令の下に手頃の石を投ぐると雨霰の如し。警部巡査は之れに屈せずして鎮撫に尽力したれば漸く十二時頃に至りて鎮定したり〉

この衝突事件は双方に多くの負傷者を出し、農民多数が検挙された。うち首謀者とみられる二十三人が起訴されている。十河の父親の鍋作がこの事件にどう関与したかは明らかでない。鍋作は中萩村の村役場の戸長職に就いていた。かつての名主でありのちの村長に当たる。村民の代表としてこの農民騒動に全く無関係だったとは思えない。この騒動の鎮圧で地元住民の反公害の動きは収まったわけではない。その後も村ごとの小規模な騒ぎが頻発した。

明治の日本は新しい産業国家建設に向けて走り始めていた。住民と警官隊との大規模の衝突が起きた十日後、日本は隣国・清に宣戦を布告する。日清戦争の始まりである。別子銅山公害事件は、田中正造翁が中心となった栃木県・足尾銅山鉱毒事件と並んで日本の環境問題の原点といわれる。父親の「百姓の手伝い」をしながら育った信二少年の心には、近代化に伴う「明」と「暗」として、いつまでも鮮明に焼付いたに違いない。

伊庭貞剛の教訓

住友家の「別子銅山」はこの時代、周辺住民の「公害反対闘争」だけでなく、内にも大きな「社内事情」や「労働問題」を抱えていた。明治維新以降、住友の海運、貿易、金融、鉱工業など多方面への事業拡大と近代化を推し進めてきた広瀬宰平だったが、明治二十年代後半になると、彼の「独裁的企業運営」「公私混淆」に対する反発が、頂点に達しようとしていたのである。その先頭に立ったのが広瀬と「火の出るような衝突を続けてきた」住友理事、大島供清《ともきよ》である。大島は広瀬にスカウトされ別子銅山で働くようになり、副支配人として別子銅山の運営に当たっていたが、直情径行型の彼は、次第に広瀬の独断専行と公私混同と思える行動が許せなくなって住友を辞め、「広瀬弾劾排除運動」を始めていた。

「舵取りを一歩誤れば、二百五十年続く住友家存亡の危機」である。こうした紛争解決のため広瀬に頼まれ明治二十七（一八九四）年二月、支配人として別子銅山に乗り込んだのが、〝住友中興の祖〟と言われる伊庭貞剛《いばていごう》である。伊庭は広瀬と叔父、甥の関係にあった。

「住友の危機」と、それを治めた伊庭貞剛の手腕を以下、西川正治郎著『幽翁』[*13]を参考に記したい。同書は昭和六年に刊行され、住友マンのバイブルとも呼ばれたが絶版となり、戦後の昭和二十七年、住友有志の手で再刊された。

大島ら弾劾派が最も問題にしたのが、他の理事たちの意見を無視した広瀬の独断的経営と、甚だしい公私混同だったという。一例として挙げているのが「広瀬木札」である。別子銅山の経営が苦境に陥り、従業員や坑夫たちの賃金支払いが出来なくなると、広瀬は「表に歩役一人、裏に広瀬宰平と記せる木札を発行して、賃銀の支払に代用した」。銅山だけで通用する一種の預手形だが、別子では大騒ぎとなった。広瀬家所有の土地を抵当に入れて資金を準備し、木札は後に問題なく通用し、別子の経営を持続させるのだが、公私混淆と指摘されれば、その通りかも知れない。

事態は年々、険悪となり、「幹部対幹部の衝突、軋轢は、漸次一般職員に波及し、またひいて別子数千の坑夫連に伝波するの勢いとなった。之に加え、別子の動揺は、鉱山の煙害問題に伴う地方民の騒擾と結びついて、形勢頓《とみ》に重大化し、（略）澎湃《ほうはい》たる怒濤狂瀾を捲き起さねば止まなかった」。

一大決意をして別子にやってきた伊庭貞剛は新居浜に質素な住居を借りる。別子大改革のために広瀬の甥が出向いてきた、というので新居浜に住友分店の職員も銅山の坑夫たちも身構えた。歓迎会は開宴前から殺気だち、職員たちの顔は異様に緊張している。酒宴の最中、職員の一人が伊庭の前に座り込んで、吼えるように怒鳴った。

〈支配人、山の宴会は大阪と違って、ちと手荒いぜ、この燭台がいつも飛ぶんだからな〉

伊庭が新居浜に住んだ住居は母屋は二畳の玄関、六畳の台所、三畳の女中部屋、それに家族部屋と客室共用の八畳。廊下伝いに二畳の中二階と四畳半の藁葺の離れ座敷があった。伊庭が寝起きするのはこの四畳半。かなり質素なもので「世捨てびとの詫びずまいのようだった」。

伊庭は緊迫した歓迎会の翌日から、毎日、新居浜から銅山へ、銅山から新居浜へとこつこつと往復する。鉱山鉄道は利用せず、片道十数キロ、徒歩で往復する日も多かった。山上では時間ができると草鞋《わらじ》ばきで各坑内に姿を現した。坑夫と出会うと「ご苦労さん」といちいち挨拶をする。「いまにも大更迭、大馘首が始まる」と職員たちは心配していたが、そんな気配はいつまで経ってもなかった。

彼が寝起きする離れの四畳半には毎夜のように訪問客が続々、詰めかけるようになった。伊庭は彼らの訴えを真剣に聞き、銅山での過酷な労働を少しずつ改善していった。住友の人事について訴える者もいたが、「わしは山のことなら喜んで聞こう。その他のことは一切聞かぬ」とはねつけた。反発していた職員や坑夫たちの態度は次第に変わっていった。

だが、煙害問題で押しかけてくる騒擾の指導者たちはそう簡単にはいかない。大勢で四畳半の部屋に座り込み、執拗にからんだ。伊庭はどんなに嚇《おど》かされようと平然と聞き、うるさがりもせず、帰れともいわず、追い出しもしなかった。「いくら高飛車にでても、あるいは下手に組んでかかっても、駄目なことが、すこしずつ相手にわかってきた」

伊庭は彼らの言い分には真剣に耳を傾けていたのである。煙害や鉱毒水の恐ろしさを十分に理解した。彼は荒廃した別子の山々を自然に返さなければならないと決意し、毎年、数十万本の植林など山林保護対策に乗り出す。さらに亜硫酸ガス発生の原因となる別子山中の製錬を止め、影響の少ない新居浜の沖合二十キロにある無人島、四阪島《しさかじま》に製錬所を移転させた。別子銅山から全長十五キロの煉瓦製の坑水路を築造し、鉱毒を中和処理する施設もつくった。騒ぎは次第に鎮静化していった。

〈翁は丸腰のまま山に飛びこみ、丸腰のまま人に接した。翁がついにあらゆる人々を悦服せしめ、よく大難局を打開して、いわゆる「精神の改革」を行い得たのは、一にこの丸腰の賜であった[*13]〉

伊庭貞剛が新居浜に滞在したのは、十河信二が十歳から十五歳までの五年間である。今で言えば、小学校高学年から中学時代。多情多感な少年時代に、自宅の周辺で生起した様々な出来事は、父親が村長を務める十河家で日々、話題となったはずである。広瀬宰平は引退後、八十七歳になっても「逆命利君謂之忠」と大書した。伊庭貞剛は五十八歳の若さで引退、琵琶湖のほとりに建てた質素な「活機園」に隠棲し、静かな余生を送る。十河は郷里、新居浜を揺るがした二人の先人のどちらに学ぼうとしたのだろうか。

彼はこの二人のヒーローについて備忘録や談話でも全く触れていない。しかし序章で述べたように、後年、国鉄総裁として彼がとった言動は気性が激しく「逆命利君」、「独断専行」し〝元亀天正の英雄〟ともいわれた広瀬宰平型であり、一方、現場の労働者や組合などとの話し合いでは、じっくりと耳を傾け、彼らの心の中に飛び込んでいく伊庭貞剛の〝手法〟を念頭においている感じがする。少年期の人格形成に大きな影響を与えたであろう二人の先人の存在になぜ十河は触れていないのか。

そういえば生まれ故郷も「四国中央山脈の麓の村」であり、「別子銅山の麓の村」とは表現していない。地理的にいえば「中萩村」は「別子銅山の麓」という方が自然だろう。少年時代の十河にとって大事件だったはずの「別子公害騒動」についても、意識的に避けている感じがする。

備忘録の多くは前述したように、十河が国鉄総裁をやめヒマになった昭和四十三年以降に書かれたものが多い。高度経済成長の真っ只中にあった当時の日本は、排気ガスによる大気汚染や工場排水による河川汚濁問題など、開発に伴う公害問題が全国各地で頻発し、走り始めた新幹線も、沿線住民から「なぜ新幹線は騒音をまき散らしながら、猛スピードで走らなければならないのか」という公害訴訟が頻発していた。十河はそうした時代に、日本の公害の原点でもある「別子銅山事件」や、郷土にとっては偉大な先人ではあるが、公害問題に関係する住友の広瀬宰平、伊庭貞剛に触れることを躊躇したのではないか。

兄、虎之助の家出

別子銅山や新居浜製錬所でのゴタゴタが続いていた明治二十六（一八九三）年、中萩の十河家でも一家を揺るがす〝大騒動〟[*14]が持ちあがった。長男、虎之助の家出である。以下は中島幸三郎『風雲児・十河信二伝』が記す虎之助の家出騒ぎのいきさつである。

虎之助は十八歳、信二は小学校三年生の春のことである。長女ムラはこの年、同じ村の従兄、河端岡一と婚約する。鍋作の妹、ダイの長男で十九歳だった。彼は軍人を志望して学費は官費で賄われる千葉県・国府台《こうのだい》の陸軍教導団に入隊していた。

勉学の志に燃える虎之助は上京して、東京専門学校（のち早稲田大学）に入ろうとする。しかし、父、鍋作はそれを許さなかった。虎之助の希望をかなえてやりたくても、当時進学するには経済的負担が大きく、苦しい家計からの捻出はとうてい無理だった。何度も訴える虎之助に鍋作はこう言ったという。

〈どうしても、お前が志を遂げるというなら、この家も田も畑も売り渡さなければなるまい。そして、お前の我執をつらぬくことで、わしたちは一家離散の憂目にあい、あすから乞食に転落するよりほかに方法はないのじゃが……〉

鍋作は何度も虎之助を説得した。それでも虎之助の向学心は冷めなかった。ある日、虎之助は自宅から姿を消す。彼は船便にもぐりこみ対岸の尾道に渡り、東京に向かったのである。家出してから七日目。千葉・国府台の陸軍教導団に従兄の河端岡一を訪ねた。事情を知った河端は、外出許可を取り、国府台の旅館で一晩、虎之助と語り明かした。「おやじを説得してくれ」と頼む虎之助に河端はこう言った。

〈俺は、君のおやじを説得することは出来ない。理由を挙げよう。親父さんは、家の現状を説き、理由をあきらかにして反対しておられる。しかも君は、親父に弓をひくような形で、家出の非常手段をとった。これでは、益々、親父の気持は硬化するばかりじゃ。（略）この儀ばかりは、協力するわけに行かんのだ。しかも君は長男だし、やっぱり国へ帰って、家業に精を出してくれないか〉

相談相手と頼んだ従兄の河端が、説得役に回ったのである。虎之助は、彼の親身な説得に不本意ながら従わなければならない心境になってくる。彼が悄然と中萩の自宅に戻ったのは、家出してから半月が過ぎていた。

虎之助は父、鍋作の前に手をつき、

「わたしは、年来の宿望を、きっぱりと断念します。しかしお父さん、信二にだけは、どうしても私の望みをとげさせてやりたい。たとえ私の身の皮を剝いでも！」

と頭を下げた。

そばでこれを聞いていた信二少年は、弟思いの兄の愛情を、「生涯をかけても決して忘れてはならないと、かたく心に誓った」と中島幸三郎は書いている。

中島の『十河信二伝』は昭和三十年、十河が国鉄総裁に就任した直後に刊行されたものである。十河も直接、取材を受けているが、この本を読んだ十河は「少し大げさだな」と苦笑いしていた、と十河の五男新作は語っている。いずれにしても、十河が一高に入学できたのは、兄虎之助の犠牲の上だったことは間違いない。十河は生涯、虎之助の恩義を忘れず、事あるごとに仕送りを続けた。それが裏目に出て、後に「復興局疑獄」で十河が逮捕された際、虎之助への送金が収賄によるものではないか、との嫌疑を受けることになるのである。

西条中学名物・ストライキ

明治三十（一八九七）年四月、十河信二は西条町に前年に開校したばかりの、松山中学東予分校に入学した。正式な校名は愛媛県尋常中学校東予分校、十河はその二期生である。校舎建設も間に合わず当初は、民家を借りての開校だった。「兄虎之助の無類の尽力があって、中学に進学できた」。十河たちが入学した翌明治三十一年六月、現在の愛媛県立西条高校のある西条市明屋敷《あけやしき》の、旧西条藩陣屋跡に新校舎を建て移転する。松山中学から独立し西条中学となったのは、十河たちが三年生となった明治三十二年のことである。

東予分校が開校するのと同時に、南予地方では南予分校（現愛媛県立宇和島東高等学校）が開校している。東予地方では今治も候補地として名乗りをあげ、西条との間で激しい陳情合戦が繰り広げられた。時の県議会では一票差で西条に決まったという。「南予の某氏（県議）が今治に投票するらしいので、その某氏を松山のお堀に放り込まんと謀議した」[*15]ほど、熱がこもっていた。

『坊っちゃん』で有名な夏目漱石が松山中学で教鞭をとったのは、明治二十八年から一年間で、彼はそのあと熊本の五高に転じた。西条に東予分校が出来た時、松山の本校から漱石と同僚だった数学の弘中又一と、美術の高瀬半哉が異動してくる。

〈今日学校へ行ってみんなにあだなをつけてやった。校長は狸、教頭は赤シャツ、英語の教師はうらなり、数学は山嵐、画学はのだいこ。今に色々な事をかいてやる〉（『坊っちゃん』[*16]）

これに当てはめれば、弘中が「山嵐」で、高瀬が「のだいこ」のモデルと見てもよさそうだ。松山の本校から教師だけでなく相当数の上級生も移ってきた。彼らが松山中学伝統のバンカラな校風を西条の分校に持ち込んだのである。

十河の中萩の自宅から西条の中学までは片道二里半（約一〇キロ）。当時は鉄道もバスもない。自転車も高価な贅沢品で手は出ない。十河は毎日、朝五時に家を出て、二時間半近くかけて通学した。通学時間は往復で五時間近くになる。薄暗いうちに草履ばきで自宅を出る。学校近くの知人宅に貴重品だった靴を預けておき、そこで履きかえた。天気のよい日は、教科書を片手に勉強しながらの通学である。開校当初の西条中学はどんな雰囲気だったのか。「朝日新聞」は連載企画「旧制　わが母校」で西条中学を取り上げ[*15]、こう書いている。

〈保守的な風土の強い土地柄だが、自由奔放な気風もあった。開校二年目の首席教諭排斥ストに始まり、ストライキが大正末期まで続き西中名物といわれた。「あんな学校に行くな」と止めた小学校の先生もいた。大正五年十月、西条祭りの直後に西条地方で陸軍の大演習があった。兵隊が民家に宿泊、勉強が十分にできない、と生徒が学校と臨時試験の日程変更を交渉した。だが、認めてもらえず、まず五年生がお寺に籠城、四年生、三年生も同調して二週間近くもがんばった。町の名士が説得して西中史上最大のストとなった。級長ら首謀者の復学許可は翌年二月の期末試験前だった〉

旧西条藩陣屋跡の大手門。現在、西条高校の正門となっている

〈愛媛県内では松山中学に次ぎ二番目の中学であるとの一種のエリート意識があり、授業にも西洋知識の導入が試みられた。教科書は原書が多く、世界地図帳も大正中期までは英国製だったのもそのあらわれだ。先生は親切に教えたが、一科目でも平均点が半分以下だと落第。明治三十九年入学の百一人中、五年後の卒業生はわずか三十六人という厳しさだった。お堀をはさんで西条高女があり、こっそり運動会を見に行って教官に見つかり注意されたり、ラブレターを出して退学、停学処分された生徒もいた〉

十河の入学早々に起こったのがこの記事にある「首席教諭排斥スト」である。「入学早々から ど胆を抜かれることが度々あった」と十河は「備忘録」にこのストの思い出を書いている。

十河ら新入生は、ストをやっていることを知らずに登校した。学校近くの恵比寿神社の石の玉垣の陰から上級生が飛び出してきて、「ストライキの日に何しにきたのか、不徳の分校長を排斥するまで登校あいならん」。新入生の数人は近くのどぶ堀に放り込まれ、上から小使い室の薪を投げつけられた。十河は二里半の道のりを引き返すほかなかった。

この分校長(首席教諭)排斥は、生徒に人気のあった教師が更迭されたことに端を発した。分校長腹心の教師が赴任してくるに及んで、生徒が「分校長の罪状十八ヶ条」に連署し、校内改革を叫んでストに入った。松山本校の校長が直々に調査に乗り出す。その結果、分校長とその腹心の新任教師は配転となり、ストの首謀者たちは一―二週間の停学処分となった。ストは成功したのである。「東予人士の涙の雨で造りあげたる西条中学校、校長排斥して校内改革せよ、もしできなければ同盟休校せよ」。生徒たちは校歌のようにこう歌っていたと十河はいう。

ストだけではない。教室入り口のドアの内側に机や椅子を不安定に積み重ね、教師がドアを開けるとガラガラと崩れ落ちるようにしておく。なんにも知らぬ教師がこの悪戯にまんまと引っかかる。すると生徒たちは「地震だ、地震だ」と叫びながら、窓から一斉に飛び出すのである。校庭での体育の時間、列をつくって校外に飛び出し、追いかけてきて「戻れ、戻れ」と大声で呼びかける教師を、無理やりに引っ張り込んで相撲を取る。『坊っちゃん』の世界は日常茶飯事であり、「創立早々から悪名高い学校であり、いつしか習性となって私たちは毎年ストライキをやり、やらぬ年はないというような状態であった[*10]」。

十河もすぐにこんな校風に慣れ、「ストも度々やったが、天真爛漫で、かつ正々堂々であった」と懐かしむ。ストを決行する時には、必ず理由書と署名した連判状を校長宛てに提出した。十河は三年生の時、たった一人署名した理由書を校長に提出、単独ストを決行し、学校中が大騒ぎになったことがある。その経緯を彼はこう述べている。

学年末試験の前に、ある教師が難しい宿題を出した。「宿題をとりやめろ」。生徒たちは騒ぎ、宿題反対を掲げて全校ストを始めようとした。「それはスジが通らぬ」。連判状の署名を求められた十河は署名を拒否した。スト決行者たちはストに反対する十河に鉄拳制裁を加え、運動場を逃げ回る十河を、野球のバットなどを持って追い回した。ついに雨天体操場の一隅に追いつめられ、打ちのめされようとした時である。十河の親友、平井佐吉が突如、群衆の間から飛び出した。

「おとなしく逃げておるたった一人を、大勢でいじめて何という卑怯者だ。そんなに喧嘩したいのなら、自分が相手になってやる。何十人でも何百人でもサア来い」

大型の海軍ナイフのサヤを払って振り回した。平井は「名だたる腕力家」。全校生徒が震えるような一家がバックにあった。意外な敵の出現に、全校生徒はいつとはなしに解散していった。

全校生を巻き込んだ騒ぎに学校側は、試験前の宿題を撤回した。今度は収まらないのが十河だった。

「多数の暴力に屈して宿題を取り止めるとは怪しからん。左様な先生の教えを受けることは良心が許さぬ」

彼は唯一人、署名したスト理由書を校長に提出、ストを決行した。橋本唯三郎校長以下、学校は頭を抱えた。教師たちは代わる代わる十河を口説き、ストを辞めさせようとした。十河は頑固でなかなかストを撤回しない。最後には十河家と懇意な地元出身の教師が、教壇上から皆の前で涙ながらに十河を説得した。この泣き落とし戦術に屈服して、彼は単独ストを打ち切った。

試験前の宿題や試験の範囲などをめぐってのストが多かったが、なぜストまで発展したのか。それには訳があった。前掲の「旧制　わが母校」が書いているように落第率が極めて高かったからである。試験で五割以上の点数を取らないと即落第だった。十河の同期生は入学者八十八人で卒業できたのは三十五人にすぎない。六割が脱落しており、それだけに試験範囲やその環境に敏感に反応したのである。

校長の〝餞別〟

父鍋作は、中学を卒業したら農業を、と言い続けていたが、三年生になるころ、兄虎之助の口添えもあって、現役で合格すれば高校進学を認めてくれることになった。受験勉強を始めると、一日往復五時間もの通学時間はもったいない。夜ランプの下で机に向かうと、若いとはいえ、通学疲れでうとうとし始める。「学校近くに下宿した方がよい」。虎之助の勧めもあったのだろう。十河は西条市内の中学の近くで下宿生活を始めた。

下宿先は金毘羅街道沿いの大念寺に近い料亭旅籠「田野屋」である。西条中学の南約一キロ、歩いて学校まで十五分程度の場所にある。現西条高校とJR予讃線を挟んで南側約五百メートル、今は「天野製材所」となっている。付近は現在はさびれているが、当時はこんぴら参りの宿が十数軒並び、西条一の繁華街だった。田野屋は金毘羅街道沿いでは屈指の有名宿で「その庭に『田野屋の松』の名木があり、客も一等級であった。人力車で芸妓がよく出入りして、三味の音が昼でも聞かれた[*17]」という。

田野屋の主人、野間喜瀬次は十河の母、ソウの妹イクの夫である。十河の叔母さんの嫁ぎ先だった。景気のよい料亭旅籠に下宿したわけで、客がいる間はうるさくて勉強も手につかない。十河は夕食後、付近を散歩した後、すぐに就寝、午前二時ごろに起き出してランプの下で机に向かった。

野間喜瀬次、イクの長男が、十河より五歳下の野間恭一郎である。従弟にあたる恭一郎は、子供のころから稀にみる秀才といわれ〝飛び級〟で小学校を卒業、十一歳で西条中学に入学する。眉目秀麗、長身でクールな秀才タイプ。背は低く、あだ名は象、小ぶとりで、何事にも熱くなり大声で自己主張する十河とは、全く正反対の性格だったが、二人はなぜか気が合った。下宿した十河を恭一郎は実の兄のように慕う。十河も彼を弟のように可愛がった。十河を追うように一高、東大に進んだ恭一郎は卒業後、三菱合名会社に入社、ベルリン、ロンドン支店長などを経て、昭和十一年には三菱商事の取締役総務部長となった。

明治三十五（一九〇二）年春、卒業式を間近に控え、十河信二は橋本唯三郎校長から校長室に呼び出された。「〝餞別〟をやるから校長室に来い」。一緒に呼び出されたのが秋山正義である。秋山はこの年の卒業生三十五人中、成績は最下位。十河と一緒に何度もストライキの旗振り役をやった。十河には二人揃って校長に呼び出される理由がわからなかった。

橋本校長はまず、秋山にこう言った。

「お前のようなものは卒業する資格はない。落第させて残しておいては学校が迷惑するので追い出すのであって、君の力で卒業したのだなどと考えない方がよい。君は陸軍士官学校を受験するそうだが、とんでもない話だ。お前のようなものが人並みに陸士に入学しようなどと思わないほうがよい」

続いて十河に目を向ける。

「君のような頑固な青年を見たことがない。学校だからどうにか通用したが、社会にでたらそうはいかない。人間は社会的動物だから、実社会に出れば、理想を曲げ、妥協しなければならないこともある。よく考えるがよい」

五年間、西条中学をかき回した二人に対する強烈な〝餞別〟の言葉だった。迷惑をかけつづけた校長だったが、二人には餞別の持つ意味がよくわかっていた。秋山は「餞別を肝に銘じて発心精進してその年の陸士の入試にパスした」。同期の首席、次席と一緒に受験し、揃って合格したばかりか、三人の中で最も成績がよく、陸軍大学を出て真っ先に将軍になったのは秋山だった。「少年時代の成績などわからぬものだ」と十河は述懐する。そして自らのことを、こう反省する。

「これに反して私は懇切な橋本校長の教訓に背反し、今に至るまで頑固な性格を変えようとしないでいる」

この話には後日談がある。大正七年ごろ、というから、東大を卒業して鉄道省に入った十河が、米国留学から帰国し、経理局調度部庶務課長兼金属課長をしていた頃だろう。橋本校長の未亡人が大学を卒業し、製造会社に入社したばかりの息子を連れて、十河を訪ねてきた。そして「社会に出る息子に処世訓を話してやって欲しい」と懇願する。「先生の餞別の言葉も裏切り続けている私にその資格はありません」。十河はこう言って、最初は夫人の申し出を断った。未亡人はこう言ったという。

「故人は家族によくあなたの話をしていました。不動の信念を持って言行せられることに心から敬意を払っていました。息子への処世訓に対して故人も心から感謝すると信じていますよ」

この言葉で橋本校長の真意を理解した十河は、自信をもって自分の処世訓を橋本校長の息子に語った。

「学校で修得したのは理想であるから、現実の社会では通用せぬ、実社会は妥協の産物であるから、真理や理想は曲げられるのも止むを得ない、などというのは、愛国心のない薄志弱行のともがらの迷言である。そんなことでは国の為にならぬ。国民の一人一人が国の興亡、社会の進歩を図ることは自分の義務であり責任であると自覚し、国家の為に何が正しいかということを究め、広く先人の教えを学び、深く良心の鏡に写し、考えて見て正しいと思うことを勇気を出して実行しなければならない。これが私が君に呈する処世訓である」

十河信二の生涯を貫いた生き様だった。「実社会は妥協の産物である。妥協こそが人生である」という人生観に彼は真正面からぶつかった。信念を貫くためにあらゆる妥協を排した。これが長い彼の人生の各場面で、摩擦と衝突を生じた。しかし彼は怯まなかった。常識的な〝おとな〟にとっては、風車と戦うドン・キホーテの姿にも見えただろう。そんな信念は、故郷東予での少年時代の生活環境や西条中学時代の教育環境などの中で、十河の心にしっかりと根を下ろしていった、と見てもよい。

一高受験へ上京

卒業式を終えると、十河たちは教師たちへの「謝恩会」を近くの光明寺で開く。第二期の卒業生には酒飲みが多いことを教師たちはよく知っていた。「酒が出るなら絶対に出ないぞ」。「お寺でやるんですから酒など出るはずがありません」。謝恩会の席に出されたお茶はすべて酒だった。「般若湯だった」と十河はいう。今では考えられない話である。

当時の高校、大学の入学試験は七月で、入学式は九月一日。卒業式は七月だった。昨今話題の秋入学である。高等学校令が改正され、入学試験や新学期が春になるのは大正十年からである。兄虎之助の支援もあって、十河は一高入学を目指して上京する。当時、西条から上京するには瀬戸内海を船で対岸の尾道に渡り、列車に乗る。といっても西条の海岸は遠浅である。引き潮時には人力車で沖合一里（約四キロ）まで行って艀《はしけ》に乗り移り、さらに一里先の海上に停泊する一五〇トンほどの蒸気船に乗り込んだ。山陽鉄道、東海道線を経由して新橋駅へ。東京駅が完成するのは大正三（一九一四）年のこと。列車はまだ新橋までだった。

十河が上京して頼ったのが当時、赤十字病院の副院長をしていた郷里中萩村の先輩、岩井禎三である。岩井は中萩村屈指の成功者で後輩たちの面倒をよくみた。十河は岩井家に下宿すると、神田の正則英語学校（現正則学園高校）に入り、受験勉強に専念する。一緒に岩井の世話になったのが夏目漱石門下の哲学者として後に一高校長、学習院長、文部大臣を歴任する安倍能成《よししげ》である。岩井と親戚の安倍は前年、松山中学を卒業したが、家庭が貧しかったため一年間、母校の助教諭心得として英語を教え、上京資金を稼いでいた。十河と一緒に受験し、二人とも無事合格、一高でも同じクラスとなる。「安倍は生涯を通じて私を叱咤激励してくれ、同行二人の人生巡礼の旅を続けた」と十河が言えば、安倍も「私は十河信二を友人にもつことに誇りを覚える」というほど二人は生涯の友となる。岩井は十河と安倍の保証人にもなった。

西条中学からはこの年、十河のほかに新田虎一、武司菟二、野田虎之助の三人が一高を受験、全員がパスする。当時、高等学校は一高から六高まで六校あったが、入試期日は順番に下って全部受験できることになっていた。西条中学の四人は第一志望の一高に必ず合格するんだ、と入学願書には第二志望は書かなかった。「悪名高き」西条高校から一高受験の四人が全員パスしたとあって、地元の新聞は大騒ぎになったという。十月には陸軍士官学校の試験があったが、こちらにも秋山正義ら受験した三人が合格する。ストライキ騒ぎ、教師へのいたずら、飲酒など教師泣かせの西条中二期生だったが多士済々、極めて優秀な人材が集まっていたことになる。

第二章　「巌頭の感」の衝撃

向ヶ丘の寮生活

明治三十五（一九〇二）年、十河信二は東京府本郷区向ヶ丘（現東京都文京区）の第一高等学校の門をくぐった。日清戦争に勝利した日本は、満州（中国東北部）をめぐって欧米列強との厳しい綱引きの真っ只中にあった。時代の雰囲気は、いつの時代でも多感な若者の心に大きな影響をもたらす。十河が一高に入学した前後の時代状況に簡単に触れておきたい。

日清戦争後の講和条約（下関条約）によって日本は、遼東半島、台湾、澎湖諸島の割譲と賠償金二億両（当時の邦貨換算で三億一千万円）の支払いを受けるなど、大陸進出の足場を築いた。〝眠れる獅子〟といわれた清国の弱体ぶりが世界の目に晒されたのである。欧米列強はこぞって中国大陸への進出を図ろうとする。特に満州に深い利害関係をもつロシアは日本の進出を警戒し、ドイツ、フランスと共に、日本に対し遼東半島を清国に返還するよう勧告する。いわゆる三国干渉である。日本はこの三国を相手に戦う力はなかった。やむなく三国干渉を受け入れる。切歯扼腕する国民の間では、〝臥薪嘗胆〟が流行語となり、三国ことにロシアに対する反発が強まっていった。

清国内でも列強各国の進出に対し「扶清滅洋」を唱える「義和団」を中心にした外国人排斥の暴動が激化した。列強は暴動鎮圧に共同で軍隊を派遣する。日本もそれに加わり最大兵力二万二千人を派遣した。義和団の乱が収束すると、各国の軍隊は順次撤兵するが、大軍を派遣したロシアは、一兵たりと引き揚げようとせず、約十万のロシア軍が満州を占領し、朝鮮半島にも影響力を強めていた。

日本国内では、ロシアの勢力拡大を抑えるために、ロシアと直接に協商を結んで事態を収拾するか、ロシアに警戒感を強める英国と同盟を結んでロシアと対抗するか、意見は二つに分かれていた。第一次桂内閣が電撃的に日英条約を結んだのが明治三十五年一月三十日である。日英同盟の交渉は密かに進められたため、交渉成立が発表されると「国民は欣喜雀躍するような喜びを味わい、浮かれまくった」という。十河信二たちが一高に入学する直前のことであり、日英同盟を背景に日本国内では「ロシアとの決戦やむなし」との雰囲気が一気に醸成されていく。十河の一高生活は、戦争に対する不安と、高揚した好戦的ムードが交錯する中で始まった。

旧制高校は「原則皆寄宿制（全寮制）」であり、一高は当時、東、西、南、北、中の五寮があった。十河らが入寮する直前の二月に発表された東寮の寮歌が「嗚呼玉杯に花うけて」（第十二回紀念祭東寮寮歌）である。作詞の矢野勘治も作曲した楠正一も三年生。十河も一年次にはこの東寮に入った。

鳴呼玉杯に花うけて　緑酒に月の影やどし
治安の夢に耽りたる　栄華の巷低く見て
向ヶ岡にそそりたつ　五寮の健児意気高し

一高は日本全国の若者のあこがれであり、「この国の指導者たるべき俊秀はすべてここで養成されるものだという、今日では想像しえないほどの輿望《よぼう》を明治時代の一高は担っていた」[*18]（鶴見祐輔）。当時の校長は狩野亨吉《かのうこうきち》。東大の数学科出身だが、さらに哲学を修めた博覧強記の学者だった。十河と同期の鶴見祐輔（作家、戦後厚生大臣）は、一緒に鉄道省に入り十河の「莫逆の友」といわれた種田虎雄《おいた》（のち近鉄社長）の伝記『種田虎雄伝』[*18]を書いた。その中で鶴見は当時の一高の校風について、「ひがみとかいじめさの影さえささなかった当時の学生たちの気分が、冬枯れにあって春の日ざしを思うように思いかえされる」と回想し、その背景にあったのは「日露戦争当時の歴史のうねりにのりつつあるアジアの先進国日本である」と断言する。

彼は当時の一高は、「自己の有する校風、伝統に対して、絶大な自信をもっていた」とこう述べる。

〈一高史としては、一高の全学生が藤村操の哲学的自殺によって魂をゆすぶられる直前に位し、また狩野亨吉に代る新渡戸稲造の校長就任によって西洋風の教育と社交が一高にはいってくる

四年前に位している。一高史における、伝統主義時代の最終段階に属するものといえる〉

彼のいう一高の伝統主義とはなにか。「宗教くさい『伝統』とはかけはなれた、もっと蛮風あふれるところのものである」。具体例として食堂での夜食確保の「まかない征伐」、柔弱な学生に加えられる「鉄拳制裁」、寮の窓から降らす小便の「寮雨」、夜間寮生の寝込みをおそって活をいれる「ストーム」……などをあげる。

〈一高の青年たちは、なんとも形のわからないぼろぼろの帽子をかぶり、白よりはねずみ色に近くなった手ぬぐいを腰にぶらさげ、紙のごとく薄くなってはやくも尻の切れかかった冷飯草履を足にひきずって、ほとんどはだし同様で東都の大道を闊歩していた。（略）人の家にたずねて行っても、かかとをまっくろにしたまま座敷にあがるのである。これらの野蛮なる行動風采を、一高生は誇りとしていた〉

三年間の寮生活は、生涯を通じての友人をつくる最良の場所を提供した。日本全国、津々浦々から集まってくる俊秀たちの間で結ばれる友情。「高等学校の寮制度、とくに、一高におけるがごときその皆寄宿制度は、指導者層の公的活動の支えとなりうるほどの強力な人間組織の温床となった」と鶴見はいう。

十河信二が入学したのは第一部甲（英法文科）。第一部甲にはこの年八十人が入学した。八十人は二組に分けられた。入試時の席次が奇数の者が一の組、偶数の者が二の組である。一の組の首席が後に大蔵省次官、貴族院議員となる青木得三であり、二の組の首席が前述の種田虎雄であった。十河は安倍能成と同じ一の組だった。

同級生はこの他に岩永裕吉（のち同盟通信社長）、下条康麿（同文部大臣）、藤沼庄平（同警視総監）、丸山鶴吉（同警視総監）、有田八郎（同外務大臣）、堀切善次郎（同内務大臣）、前田多門（同文部大臣）、西田郁平（同衆院議員）らを始め、中勘助（詩人、作家）、荻原井泉水（俳人）、野上豊一郎（英文学、法政大学長）、小宮豊隆（文学者）など多士済々。岩波書店を創業する岩波茂雄は一年先輩だったが落第して十河らと同じ組に入った。後述するが華厳の滝で投身自殺する藤村操も同級生だった。

以下は「私の履歴書」[*10]にみる十河信二の一高生活である。

寮生活には名物のストームがあった。十河は西条中学時代、料亭旅籠「田野屋」に下宿して以来、夕食の後散歩してすぐに床につき、夜半に起き出して勉強するクセがついていた。寮生活に入っても寝室に電灯がつく前に寝るクセがなおらなかった。規定では点灯時間は午後九時。点灯後、ストームが部屋に回ってくるころは、たいてい熟睡していた。そこをストームで起こされるのだから、眠る時間はない。早く寝ても、早く起きられない。どうしても人並の時間にしか起きられないようになった。「したがって一高在学中はロクに勉強もせず、いつもねていたような感じであった」

「そんなことから一高の成績は大変わるい」。特に苦手だったのが大審院判事だった平山という先生の「法学通論」だった。平山先生は試験のあとで成績の悪いものから順次、大声で「だれそれが何点」と読み上げていく。そしてこう付け加えた「四十点以下はハシにも棒にもかからんやつ。四十点から六十点まではなにかしら書いてあるから、字数、行数で適当に採点しておいた」。十河はいつも四十点以下。最初の方に名前を呼びあげられる常連だった。そんな十河らに平山先生はさらに追い打ちをかけた。

「いやな学問を無理にする必要はない。自分の友人に樺太で事業をやっているものがあるが、いま人夫を募集中だから世話してやる、樺太へ出かせぎに行ったらどうか」

もう一つ落第点を取ったのが体操である。そのころ靴は貴重品で、体操靴を持たないものが多かった。寮生は体操の時間になると、そこらにある靴をだれのでもかまわずひっかけて運動場に出る悪い習慣があった。いつもスローモーな十河は出遅れて、もう靴は残っていない。急場しのぎに足に墨を塗って体操に出たことがある。体操の先生は一度は見逃してくれたが、二度、三度と靴なしになったので、体操の時間を欠席した。友人の一人が気をきかせて代返をした。「今日は靴を履いているのか」。先生は声の方を見たが、十河はいない。「たちまち代返が露呈して、体操もついに落第点となってしまった」

鈍重ですべてにスローモーな貧乏学生。成績優秀でもなく、スポーツで活躍するわけでもない。背は低く顔中、髭だらけの十河のあだ名は、「鍾馗《しょうき》様」「熊公」だった。

一高二年生の時、チフスが流行し、寮生からも多数の患者が出て、七、八名の死亡者が出る。学生自治が建前だった寮では、「全寮学生大会」を開き、学年試験を延期し夏休みを繰り上げてもらいたいと決議し、狩野校長に提出した。それを読んだ狩野校長は壇上に立ってこう言い切った。

「病気は本人か、もしくは祖先の犯した罪悪の報いである。病人があるからというて、試験を延期し、教育計画を変更して夏休みの繰りあげなどを望むとはもってのほかだ、断じてまかりならん」。学友の死を悲しみ、嘆き、学生たちが悩んでいた際、「氷のごとく冷やかな校長の一言」は十河の胸をハッと打った。温情だけでは世の中は通らない。教育者としての覚悟を見た。校長の「この言葉を言い放った姿が、ありありと目にのこっている。いつまでも忘れ得ぬ思い出の一つである」。

この時代、一高生だけでなく世間の若者たちが熱狂していたのが「娘義太夫」である。今では「女流義太夫」と呼ばれる。劇場や寄席で若い女性の義太夫語りが三味線に合わせて人形浄瑠璃の物語を語る。義太夫語りに三味線弾きの二人は、揃いの白の着物に肩衣に袴姿。十河の一高時代には大阪では豊竹呂昇、東京では武本綾之助が空前の人気を博していた。今でいう女性タレントであり、アイドルだったのだろう。語りの内容が佳境にさしかかると、客席の熱心な見物客は「どうする、どうする」と下足札を鳴らし、手拍子に合わせて奇声をあげた。そんなファンは「堂摺連《どうするれん》」と呼ばれ、娘義太夫語りを追っかけた。

十河を始め一高同級生の中にも娘義太夫ファンは多かった。十河も熱中したのだろう。国鉄総裁時代の秘書、三坂健康によると、十河はちょっと思案することがあると「どうする、どうする、サァどうする」と節をつけてうなってみせた。よほどのファンだったのだろう。「浄瑠璃の物語る義理人情に涙が流れてたまらない男」（阿部真之助）は、一高生時代から娘義太夫の語りを聞きながら、顔をくしゃくしゃにしていたに違いない。

藤村操の飛び込み自殺

十河信二を始めとする一高第一部甲組八十人の同級生の魂を揺るがす事件が起きたのは明治三十六（一九〇三）年五月のことである。同二十二日朝、日光・華厳の滝の滝つぼに同級生の藤村操が飛び込み、自殺する。藤村は満年齢で十六歳十か月だった。遺体は発見出来なかったが、飛び込んだと思われる巨石の上にこうもり傘が残されていた。そばに一本の楢の木の大木があり、その幹を削って、墨痕淋漓と次のように書かれていた。

巌頭之感

悠々たる哉天壌、
遼々たる哉古今、
五尺の小軀を以て此大《この》をはからむとす、
ホレーショの哲学竟《つい》に何等のオーソリチィーを価するものぞ、
万有の真相は唯だ一言にして悉《つく》す、曰く「不可解」。
我この恨を懐いて煩悶、終《つい》に死を決するに至る。
既に巌頭《がんとう》に立つに及んで、
胸中何等の不安あるなし。
始めて知る、
大いなる悲観は大いなる楽観に一致するを。

事件の一報を伝えたのは五月二十六日付の「万朝報《よろず》」である。同紙は事件の概要の報道と共に藤村の叔父、東京高等師範学校教授、那珂通世《なかみちよ》（東洋史学の草分け）の哀悼文を掲載、那珂は藤村操の死の直前の様子を概略、こう述べている。

藤村操は二十日夜、二弟一妹と唱歌を歌い相撲をとり一家愉快に遊んだ。二十一日の朝、操は学校に行くといって出かけたまま、二十二日になっても帰らない。母が心配して机の引き出しを開けてみると、杉の小箱があり、そのふたに「これをあけよ」と大書してあった。開いてみると七枚の半紙に、親しい者へのかたみの品や返済すべき書籍のリストが出てきた。急に大騒ぎになって心当たりに電報や電話で問い合わせたが、わからない。午後八時に「日光小西旅店寓」と書かれた封書が届き「不孝な罪はお許し下さい。十八年の鴻恩は忘れませんが、世界に益なきこの身であることを悟りましたから華厳の滝に身を投じます」と書いてあった。

那珂通世はすぐに人力車で出発したが、途中、「栗橋の渡し」は夜、渡れないことに気付いて引き返し（当時、日光街道には明治十九年に建設された鉄道橋しかなく、利根川を渡るのは渡し舟だった）、翌二十三日朝の一番列車で藤村の従兄と一緒に日光に行き、巡査や車夫と華厳の滝の上下をくまなく探すと、滝の落ち口の巨岩の上にこうもり傘が立っていた。そばに硯と墨、太い唐筆などがあった。近づいてみるとそばの大木に彫られた「巌頭之感」が見つかったという。那珂はこう概歎する。

〈嗚呼、余が如き楽天主義の佶人《きつじん》の甥に、いかなればかかる極端なる厭世家を生じたるか、思えば思えば不可思議なり。（略）身丈五尺五寸余、眉目清秀にして、頰に微紅を帯び平生孝子にして、一家の幸福の中心と思われし未来多望の好少年は去って返らず、消えて痕なし、嗚呼哀しいかな〉

二十七日以降、各紙は一斉に藤村操の飛び込み自殺を大々的に報じた。彼の遺体が発見されたのは四十日後とも六十日後とも言われ、判然としない。「今日では伊藤整が『日本文壇史』で『藤村の死骸は八月になって下流の方にあがった』としているせいか、六十日後説を採るものが多いようである」*19（平岩昭三『検証　藤村操』）。厭世観によるエリート学生の死は、明治維新以降、「坂の上の雲」を見上げながら、突っ走ってきた当時の社会に大きな影響を与えた。列強に屈することのない強さを求め、蛮風が街に溢れていた時代に、後を追って自殺する若者が続出する。

藤村の死後四年ほどたった明治四十年八月二十五日、華厳の滝から飛び込んだ自殺者の「施餓鬼供養」が行われた。これを報じた「時事新報」は、この四年間の投身自殺者は明治三十六年の十六名を皮切りに合わせて四十名、未遂が計六十七名、途中で思い止まり身投げを中止した者が計五十三名、総計百六十名に達した、とし、「以上百六十名は（明治四十年）五月までの分にて尚六月中に十二名、七月に入りて十三名の多数を加えたれば累計百八十五名となる」と記している。

とりわけ大きな衝撃を受けたのが、美少年の藤村操と毎日顔を合わせていた一高の同級生や先輩たちであった。藤村は明治十九（一八八六）年、北海道生まれ。幼少のころから神童といわれ、十二歳で札幌中学に入学する。屯田銀行頭取だった父の死後東京に移り、開成中学から一年飛び級で京北中学に編入、一高に入学した。飛び級で進学してきたから、同級生の中でも最年少だった。

鶴見祐輔は前掲の『種田虎雄伝』で同級生、藤村操の死についてこう述べる。

〈わずか数行の文字によって、今日もなお、藤村操の像は日本の若き人々の心中にきざまれている。藤村操の死して後、いかに多くの青年が、彼の辞世を心にいだいて死におもむいたであろうか。彼が日本の思想に与えた衝撃はきわめて大きく、そして恒久的なものである。

偏見なく日本の思想史をふりかえって見るとき、日本に生まれた哲学者として、藤村操以上の「高み」にのぼりえた人が、はたして何人いるであろうか。また藤村操以上にあざやかに、彼の時代の哲学的課題を打ち出した人が何人あろうか[*18]〉

岩波茂雄も「巌頭之感」を何度も読んでそのたびに激しく涙したという。長野県出身の岩波は入学すると短艇部に入り、ボートに血道をあげて〝ボーキチ〟というあだ名が付けられた。しかし、ボートの選手などしていることに疑いを持ち短艇部を辞めた。そして「岩波も自殺するのではないか」と仲間が言うぐらい生き方に悩み始める。安倍能成は教室に出なくなり、図書館で宗教書、文学書ばかり読んでいた。六月の進級試験では同じクラスの十七人が落第する。岩波も安倍も試験に落ちた。

この年の一月、ロンドン留学から帰国し、一高の英語講師に就任したばかりの夏目漱石にも、教え子の死は大きな精神的打撃を与えた。漱石は『草枕』[20]でこう記している。

〈趣味の何物たるをも心得ぬ下司下郎の、わが卑しき心根に比較して他を賤《いや》しむに至っては許し難い。昔し巌頭の吟を遺して、五十丈の飛瀑を直下して急湍《きゅうたん》に赴いた青年がある。余の視る所にては、彼《か》の青年は美の一字の為めに、捨つべからざる命を捨てたるものと思う。死その物は洵《まこと》に壮烈である、只その死を促がすの動機に至っては解し難い。されども死その物の壮烈をだに体し得ざるものが、如何にして藤村子《ふじむらし》の所作を嗤《わら》い得べき。彼等は壮烈の最後を遂ぐるの情趣を味い得ざるが故に、たとい正当の事情のもとにも、到底壮烈の最後を遂げ得べからざる制限ある点に於て、藤村子よりは人格として劣等であるから、嗤う権利がないものと余は主張する〉

漱石には教え子の藤村操の死に様々な思いがあったのだろう。伊藤整はその著『日本文壇史』第七巻[21]で、「教室における漱石と藤村操」の自殺直前のやり取りをこう書く。

〈五月の中頃、夏目は藤村操に訳読をあてた。藤村は昂然として「やって来ません」と言った。夏目は「なぜやって来ないのか?」と訊いた。藤村は「やりたくないからやって来ないんです」と答えた。夏目は怒ったが、気持を鎮めて「此の次にはやって来い」と言った。

何日かあとに、また夏目が藤村にあてた。その時も藤村は下読みをして来なかった。夏目は

「勉強をする気がないなら、もうこの教室に出なくてもよい」と言って叱った〉

藤村操が行方不明になったのはその数日後であり、彼の死が各新聞で報じられた後の最初の授業では、漱石は最前列の席の学生に向かって、「心配そうな小さな声で言った」。

〈「君、藤村はどうして死んだのだい？」

「先生、心配ありません、大丈夫です」とその生徒が答えた。

「心配ないことがあるものか。死んだんじゃないか」と夏目が言った。夏目は数日前に教室で叱ったことが藤村の死の原因になっているような気がしたのである〉

「どうする、どうする、サアどうする」と娘義太夫をうなっていた十河信二も同級生、藤村操の自殺はショックだった。何ごとにも拘らない太っ腹にみえる十河も、人生について日々、考え込むようになる。親友、安倍能成に感化されたこともあったのだろう。彼は大学では哲学を専攻し、人生の根源について考えよう、と真剣に思うようになっていた。

「学校の勉強はほとんどしなかった。それで仏教だとかキリスト教だとか、人生観だとか、人生の目的は何だとかいうようなことばかり議論しておった。学校の勉強はそっちのけで、近角《ちかずみ》常観《じょうかん》っていう仏教の先生、内村鑑三や海老名弾正といったキリスト教の先生のもとにキリスト教と仏教両方の講義を聞きにいったのです」と十河は語っている。彼が通ったという近角、内村、海老名の三人はこの時代、人生に悩む学生の強い関心を集めていた。

滋賀県長浜の真宗大谷派の住職の長男に生まれた近角常観は京都・本願寺の留学生として上京、一高に学び、明治二十七（一八九四）年に結成された「大日本仏教青年会」の中心人物である。明治三十五年には東京・本郷に「求道学舎」を開設して「日曜講座」を始めた。「歎異抄」を中心とした親鸞の精神を説き、多くの学生、知識人を感化していた。

キリスト教思想家として著名な内村鑑三は明治三十年代になると彼が創刊した「聖書之研究」で生徒を募集し「聖書研究会」を発足させる。同三十四年には東京・神田の東京キリスト教青年会館で、堺利彦、幸徳秋水らと「足尾鉱毒問題演説会」を開くなど積極的に社会運動に乗り出していた。日清戦争を支持していた内村だったが、その戦争が内外にもたらした影響を痛感して、キリスト者の立場から非戦論を唱えるようになり、「聖書之研究」や「万朝報」を通じて「戦争絶対反対論」を主張していた。

海老名弾正は、同志社神学校出身で各地の教会の牧師としてキリスト教の伝道に務め、晩年には第八代同志社総長に就任する。彼は東京・本郷教会の牧師も二度務めており、十河は本郷教会で海老名の講義を聞いたのだろう。海老名は日露戦争や日韓併合もキリスト教精神の表れとして支持し、神道的キリスト教と呼ばれていた。

明治維新以降、富国強兵を合言葉に上昇一辺倒の発展を遂げてきた日本は、内面的にもその負の部分と向き合う葛藤が、ようやく生まれてきた時代といってもよい。藤村操の投身自殺はその象徴でもあった。十河信二はそうした激風をまともに受け、人生どう生きるべきか、懊悩していた。

「ロシアと戦え」――沸騰する世論

級友の自殺に十河たちが煩悶している頃、国内では「ロシア撃つべし」という国民感情が燃え上がっていた。いつの時代でも同じだが、若者はそうした社会の動きと無縁ではありえない。

「義和団の乱」以降、満州に居座ったロシア軍は撤退するどころか、兵力を増強し続けた。高まる国際世論にロシア政府は明治三十六（一九〇三）年四月八日から撤兵すると約束し、その素振りを見せるが、それは見せかけだけであり、逆に新兵力を増派し始めたのである。これに対し、日本国内では近衛篤麿、頭山満《とうやま》らが「対露同志会」を結成、「臥薪嘗胆すでに久し、軍備増強もすでになれり。戦いによって一挙に満州問題を解決せよ」と叫び始めた。

近衛や頭山は東京帝国大学に押しかけ、法学部の教授たちに「ロシアの横暴に対して世論を巻き起こしてほしい」と頼む。この求めに応じたのが戸水寛人《とみずひろんど》博士。戸水は「みずからが演壇に立って獅子吼《ししく》*22」した（半藤一利『日露戦争史』）。

「もしロシアが満州を占領すれば、当然つぎに朝鮮を狙うことは、火をみるよりも燎《あきら》かである。朝鮮がもしロシアの勢力下に入れば、つぎに狙われるのは何処か？　満州の問題を解決しなければ、朝鮮は危ない。朝鮮が危なくて、どうして日本の防衛ができるというのか」

戸水は「シベリアのバイカル以東を日本のものとしなければならぬ」と主張し〝バイカル博士〟と呼ばれた。

新聞も東京朝日、時事新報、大阪毎日、報知、二六新報などが「主戦論」、万朝報、東京日日などが「穏健論」を唱え、世論も沸騰し始めた。しかし、国民感情の方が「ロシアの横暴に黙っていられない」と穏健論にそっぽを向き始める。「三国干渉いらい骨髄にたまったうらみと、いつの日にかそれを晴らしてやるぞという敵愾心とが、いっぽうにたしかに胸底に燃えたぎっていた」[*21]のである。

同年六月十日、東京帝国大学を中心とする「七博士」が連名で「いつまでぐずぐずしているのか」と対露強硬論を謳い上げた建議書を政府に提出する。富井政章、戸水寛人、寺尾亨、金井延、小野塚喜平次、高橋作衛、中村進午（学習院教授）である。この建議書の内容を各紙が相次いで報道すると、ロシア撃つべしという国民感情は一段と燃え上がる。八月九日、神田・錦輝館に約千三百人が集まって、「対露同志会」が正式に旗揚げする。会長は近衛篤麿、相談役が頭山満であり、「ロシアの撤兵履行」を決議し、翌日の新聞はこれを大々的に報じた。「暴《ぼう》戻《れい》なる露国によって　東洋の平和はまさに攪乱されんとし　国民の鬱結　遂に勃発す」――「東京朝日新聞」の大見出しである。

藤村操が投身自殺したこの年の夏、日本国内は対ロシア戦をめぐって騒然とした空気に包まれていた。そんな中、十河信二は勉強そっちのけでキリスト者である内村鑑三や海老名弾正の下に通い、「求道学舎」の日曜講座で親鸞の思想を学ぶ。内村は徹底した非戦論者、海老名はキリスト者とはいえ対露戦肯定論者である。いずれ進学することになる東京帝国大学「七博士」の対露強硬論をめぐっても、一高の各寮では口角泡を飛ばして議論が盛り上がっていたはずである。十河は自分の将来の生き方だけでなく、ロシアに対する非戦か、開戦かについても思い悩んでいたのだろう。

年が明けた明治三十七（一九〇四）年二月八日朝、日露戦争は仁川沖の海戦と水雷戦隊の旅順港奇襲で始まった。明治天皇が宣戦の詔勅を発布したのは日本では十日、ロシアでは九日の夜のことであった。大国ロシアとの戦争は日本にとって、文字どおり国の命運をかけた総力戦である。日英同盟を後ろ盾に、巨額の戦費を賄うため英国、米国などで外債を募集する。日露戦争にかかった経費は約十七億円。当時の数年分の国家予算に相当する。そのうち八億円近くは外債で、残りは国内で募集した国債や増税でまかなった。

日本陸軍は翌明治三十八年一月、激戦で多大の損害を出しながらロシアの海軍基地だった旅順を占領し、三月には奉天（現瀋陽）の戦いで勝利を収めた。さらに五月二十七日の日本海海戦で、東郷平八郎長官の指揮する連合艦隊は喜望峰を回ってはるばる航海してきたバルチック艦隊を撃ち破った。強大国ロシアへの畏怖が大きかっただけに、国民は各地で日の丸の旗を手に行列を組み、夜は提灯を手にして万歳を叫びながら町々を練り歩いた。その熱狂ぶりは勝利が伝えられるたびに高まり、五月十日に東京で行われた祝賀会では十万人が旗や提灯を手に繰り出し、大混乱が起きて二十人が圧死している。

国民の熱狂的な祝賀ムードが続く中で七月、十河らは一高を卒業する。一高では伝統的に卒業式はなかった。ほとんどが東京帝大に入るのだから、その必要はなかったわけである。十河は東京に出てくる時「大学では法律を学ぶ」と父鍋作や兄虎之助と約束していた。しかし、藤村操の死をきっかけに、大学では安倍能成らと同じように文科に入って哲学を学びたい、と考えるようになった。「大学では哲学を」と彼は父鍋作に手紙を書いた。

「もってのほかだ。哲学なんかやったら寺の坊主になるほかしようがないんじゃないか。俺の家は坊主の家じゃない。哲学を学ぶなら学資の仕送りは一切しない」

返ってきたのは鍋作の厳しい叱責だった。

一高時代の父からの仕送りは毎月八円。寮費として月一円、授業料が月一円、食費の支払いが一日十六銭で月四円八十銭だったから、残る一円二十銭が毎月の小遣いだった。この中から書籍代なども必要であり、毎月やっとの窮乏生活。大学はさらに金がかかり、その仕送りがストップされたら勉強どころか、生活もおぼつかない。十河は涙を呑んで、哲学をあきらめ、父や兄の希望する法科への進学を決断する。

東京帝大と民法研究会

明治三十八（一九〇五）年九月一日、十河信二は東京帝国大学法科大学政治学科に入学する。その頃、日露戦争の後始末である日露講和条約（ポーツマス条約）を巡って国の内外が騒然とした空気に包まれ、日本は歴史的な転換点に立っていた。そんな中で十河の大学生活は始まった。しかし、運命とはわからないものである。この米国・ポーツマスで開かれた日露講和会議の結果によって、翌年暮れ、南満州鉄道会社（満鉄）が創設され、後に十河が満鉄理事や満鉄経済調査会委員長として、満州で活動する舞台が生まれたのである。

日露講和会議の日本側全権は小村寿太郎、ロシア全権はウイッテ。勝利したとはいえ日本にはそれ以上、戦う余力はないことを小村寿太郎は十分に承知してポーツマスに乗り込んでいた。ロシア側は日本に（１）韓国における日本の支配権の全面的承認（２）旅順、大連の租借権および長春─旅順間の鉄道権益の譲渡（3）沿海州の漁業権の譲渡、などは約束したが、（1）賠償金の支払い（2）樺太の全面割譲には強く抵抗した。交渉は結局、賠償金なし、樺太は南半分だけの割譲で決着する。

勝利したとはいえ日本は、この戦争に二百八万人の兵力を動員し、戦死者は四万六千人、負傷者十六万人を出し、費消した戦費は十九億五千万円にも達していた。苦しい生活に耐えて戦争に協力してきた国民の間には、この講和内容に対する不満が鬱積していた。主要新聞も一斉に政府を攻撃し、講和条約破棄、戦争継続を主張する。九月五日から六日にかけ講和条約破棄を叫ぶ群衆は、政府高官の自宅や交番、警察を焼き打ちし、講和条約支持の政府系新聞社や反戦を主張するキリスト教会などを襲った。政府は戒厳令を敷き、軍隊を出動させ、鎮圧した。

こうした激動する内外の動きに関心のなかろうはずはない。しかし十河は自らに言い聞かせた。「とにかく今は、きちんとした法律の基礎勉強が必要である」。前述したように彼は一高時代、「法学通論」では落第点を取っている。あまり好きでもない法律をこれから四年間も続けねばならない。哲学を志望しようとしたのも、法律に対する苦手意識があったからでもあった。どう勉強すればよいのか。そこで考えたのが〝教授訪問〟だった。入学早々、数人の教授にどうやって法律を勉強すればよいのか、意見を聞いて回った。

「その結論は、法律の頭をつくればいいんだと。それにはどうすればいいのか。民法をやるのが一番いい。民法は法律の一番総合的なものであり、人間の生活に直接関係のある法律であるから民法をやるのが一番いいだろう。しからば民法を勉強しよう。民法以外は勉強しないと決めた」

当時の教授陣は錚々たる顔ぶれだった。十河の印象に残っている講義は憲法の穂積八束、国際法の寺尾亨、商法の松浦仁一郎、政治学の小野塚喜平次、経済学の金井延、そして十河らがその後しつっこいほど世話になる民法の川名兼四郎らである。このほかに上杉慎吉、美濃部達吉、吉野作造、新渡戸稲造、穂積陳重、鳩山和夫（講師）らが名を連ねている。

「民法の頭を作れ」と言われた十河は同級生の高橋久吉、神山政良、下条康麿ら四、五人で民法研究会をつくった。民法の教授はドイツ留学から帰国したばかりの新進気鋭の川名兼四郎だった。若くて張り切っていた川名は十河たちの民法研究会を大変に喜び、「勉強しろ。勉強して質問があれば、日曜日でもいつでも俺の家に訪ねて来い」と言ってくれた。

民法研究会のメンバーは、代わる代わる図書館に行き、川名の挙げた参考書はすべて借りる。「君はこの本を読め、俺はこちらを読む。交代で全部その本を読んでお互いに報告しあい、討論した」。疑問点があると毎日のように研究室を訪ね、さらに日曜日には毎週、川名邸に押し掛け質問した。川名は十河たちを歓迎しかつ熱心な指導を続けた。しかし、毎日の質問攻めに川名の方が音を上げた。数か月たったある日、川名は申し訳なさそうにこういった。

「よく勉強して質問を持ってくるのは誠にうれしい。だが君らは俺の講義はまずい講義だと思っているかも知れんが、あれだけの講義をするには午前三時より早く寝たことがないんだ。日曜日だけはどうか解放してくれないか。君らが俺の言ったことを忠実に守ってやって来てくれているのに、こんなことを言って相すまん。一か月に一度とかいう風に回数を減らしてくれないか。毎日、毎週では俺はもう体がもたん」

川名教授の真摯な態度に打たれ、全く済まないことをした、と十河らは後悔した。それから は川名邸への訪問はやめたが、川名の講義をノートにして記録しただけでなく、彼の示す参考書はすべて読み、自分たちの意見を加えて、「私たちならこう講義するという講義案」を作成して川名に提出したという。十河は後に「川名教授のおかげで、法律など性に合わないと思っていた私が民法に興味を覚え、かつひきつけられ川名教授の講義を待ちわびたものである。私の〝法律の頭〟は川名教授につくられたといってもよいだろう」と回想している。だが、民法、民法とこだわったため、他の多くの講義には出席してもろくにノートも取らず、著書などで間に合わせた。「だから試験には弱く、自然成績は悪かった」

学生結婚

大学入学から一年半、民法の勉強に没頭していた十河に、故郷の父、鍋作からとんでもない手紙が舞い込む。

「お前の嫁にもらってくれないか、と親戚の誰れ彼れなどが頻りに言ってきて煩わしくて仕方がない。広い東京には娘もたくさんいるだろうから、勝手に結婚して連れて来い。さもなくばこの煩雑から免れ難い。親戚間で不和を生じる恐れがある。速やかに実現して、同道帰郷し披露すべし」

故郷の東予地方では、徴兵検査が終了すれば、男は一人前になったとして結婚するのが習わしであり、本人の意志より家同士で両親が決めることが多かった。東京帝大法学部の学生といえば、「末は博士か大臣か」と言われた時代である。十河家には花嫁候補が殺到していたのであろう。「親戚間で不和が生じる恐れ」とあっては穏やかではない。だが、十河にとって鍋作の言い付けは、「これ幸い」だったのかもしれない。

明治四十（一九〇七）年の春、東京音楽学校（現東京芸大）の学生だった岡崎キク（菊）と「岡崎家の知り合いの後藤さんの媒酌で結婚した」。十河は二十三歳、キクは十九歳だった。その年の夏休み、十河はキク同道で帰省する。キクの入籍は明治四十一年九月八日。長男、給作《こうさく》の誕生は入籍一か月後の十月四日である。当時、子供が生まれてから入籍することはよくあった。キクは生まれたばかりの給作と一緒に、十河と別居して四国・中萩の十河の実家で生活することになる。

「結婚した以上は十河家の家風に慣れなければならぬ。少なくとも一年以上は田舎へ寄こせ」と鍋作は言った。「家風見習いのために預かりおく」というのが表向きだが、鍋作は学生の身分で妻子を抱えた十河の生活に配慮して、就職が決まるまで預かることにしたのだろう。鍋作は「キクは感心な女だ」としきりに誉めた。何をそんなに感心したのか、と十河が聞くと鍋作は「十河の家に来て、一度も紅白粉をつけたことがない。東京で生活した人だというのに、身辺を飾らない。お前はよい嫁を探してきた」。

キクは北海道・余市《よいち》で郵便局長をしていた岡崎重陽の長女。重陽は「遠州中泉の産で尾張徳川家の直参」で、明治初年に開校した電信修技学校に学んだ電気技師だった。明治五年、十七歳の時、明治政府の第一世代留学生として電信技術習得のため岩倉具視の遺欧視察団に随行し、イギリスに派遣されている。帰国後、逓信省に入り、東北以北の通信施設建設に従事した。青森—函館間海底電信線の敷設に従事中、青森の士族の娘、タミと結ばれる。もともと宮仕えが嫌いなうえ、北海道の自然に魅せられた岡崎は、逓信省を辞め北海道に居を定めた。

重陽の兄である岡崎家の長男は、武士をきらってヤクザになり、清水次郎長一家の大黒柱といわれた政五郎（大政）だという。「清水湊は鬼より怖い、大政、小政の声がする」といわれる大政が、キクの伯父ということになる。

従来、大政の出自ははっきりせず、高橋敏（国立歴史民俗博物館名誉教授）はその著『清水次郎長——幕末維新と博徒の世界』*23に、

十河信二と妻キク

「一説には、もとは文武につうじた尾張藩の家臣であったが、故あって浪人となり次郎長の子分となったとされる。（略）いずれにせよ識字力に問題のあった次郎長を要所要所で補佐しているので、読み書き能力をマスターした教養の持ち主であったことは確かである。大仰な出入りには双方からの書簡のやりとりが行なわれたが、おそらく大政が次郎長に代って書いたと考えるのが妥当である。また槍の使い手で次郎長を守って奮戦している。

このあたりから御三家尾張藩家臣説がつくられたのであろう」

と書いている。大政がキクの父岡崎重陽の兄とすれば、尾張藩家臣説は事実だったことになる。表面的には従順でおとなしく優しい女性、と見られたキクだが、父親や伯父の剛毅で奔放の血が流れていたのである。

東京帝大に入った十河は一高の寮を出て根津権現近くに下宿する。この下宿屋の主人が静岡県出身。この主人に誘われてしばしば遊びに行った家が岡崎重陽家と親しかった。この家に上野の音楽学校に通っていたキクも時々、遊びに来ており、二人はそこで知り合ったという。十河は当時の二人の付き合いについて、テレもあったのか「キクは上野の音楽学校で柴田環《たまき》の少し後輩で、緑のはかまをはいていた」くらいしか語っていない。柴田環は後のオペラ歌手三浦環。「蝶々夫人」で国際的な名声を博したが、彼女が東京音楽学校を卒業したのは明治三十七（一九〇四）年。二人が結婚したころは教員として東京音楽学校に勤務していた。

十河の長女、由子《みちこ》（戦後の国鉄総裁加賀山之雄《ゆきお》の妻）は「父母の結婚のロマンスを聞いた事はない。晩年の父に、それとなく聞いてみても、忘れてしまったのか、照れ臭いのか、ごまかしてしまって、子細に話してはくれなかった。しかし、見合結婚でない事は事実である。（略）父は、例の直情径行から、祖母（タミ）のところへ結婚を申し込んだのではないかと思うが、つまびらかではない。唯、相思相愛というのではなくて、父の方が、一方的に惚れこんだように思われる。お金もなく、しかも学生の身でよくもと、呆れるばかり」[*24]と語っている。

函館の女学校に在学中だったキクは、ある日突然、東京で勉強したいと言い出した。母親のタミは困惑した。しかし、キクは一人でも東京に出る、と言い張った。生来、教育ママだったタミは夫の岡崎重陽を残して三人の子供を連れて上京する。キクは東京女学校（東京女子師範附属）を首席で卒業後、東京音楽学校に入学する。キクが十河の求婚を受けた理由について長女、由子は、まず〝教育ママ〟のタミが「父の人物を見込んで、此の人なら、娘を預けるに足る人と見極めたのではあるまいか」と推測する。十河の強烈な個性に、さすがに大らかなキクもたじたじとし、何度かタミに愚痴をこぼしたことがあるらしい。その度にタミは「此の人は絶対信頼に価する人で、お前は唯従いてゆけばよい」と言い聞かせたという。

由子は子供の頃、家に古いオルガンがあったのを覚えている。しかしキクがオルガンを弾くのを聴いた記憶はない。「結婚後、父がオルガンを弾くのを、禁じたのではないかと思うけれども、母は何も触れないので定かにはわからない」。家族で合唱することがあると、一際高く、嬉しそうに歌うのがキクだった、と由子は回想する。娘にとっては「夫に服従ばかりしている母が、憐れであった」。

五男、新作も「自分の照れ隠しのように母を怒鳴りつける父の声」が今でも記憶に残っている。家を出て忘れ物に気付くと、十河は慌てて引き返し、靴も脱がずにそのまま部屋まで駆け込み、母を怒鳴りながら探しものをする。キクはそんな時も何も言わずにこにこしながら十河の探しものを手伝った。子供の頃、いつも「怖い父だ」と思い続けたが、大人になってアルバムの整理をしていたら、小学校の入学式の写真に、大勢の父兄に混じって、こっそりと息子の姿を覗く十河の後ろ姿が写っているのを見つけた。十河は家族の誰にも言わず、新作の入学式を見に来ていたのだ。「母にも子供たちにも、そんな愛情表現しかできなかったんでしょうね」と新作は語る。

後藤新平との出会い

学生結婚をし長男も生まれたとあっては、卒業後一日も早く就職しなければならない。民法は懸命に学んだが、他の多くの講義には出席してもノートもとらなかった。このため試験の成績も悪く、約八十人のクラスのちょうど中間の四、五十番。日露戦争後の不景気もあって民間の求職はほとんどない。官界を目指すしかなかった。大学では穂積陳重教授が十河らの就職の世話をしており、十河に卒業後の希望を訊いた。

「私は四国の田舎の水呑百姓のせがれです。それが最高学府を卒業することができたというのは郷土の皆さんのおかげです。卒業してからはご恩奉じをやりたいのです。だから国民大衆のために直接サービスのできる官庁の役人になりたい、これが私の希望です」

「親父さんが百姓なら農商務省がよいのではないか。農商務省に行きなさい」

穂積教授の勧めと口添えがあって、十河は農商務省への就職がほぼ決定する。そんなある日、十河は郷土の先輩で、発足したばかりの鉄道院で総裁官房秘書課長をしていた松木幹一郎を訪問した。「学校を出たらどうするのだ」と松木に聞かれて、農商務省に決まったいきさつを話した。松木は十河にこう勧めた。

「逓信大臣兼務で鉄道院総裁になった後藤新平という人は偉い人だ。ためになるから一度会って、教えを乞うがよい。紹介してやるから……」

松木の紹介で後藤新平の自宅を訪ねた。生涯、師と仰ぎ続けることになる後藤新平との最初の出会いである。明治四十一（一九〇八）年十二月、鉄道院が創設され、その初代総裁に就任したばかりの頃である。後藤はそれまで技官中心だった鉄道官僚に法学士など文官を採用しようとしていた。後藤は初対面の十河にいきなり「卒業したら一体どうするんだ」と聞いた。以下、二人のやりとりを再現する。


「穂積先生がお世話下さり、農商務省にいくことになっております」

「それはおかしいぞ。国民大衆に直接サービスするのは農商務省ではない。鉄道事業の方が直接、国民大衆にサービスする。君は鉄道院にくるべきだ」

「そうですか。それでは採用してくれるなら、穂積先生のお許しを得て鉄道院に変えましょう」

「お前の成績はどうなんだ」「成績なんてどうでもよいじゃないですか」

「それじゃあ悪いんだろう」「自分では良いと思っていますが、世間は何といいますか」

「じゃあ何番なのだ」「上からですか、下からですか」

「席次は上から数えるに決まっている」「上からでも下からでも同じくらい、クラスの中ほどです」

「悪いじゃないか」「いやいいつもりです」

「そんなことだろうと思った。席次がクラスの中頃にいて〝いいつもり〟なんていうのは生意気だ。しかしその自信たっぷりな性格は好ましい。気に入った。どうだ。もっと良くなってみせるか」。後藤は十河に迫った。

「私はいまでも成績はよいつもりですが、一体どうなりゃいいというんですか」

十河は後藤に食ってかかる。

「クラスの五番以内になったら、いいと認めてやろう。できるか」

「なろうと思えば必ずなれます」

十河は断言した。卒業の五か月ほど前のことだった。

大学の最終成績はそれまでの三年間の定期試験の平均点と卒業試験を平均したもので決まる。十河の成績は良い講座、悪い講座が極端だった。総合成績を上げるチャンスは最後の卒業試験しか残されていない。

「五番以内になれる、と言ったもんだから、どうしてもならなきゃしゃくにさわる。後藤新平の鼻を明かしてやろうという気になった」


十河の猛烈な勉強が始まった。しかし、民法以外はノートも取っていない。嫌いな経済学などは講義にも出ていない。試験勉強は経済原論を「一部散見する程度だった」。仕方がないから友だちが就寝中の夜中にノートを借り、徹夜で勉強した。ノートを借りてもそれを写している時間的余裕はない。借りたノートを急いで読むだけである。後藤新平の鼻を明かしてやりたい、という意地と、一旦、何かをやり通そうと決めた時の集中力。結局、卒業試験は二番。これまでの試験結果と平均すると、後藤に大見得を切った五番となった。

得意になってさっそく後藤新平のもとに報告に行った。

「御注文の五番になりました」「ウソをつけ」

「ウソをついてもしょうがないじゃないですか。大学にお聞きになったらチャンとわかることです」

成績表をみて納得した後藤は「でかした」と一言。破顔一笑したという。

「これをきっかけに後藤さんは僕を信用して、可愛がってくれるようになった」

と十河は述懐する。後藤新平は、四国出身の頑固で生意気、物怖じしない二十四歳の若者に、余人の持ち合わせない素質を見出したのであろう。

この年、後藤新平は五十一歳。「一に人、二に人、三に人。人材こそ最大の財産である」という信念を貫いた百戦錬磨の〝人間道楽〟である。縁もゆかりもない若い十河に対等に議論を吹っかけて挑発し、その人物を見抜いて鉄道院にスカウトする。日本の鉄道はこの時代、後藤新平の下で一大飛躍期を迎え、有能な人材を大量に必要としており、総裁自らが採用活動と人材育成に乗り出していたのである。

〝大風呂敷〟の半生

「後藤新平は、医師から政治家となった天才的なアイデアリストで、いろいろなアイデアが不断に頭の中に縦横にひらめいた。人は常に新天地の開拓を志さなければ、進展して止まらない世界から取り残される、ということを常日頃から教わった」

と十河は言う。類まれなる先見性と想像力があったが故に、世間から〝大風呂敷〟と言われた後藤新平の半生について簡単に触れておきたい。

後藤は安政四（一八五七）年、陸中国胆沢《いさわ》郡塩竈村（現岩手県奥州市水沢区）で生まれた。後藤家は仙台・伊達藩から一万六千石を与えられた水沢藩・留守《るす》家の家臣で石高十五石の下級武士。徳川幕府の外交政策を批判して「蛮社の獄」につながれ、獄舎で自刃した高野長英は大伯父に当たる。少年時代の後藤は、才気煥発、水沢の三秀才と言われていた。後藤の才能に注目したのが、明治新政府の胆沢県大参事として赴任して来た旧肥後藩士、安場保和である。安場は後藤に医者になることを勧める。医者は嫌いだったが、経済的支援がなければ進学できない。安場の支援で福島県・須賀川の須賀川医学校に入った。後藤は後に安場の二女カツ（和子）を娶る。

医学校を卒業した後藤は、二十四歳の若さで愛知県病院院長兼医学校長となる。明治十六（一八八三）年、内務省衛生局に入り、そこで国内の衛生に関する事実を徹底的に調査した。明治二十二年には最初の著作であり、彼の思想の根幹をなすといわれる『国家衛生原理』を刊行する。翌年にはドイツに留学。二年間の留学を終えて帰国した後藤は明治二十五年、内務省衛生局長に任命される。トントン拍子で出世した後藤が大きな挫折に見舞われたのは翌年のこと。「相馬事件」と呼ばれる旧相馬藩のお家騒動に巻き込まれたのである。

旧相馬藩主・相馬誠胤《ともたね》は「精神異常」として邸内に監禁されていた。元藩士・錦織剛清《にしごりたけきよ》が誠胤は正常であり、監禁は腹違いの弟に家督をつがせる陰謀だとして騒ぎ出す。須賀川の医学校に学んだ後藤は相馬家とも親しかった。頼まれて後藤は錦織に協力し、精神病者に対する警視庁の規則の不備を追及し、その改善を勝ち取っていった。

ところが明治二十五年二月に誠胤が急死すると、錦織は毒殺であるとして、相馬家の一族や家令らを訴えようとする。相談を受けた後藤は毒殺が事実だとしても、もはや証拠の発見は困難だとして反対したが、錦織はきかずに二十六年七月、告訴に踏み切った。これに対し相馬家側は錦織を誣告《ぶこく》罪で告訴した。

誠胤の遺体は発掘され解剖されたが、毒殺の証拠は見つからなかった。立場は逆転し、錦織の借金の保証をしていた後藤も共犯の疑いで拘引・収監されたのである。後藤は内務省衛生局長を免職となる。東京地裁は同二十七年五月、証拠不十分で後藤に無罪の判決を下した。検事は控訴するが同十二月、控訴院も原判決を支持し、無罪が確定する。

その頃、日清戦争も終りに近づき、帰還軍人の検疫が大きな懸案となり「臨時陸軍検疫部」が組織された。後藤はその事務官長に就任する。この時、臨時検疫部長になったのが陸軍省次官（当時）の児玉源太郎である。児玉は後藤に自由に手腕を振るわせた。彼は業務を分担する各分野の専門家を集めて、船舶数六百八十七隻、二十三万二千人の検疫を、事実上二か月という予想をはるかに上回る早さで終わらせた。後の台湾総督児玉源太郎、民政長官後藤新平コンビはこれがきっかけで生まれる。

明治二十八年九月、後藤は内務省衛生局長として復活した。この頃、日本は日清戦争で獲得した台湾の衛生上の問題に直面しており、後藤は職務上これに関与し、明治三十一年三月、台湾総督府民政局長（後に民政長官）に起用された。後藤を指名したのは第四代台湾総督の児玉源太郎だった。以後、明治三十九（一九〇六）年十一月、満鉄総裁に就任するまでの八年八か月の間、児玉の右腕として台湾統治に大きな業績を残したのである。

第三章　恩師・後藤新平と鉄道

鉄道国有化と鉄道院

明治四十二（一九〇九）年七月、東京帝大法学部を卒業した十河信二は同七月十七日付で鉄道院書記に任じられた。鉄道院は前年の明治四十一年十二月五日、それまでの逓信省鉄道局と帝国鉄道庁を合体して発足した総理大臣直属の組織である。国有化されたばかりの国内鉄道（通称、官鉄）と、日露戦争の勝利で日本が手に入れた南満州鉄道（満鉄）を一元的に管理運営する。そのトップである鉄道院総裁に就任したのが満鉄初代総裁を辞し、第二次桂内閣の逓信大臣に就任したばかりの後藤新平である。

明治四十二年という年は、日本の鉄道が飛躍に向け大きな転換点を迎えていた年である。鉄道院は組織統合によって九万に近い大所帯に膨れ上がり、複雑多岐な国有鉄道を運営するには、大量の法学士を必要としていた。

〈後藤は思いきった人事の刷新をおこなって、鉄道に新生命を吹きこんだ。それまでは技術家ばかりで経営していた国有鉄道に、思いきって法科出身者を採用し、かつ他省に先だって高等官に抜擢した。いままでは三流官庁と見られていた鉄道に法科出の人材の流れこんだのは、この年からで、種田はちょうど鉄道官吏の光だした時に、彼の同級生の十河信二や笠間杲雄などとともにこの役所にはいったのである〉[*18]

この年、十河信二や種田虎雄《おいた》（後に鉄道省運輸局長、近畿鉄道社長）、笠間杲雄《あきお》（後にイラン公使）らと一緒に鉄道院に入った鶴見祐輔は、前掲の『種田虎雄伝』にこう書いている。

このほかに吉田浩（後に東京鉄道局長、鉄軌統制会理事長）、伊藤勘助（後に仙台鉄道局長、山陽電気鉄道社長）、富永福司（後に札幌鉄道局長）、豊田収（代議士）ら十数人の同級生が鉄道院に入った。それまで技官中心だった国有鉄道（官鉄）に、初めてプロパーの法学士が採用されたのである。その後、多少の開きはあったが毎年十数名の法学士が採用されるようになる。発足したばかりの鉄道院の身分資格は一般官庁と同じで、勅任官―奏任官―判任官―鉄道手―雇員―傭人があり、大学卒の高文合格者は、まず判任官として任用され、一年後には高等官である奏任官にスピード昇格する身分制度だった。これが戦後の国鉄まで継承されたキャリア制度の走りである。

後藤新平はこれら鉄道院一期生への信頼と思い入れがよほど強かったのであろう。十河には人を介して「長女の愛子を嫁にもらってくれないか」と持ちかけ、十河が妻帯者であることがわかると、今度は鶴見祐輔との話を進め、結局、鶴見祐輔が愛子を娶った。鶴見にとって後藤は岳父となる。また、大正七（一九一八）年、寺内内閣の外務大臣に就任すると、最も語学に強かった笠間杲雄を外務省に引き抜いてペルシャ（イラン）公使にした。事あるごとに、この一期生を彼の周辺に配置し、活用するのである。

十河たちが鉄道院に入ったのは明治四十二年七月だが、すぐに職場に配属されたわけではない。日本国官僚として十一月の高等文官試験（高文、現在の国家公務員総合職試験）に合格しなければならなかった。それまでの三か月は試験勉強の期間であり、十河らにとってはいわば有給休暇だった。この高文の口述試験の刑法でも、十河は試験官とハデな遣り合いを演じている。

試験官は京都帝大教授の勝本勘三郎。刑法の口述試験の順番の最後が十河だった。問題は「詐欺か窃盗か」である。十河は「先生の問題は前提が間違っている。民法では所有権があって初めて窃盗罪というものが成立する。所有権のないものに窃盗罪は成り立たない。先生は前提になる民法の所有権の問題で理解が違う」と試験官の大教授に食いついた。

勝本教授も後へは引けない。口述試験は延々と長引き、午後五時を過ぎてしまった。「遅くなったからもうよそう。君の家はどこか」「小石川原町です」。「俺は小石川の白山御殿町だから一緒に帰ろう」ということになり、二人は一緒に電車に乗ったが、車中でも十河は大声で自分の考えの正しさを主張し続けた。電車を降り、教授の自宅近くで別れるまで、議論は続いた。十河は学生時代に学んだ民法には絶対の自信を持っていた。試験官が相手であっても一歩も引かなかった。

心の狭い試験官ならどう判断されたかわからないが、試験官の方も若い十河の議論に最後まで辛抱強く付き合った。同年十一月二日、十河は高文試験に九番の成績で合格した。

「生意気だ、髭をそれ！」

同十一月十六日、十河に鉄道院経理部会計課勤務の辞令が出た。同期生は揃って総裁の後藤新平に挨拶に行った。当時、鉄道院は今の汐留にあった。後藤は十河の顔を見るなり、大声で怒鳴りつけた。

「オレは総裁だが、総裁が遠慮して髭は鼻の下とあごにちょこっと残しているだけなのに、お前は新米のくせに生意気だ。すぐにそのヒゲを剃ってしまえ」

鍾馗様と呼ばれた髭面の十河信二

大学時代の角帽をかぶった写真を見ると、十河は鼻の下だけでなく頬も顎もヒゲだらけである。無精者の十河は、面倒くさくて剃刀を当てることは少なかった。ヒゲもじゃの彼についたあだ名は「熊公」であり「鍾馗様」、もしくは当時はやった尾崎紅葉の『金色夜叉』に出てくるヒゲ男「荒尾譲介」であり、東京帝大ヒゲ三傑とも呼ばれていた。総裁に命令されたからといって、ハイと引き下がる十河ではない。

「身体髪膚《はっぷ》これを父母に受く、あえて毀傷《きしょう》せざるは孝の始めなり、という孔子の教えにしたがっているだけです」と抵抗するが、「ダメだ、命令だ」。十河はよほどヒゲに愛着があったのだろう。『有法子』では「私は涙ながらに鼻の下だけを残し、頬と顎の髯を剃り落とさざるを得なかったのであります[*9]」と書いている。

後藤新平の新人教育方針は、大学卒のエリートに現業を体験させるということにあった。鉄道は特殊な現業を持っているから、駅での出札改札業務から車掌、機関士、線路保守など現場の仕事を一通り見習う必要があるとの判断からである。中部鉄道管理局の営業課勤務となった同期の種田虎雄は自ら進んで静岡駅勤務を志願した。他の同期生たちも同じである。経理部配属となった十河は、長野市にあった鉄道経理事務所での現場見習いを命じられた。ところが十河は長野駅や周辺の機関区、保線区などを見学し、善光寺の参拝を済ませると、二日間でさっさと東京に戻ってきたのである。

十河は上司の会計課長にこう言った。

「私は最高学府を卒業したもので、人並以上に勉学してきました。したがって、一日か二日、仕事を教えてもらえば、一人前に働けると信じております。もしそれでお役に立たないようであったら、遠慮なく首を切って下さい。帝大を卒業したというので、文官試験は有給休暇で準備させてもらい、その上さらに半年もぶらぶらと見習いをさせてもらうということは、余りに学閥の特権がありすぎる。私は見習いの必要はないと考えましたから、帰ってまいりました。

なにか仕事をさせて下さい」[*9]

　会計課長は鉄道国有法によって買収された民営会社から来た人だった。彼もわずか二日で長野から帰って来た十河を扱いかねたのだろう。「君には担当の仕事も机もない。どこでも空いている机や椅子をさがし、新聞でも読んで好き勝手にしておれ」。以後、毎日弁当を持って新橋の職場に出勤しても仕事は一切、与えられない。弱った十河は郷里の先輩で秘書課長の松木幹一郎に会い、何か用事を言いつけてもらいたいと頼んだ。松木は「まあ、本でも読んでいたらいいだろう」と、ロンドン大学教授、アックウォースの『鉄道経済学』という本を教えてくれた。

『鉄道経済要論』の扉に記された後藤新平の識語

　丸善でこの本を購入し読んでみたら極めて面白い。「初めて鉄道とはこういうものかと鉄道事業の重要性が理解できた。また、大学で習いながら、さっぱり訳がわからなかった経済学が有益な学問であることを知った」。十河は同じように仕事を与えられていなかった同期の笠間杲雄と相談して、アックウォースに手紙を送り、この本の翻訳権を手に入れた。英語の達者な笠間と二人で一年がかりで翻訳し、明治四十三年九月、『鉄道経済要論』と題して自費出版（鉄道共攻会刊）した。

　この『鉄道経済要論』は国立国会図書館の「近代デ

ジタルライブラリー」でインターネット公開されている。後藤新平自筆の「理深義遠」（理は深く義は遠なり）の識語落款付き。村山吉廣（早大名誉教授）によると、慣用四字熟語に「理義深遠」という言葉があり、この四文字を組み替えた後藤の〝造語〟ではないかと見る。理は「理知」、義は「情義」、深遠は「深淵」とも書く。十河らが翻訳した『鉄道経済要論』の理論には深いものがあるが、これを実現する道程は遠く、今の日本では困難を伴う。実現に向かって努力せよ、という二人への激励の言葉ともとれる。

そして松木幹一郎が「十河、笠間の両法学士、公務の余暇を以て此の訳を成就す。（略）原著者の意を咀嚼して遺憾なく、著者が説き去り説き来りたる鉄道経済の要項、悉《ことごと》く之を指顧《しこ》の間に蒐《あつ》め玩味するを得べく、其鉄道界を益し、併せて世論を裨補《ひほ》（助け補うこと）するもの多大なるを疑わず」との「序」を寄せている。

十河、笠間は「訳者自序」で「今や鉄道国有行われ、全国主要の幹線は挙げて国家の統率する所となれり。されば建設と言わず、営業と言わず、一切の鉄道問題は、もはや一部少数企業家等の利害問題にあらずして、正にこれ重大なる国家問題なり。鉄道従業員は言う迄もなく、政治家たると実業家たるとに論なく、五千万の士農工商、共に研究し、考覈《こうかく》（考え調べること）し、共に其の発達改善を期すべきなり」と述べる。その内容は、鉄道資本論、鉄道収入論、従業員の賃金論、賃金決定方法などまでに及ぶ幅広い鉄道経営論である。

後藤や松木にしてみれば、将来の日本の鉄道界を背負って立つであろう十河や笠間に、鉄道発祥の地、英国の鉄道経営理論を勉強させる絶好の機会であると考えたに違いない。しかし、若い十河らは、彼らの真意を十分に理解していたとは言い難い。学生時代の延長のような洋書の翻訳を、十河は「自分の業務の一環」とは考えていなかった。相変わらず上司の会計課長からは、何の音沙汰もなく、仕事もまったく与えられない。

十河はついに我慢ができなくなって、後藤新平総裁宛てに辞表を提出し、「折角採用していただきましたが、こんな状態で青春を無にすることは耐えられない苦痛です。人生の堕落だと思いますから今日かぎりおひまをいただきます」と申し出た。辞表を見て後藤は、「どんないやなことでも我慢するという約束ではなかったか、もう辛抱ができなくなったのか」と微笑みながらこう言った。

「君は最高学府卒のエリートではなかったか。仕事というものは自分で創造すべきもので、他人から授けられるものではない。それくらいの事がわからないのか。何のために学問をしたのか。情けないではないか」

「現代は技術革新の時代だ。青年は技術屋も事務屋も少し仕事が身につくと得意になって枝葉末節に深入りし、綜合的で基幹的な研究を怠り勝ちになり易い。そこで君には特に仕事の総合的な観測をやって貰いたいと思って、新人のだれもがイヤがる経理局会計課で予算、決算の仕事に従ってもらおうと思った。自発的に君がその方面に進むことが、君の本志でもあり、国鉄の為でもあると考えて局長や課長に何の指示もしていないのだ」

「君は局長や課長に使わせるために採用したのではない。将来、労働問題が企業の最大問題になってくる。いまからこれに備え、研究用意することが必要になる。私はこう考え、自分で君を使おうと採用したのだ。短気を起こさず、総裁直属のスタッフのつもりで、職員給与や職員の福利厚生の研究をしてもらいたいのだ」
十河にとっては手痛く、かつ教訓溢れる叱責だった。二年間近く何も仕事が与えられなかったのは、総裁自らの指示だったのである。後藤新平の真意が理解できず、腹立たしくも感じていた十河だったが、後藤の言葉は「なるほど、ここだ」と、〝天の声〟のように彼の心に響いた。十河が真の意味で、後藤を師と仰ぐようになるのは、この時が最初であったといってもよい。十河は後藤に率直に詫び、以来、職員の給与問題に没頭することになる。

サラリーマンの運命は最初に出会った上役によって五割以上は決まる、と言われるが、十河の場合は百%近いかも知れない。後藤新平は恩師というより、十河の生涯のすべての行動の「原型」となったのである。「当時は労働問題など世間の話題にも上っていない。後藤新平の卓抜な識見、天才的な見通しの良さにただただ感服したものであった」と十河は述べている。

軍事的要請と鉄道建設

十河信二や彼の師である後藤新平の生涯は、日本の国有鉄道の歴史を抜きにしては考えられない。少し回り道になるが、十河の生涯を理解するためにも、その背景となっている明治以降の鉄道の歴史に簡単に触れておきたい。

国有鉄道といえば、今では全国六社のＪＲに分割民営化され、観光やレジャーなど「国民の移動手段」としての認識が強いが、明治維新によって歩き出したばかりの明治新政府にとっては、中央集権政治を確立するための〝武器〟であり、虎視眈々と日本を窺う欧米列強に対する防衛上の必要性が強かったのである。「しかし、この事がらの重要性について、明治政府は初めからはっきりした見とおしをもっていたのではなく、むしろ、しだいに自覚を深めていったと見るべきである」[*25]と鶴見祐輔は指摘する。

「汽笛一声新橋を」の唱歌で知られるように、わが国最初の鉄道が新橋—横浜間で開通したのは明治五（一八七二）年九月十三日（新暦十月十四日）である。この時から明治政府は鉄道を軍事最優先で考えていたわけではない。『日本国有鉄道百年史』[*26]第一巻などによると、軍部が鉄道の軍事的有用性を認識したのは、日本最後の内戦である明治十年の「西南戦争」からである。新橋—横浜間や京都—神戸間の鉄道は、この戦争で政府・軍部に協力して軍事物資や兵員輸送にフル回転する。これによって軍部の鉄道に関する関心が急速に高まった。

その表れが東京—京都を結ぶ鉄道幹線ルートの選定問題である。東海道ルートか、中山道ルートか、政府内での議論は割れた。明治十六年、政府は中山道ルートで幹線鉄道を建設することを内定する。その背景には中山道ルートの方が軍事上有益であるとする陸軍の意向があった。沿岸部の路線は外国との戦争が始まれば、海上からの攻撃を受けやすく、敵上陸時に逆に利用される恐れがあるという理由からである。しかし、この中山道幹線案は結局、地形上の悪条件が多く、建設費も開通後の運行上も経費が掛かり過ぎ、早期開通が困難である、などの理由によって明治十九年、東海道ルートに変更された。

「軍事政策の総合的な立場からする軍部の鉄道に対する要請は、明治二十年代になって初めて活発になった」。軍部が朝鮮問題を巡って清国との戦争を予想し、その際の軍事動員の手段として、鉄道が重要な役割を果たす、と考えるようになったからである。事実、明治二十七年、日清戦争が始まると、兵力や物資を大陸や朝鮮半島に大量輸送するために、出港地の広島に向けて国内に敷設された鉄道は全面的に軍事利用に供される。同時に軍事輸送を円滑にするための軍用線などの建設が各地で短期間に実施された。

日清戦争による軍事輸送の経験と、それに基づく軍部の意向によってそれ以降、軍用路線の敷設が盛んになり、平時は経済的役割を担う鉄道が、戦時は軍事輸送に携わる体制が整備されていった。明治三十七（一九〇四）年の日露開戦時には、主要軍港や各地の師団所在地はほぼ直通運転が可能となり、この時期までに確立された幹線網や軍用線が、その後のわが国の鉄道網の骨格をなすことになる。

日本の鉄道建設は、明治政府の中央集権体制の確立や、軍事的要請の強まりの中で始まった事から、必然的にその建設主体は政府が主役となる官設、官営方式がとられた。産業革命の推進のため民間企業が鉄道敷設の中心となった欧米の鉄道と、この点が大きく異なる。もちろん日本には鉄道を敷設するような民間企業がまだ育っていなかったこともあるが、それ以上に草創期の鉄道首脳には鉄道事業を民間に任せることへの警戒感が強かったという。

〝日本の鉄道の父〟と呼ばれる井上勝（鉄道頭、後に鉄道庁長官）は明治十六年に（1）民間事業にまかせると建設計画が採算性により左右される（2）投下資本の膨張を恐れて改良を行わない（3）一地方の利益を目的とする建設は、全国的計画にとって障害となる（4）競争線建設の恐れがある――などといった理由から「鉄道は国有にすべし」との上申書を政府に提出している。だが、明治政府による鉄道建設計画は、西南戦争後の財政難によって停滞し、代わって民間資本による鉄道建設が次第に具体化していった。

明治十四年に岩倉具視らによって設立された「日本鉄道株式会社」が日本初の私設鉄道会社（民鉄）である。同社は上野から熊谷方面、大宮から宇都宮、仙台、青森へと路線を拡大する。今の東北線や高崎線などであり、営業成績も良好だった。このため私設鉄道建設の気運が高まり、全国各地で鉄道を建設、運営する民間会社が生まれていった。これに危機感を持った井上勝は改めて「鉄道の建設計画は経済政策や国防上の観点から全国規模で政府が行うべきであり、現存する鉄道は政府が買収すべきである」という内容の「鉄道政略に関する議」を総理大臣に提出する。

日露戦争の結果、鉄道の重要性を痛感した政府は、鉄道国有化の方針を決める。「日本国有鉄道法」が成立したのは、明治三十九（一九〇六）年三月。この時点で官設の鉄道は東海道線、北陸線くらいで総延長が二四一〇・六キロ。これに対し私設鉄道は三十八社、総延長五一八七・八キロ。倍以上が私設鉄道だったのである。政府が衆議院に提出した私設鉄道買収案は三十二社。反対議員が多く乱闘騒ぎになり、議長は強行採決を行った。反対議員がすべて退場したため買収案は成立する。貴族院でも反対が多く、最終的にはこれが十七社、約四七〇〇キロに削られたものの、日本鉄道、関西鉄道、山陽鉄道などを含む全国の主要幹線が次々と政府に買収され、国有化されていった。

十河信二たちが鉄道院に入ったのは、日本の主要幹線鉄道が国有化された直後のことであり、職員は統合された民間十七社の寄せ集め所帯だった。「各社から来た社員が派閥をつくり、至る所にコブがある。例えば経理局には日本鉄道の人が主として来ているとか、営業局は山陽鉄道。経理局の中にも日本鉄道と山陽鉄道のコブがね」と十河信二は述懐する。初代総裁の後藤新平は、そうした派閥を解消し、統制のとれた鉄道院をつくり上げるためにも、十河ら新入りのプロパー一期生に期待し、自らの手で育て上げようとしたのである。

現場中心主義

後藤新平は都合五回入閣したが、そのうち三回は鉄道院総裁を兼務している。最初が第二次桂内閣の逓信大臣の明治四十一年十二月から四十四年八月までの二年八か月である。さらに第三次桂内閣の逓信大臣として大正元年十二月から同二年二月までと、寺内内閣の内務大臣だった大正五年十月から同七年四月まで。通算すると鉄道院総裁兼務は四年五か月になる。まさに〝鉄道界のドン〟だったといってもよい。

初代鉄道院総裁となった後藤の最大の課題は、それまで十七社の別々の会社であった組織を、いかにして一つの組織にまとめあげるかであり、同時に国有化した鉄道事業を欧米の先進諸国の水準までいかにして高めていくか、ということであった。国有化の後始末であり、国有化によって必然的に生じてくる問題でもあった。

後藤総裁が鉄道院の課題として全職員に示したのは①官僚化せざること②政争の具となるなかれ③信愛主義で和をはかれ④日本の鉄道を欧米並みに改良進歩させるために、軌幅の広軌化を急げ——の四点だった。

第一はいかにして組織の官僚化を防ぎ、職員個々の創意工夫を発揮させるかということである。国営になると仕事は形式的、かつ保守的になりやすい。これを厳に戒めなければならない。第二は国有化されると政治が介入する恐れがあり、政争の具に供せられやすい。新線の建設が政党の選挙に利用され、各種の鉄道利権が生じる恐れがある。

第三は買収した十七私鉄の人的ならびに給与や待遇の不統一をいかに整理し、渾然一体のものにしていくか、その手段として国鉄大家族主義や信愛主義が必要になる。

第四は日本の鉄道を欧米と遜色ないものに改良するには、線路のゲージを広軌線に改良する必要がある。

こうした目標実現のため後藤が実行したことは、まず現場第一主義であり、適材適所主義である。官僚化の通弊として本社組織の管理部門が肥大化する。後藤は「社会公衆と直に接して執務する方面に俊材を置くを可とす」とし、これを実行に移した。適材適所も当たり前のようであるが、大組織では形式的な基準による人事や、上司の個人的な好き嫌いによって、いつの世でも生かされない人材が多い。後藤は自ら部下に議論を吹っかけ、その器量を探った。部下にとっては毎日が〝試験〟のようなものであった。

十河信二が配属された経理部に要請されたのは、独立会計の制定である。鉄道を一般会計の中に置いておくと、政治の食い物にされる。これを独立会計によって防ごうというのである。同時に経費節減を徹底して行った。北岡伸一[*27]によると、後藤は鉄道院総裁在職中、三次にわたって合計八千人以上の人員整理をした。資材の購入もそれまでは殿様商売で最高級品を業者の言い値で買っていたが、後藤はこれに工夫を加え、それまで一樽五円五十銭だったセメントを、三年間百万樽購入の条件で一樽三円五十銭まで値下げさせたのである。

また、後藤新平は自らも積極的に現場行脚を行い、現場の空気を吸い、現場の職員と対話した。以下は鶴見祐輔『正伝・後藤新平』⑤[*25]からの引用である。


〈三角髯に鼻眼鏡、鉄道院総裁の制服に赤皮ゲートルの後藤新平は、多くの属僚を従えて日本中を歩き廻った。そうして到る処で講演した。

それは不思議な光景であった。逓信大臣兼鉄道院総裁従三位勲一等男爵後藤新平閣下が局長、課長、秘書官、属官を従えて来着されるのだと、石のように固くなって列《なら》んでいる駅員の前を、赤革ゲートル鼻眼鏡の彼は、さっさと素通りして、いきなり便所を覗いて、それから風呂場に闖入した。入浴中の駅員は、不意を食らって周章狼狽した。彼らが立ち騒いでいる頃には、彼は既にさっさと引き揚げて、駅員宿舎の台所と食堂を見廻っていた。

そこにはかつての（内務省）衛生局長後藤新平が、躍り出していた。彼は九万の従業員の生活自体に深い関心を持っていた。ゆえにかれらの寝食坐臥の実際を見廻って、細かく注意した〉

〈それから彼は、集会所に集まっている職員にむかって、彼一流の講演を試みた。

こうした講演の際、彼は何時でも、活動写真と幻灯とを携帯していた。鉄道や逓信の事務に関する幾十種の色付幻灯画や映画を講演の前に映写し、時としては自らこれらの画面の説明をした。「大臣の映画説明」として、新聞の揶揄したのはそれであった。それは礼儀三千威儀三百の官僚大臣としては、空前の型破りであった〉

長々と引用したのは、戦後、国鉄総裁に就任した十河信二が行った施策や行動が、すべて後藤新平の光景と二重写しになってくるからである。十河は後藤総裁の教えを忠実に実行しようとした、といってもよい。十河は生活態度だけでなく、総裁としての立居振舞も後藤新平を見習おうとしたのだろう。

このほかに、後藤の政策で大きな話題になったものに、制服の制定がある。それまで駅長以下の現場職員には制服が貸与されていた。鉄道院本院や本局のキャリア職員にも一見、海軍士官と見紛うような金ボタン、金モールの肩章をつけさせ、儀式のときは菊花入りのサーベルを吊らせるというものである。「そこで世間は『なるほど金ぴか好きの後藤のやりそうなことだ』と頭から伯の趣味を決めてかかって、あるいは冷笑し、あるいは揶揄し、または非難した[*25]」

後藤新平

勅令で「鉄道院職員服制」が公布されたのは明治四十二年十二月。戦後も続いた赤に金筋入りの駅長帽もこの時からのものである。北岡伸一は「制服制定の理由には、服装費用の節約、機動性、安全などいろいろなものがあった。現場第一主義を象徴する意味もあった。しかし、最大の理由は組織の士気を高めることであった[*27]」とみている。

広軌改築か狭軌建設か

三度にわたって鉄道院総裁となった後藤が、ついに実現できなかったのは、鉄道近代化のための軌道の広軌化である。輸送力の強化と南満州鉄道との一貫輸送体制をつくるため、東京から下関に至る広軌化計画を推進しようとしたが、限りある財源をより多くの新線建設に向けるべきだ、とする政党政治家の反対によって挫折し続けた。戦後、国鉄総裁となった十河信二はその遺書に「広軌東海道新線はわが民族にとり明治以来の夢なり」と認《したた》めた。この夢は後藤新平らが描いた夢であり、十河は師と仰ぐこの先人の夢の実現に人生の最後を懸けることになる。

後藤新平は鉄道院総裁に就任した際、全職員に鉄道の課題の一つとして「日本の鉄道を欧米諸国の鉄道と比べて遜色のないものに改良進歩させる必要がある」と強調した。その内容は国有鉄道をそれまでのゲージ幅一〇六七ミリの狭軌から、国際標準軌である一四三五ミリの広軌に改築するという「広軌改築計画」である。後藤は総裁就任直後から東京―下関間の広軌改築調査を開始する。この調査をもとに明治四十三年末には「輸送量が増加している主要幹線は何らかの改良が必要であり、技術的、経済的、軍事的観点から同区間は広軌に改築するのが望ましい」として、広軌改築案を閣議に提出して了承を得る。

後述するがこれより先、南満州鉄道（満鉄）の初代総裁に就任した後藤新平は、真っ先に全線の広軌改築を推進し、わずか一年余で完成させている。後藤の広軌論は「区々たる技術上の優劣論よりも、むしろ産業上、軍事上の大局観から出発したもの」だったと鶴見祐輔は記す。

後藤の考えは、まず現状の主要幹線の軌間を広軌に改築し、その後に鉄道網の拡大を図っていくという「改主建従」であり、明治四十四年一月の議会に最初の広軌化予算を提出した。しかし、原敬が率いる立憲政友会系の議員はこれに猛反対し否決される。政友会の鉄道政策は、軌間は狭くてもまず先に鉄道をつくり、その後に軌間拡大を検討する、という「建主改従」論だった。

日本の鉄道は狭軌のままでよいのか、それとも広軌に改築すべきなのか——以後、この論争は昭和時代まで続くことになるが、軌間論争がもっとも激しく燃え上がったのが、この最初の後藤提案が否決されてからの十数年間である。当時から鉄道は政治家の選挙公約として選挙民に大きな効果を持っていた。「我田引鉄」「鉄道一生、橋三年」などと言われるように、地方が地盤の政友会系の政治家は、地元に鉄道を引き、駅をつくることに奔走した。広軌に改築する費用があるなら、たとえ赤字路線であっても一キロでも路線を延長し、新線を建設してほしい。一方、都市部を地盤とする憲政会系の政治家は主要都市を結ぶ幹線を広軌に改築して、輸送力を強化することが先決だと主張する。鉄道問題が完全に政争の具となったのである。

政争に潰された広軌改築

後藤新平は明治四十四年四月にも広軌鉄道改築準備委員会で、東京—下関間などの幹線を中心に改軌し、最終的には全国の鉄道を広軌にすべきだ、との計画をまとめている。だが同八月、桂内閣が総辞職し、その後成立した第二次西園寺公望内閣では政友会の原敬が内相兼鉄道院総裁に就任。日露戦争後の財政難を理由に広軌改築計画案中止を閣議決定し、広軌計画は白紙に戻された。大正二年の山本権兵衛内閣で内相兼鉄道院総裁のポストに就いた床次竹二郎《とこなみ》はなんでも後藤新平に反対だった。床次は広軌計画をすべて中止させる。

だが、大正三（一九一四）年四月、第二次大隈内閣で仙石貢が鉄道院総裁に就任する。後に満鉄総裁にもなる仙石もまた熱烈な広軌改築論者だった。彼は後藤新平の方針を踏襲し、広軌計画案を復活させ、「改築取調委員会」を設置した。計画が再び本格的に動きだすのは、大正五年に成立した寺内正毅内閣で、後藤新平が三度目の鉄道院総裁（内務大臣、大蔵大臣を兼務）に就任した時からである。翌大正六年、後藤総裁のもとで鉄道院は広軌への改軌実験に乗り出した。

この実験を指導したのが、〝車両の神様〟といわれた鉄道院技監（当時）島安次郎である。島は関西鉄道の技師長だったが、国有化による合併で鉄道院の工作課長、工作局長を歴任する。広軌改築を主張する技術者たちの中心人物であり、再三にわたって海外事情を視察し、広軌改築が鉄道と国力発展に資することを熟知していた。後述するが十河信二が米国留学中、島は後藤の特命を受け鉄鋼材料調査のため渡米する。島の調査を手伝ったのが十河である。その際、彼は島から広軌鉄道の重要性と、日本の鉄道を改軌する利益を頭に叩き込まれたという。やがてそれが「東海道新幹線」という太いパイプで結ばれるとは二人とも気付くはずはなかった。島は後に、国鉄総裁となった十河信二の下で東海道新幹線建設を技術面から推進した技師長、島秀雄の父である。

島安次郎は大正四年、仙石貢総裁時代に広軌改築に対する「島案」をまとめている。その骨子は「軌間を広げ、車両の車輪車軸を改造して広軌上を運転するのは比較的少額の費用で可能である」というもので、まず車軸改造を実施して広軌上を運転し、輸送需要に応じて改軌工事を漸次推進すべきだという極めて現実的なものだった。

島ら技術陣は欧州の軌間変更地点で実際に使用されている台車交換機を大井工場に持ち込み、実際の作業確認や所要時間の測定などを行った。また神奈川県の八浜《はっぴん》線（現横浜線）の原町田―淵野辺間で、従来の狭軌線の外側にレールを一本敷いて三線式に、原町田―橋本間では、狭軌線の両側にそれぞれレールを追加して四線式の併用軌道にして、広軌用に改造した蒸気機関車や貨客車を走らせてデータの収集を行った。

実験は順調に進み、広軌は狭軌よりも輸送効率にすぐれていることが実証された。後藤は自ら現地に出向き、島の説明案内で試乗し、何の支障もないことがわかると大変なご機嫌だったという。島は大井工場や八浜線での実験に、当時十六歳で科学好きの息子、秀雄を同行、広軌実験の現場を見せている。後の国鉄技師長、島秀雄の脳裡にはこの時の記憶がしっかりと刻み込まれていたに違いない。

この実験結果をもとに鉄道院は国有鉄道軌間変更案を作成する。内容は（1）大正七年度から五年計画で、国有鉄道約六千六百キロ全線を広軌に改築する（2）改築費抑制のため三線ま

島安次郎

たは四線式で現行狭軌との併用軌道とする（3）線路や台車以外の施設改造は極力控える――などで、後藤はこの予算化のために閣内や政友会との意見調整に奔走した。

大正七（一九一八）年九月、全国で勃発した米騒動によって寺内内閣は総辞職し、わが国初の本格的な政党内閣として、政友会の原敬が組閣する。後藤の広軌改築に最も反対していた原敬が首相の座に就いたのである。原は内相兼鉄道院総裁だった明治四十三年二月二十四日の日記（『原敬日記』[28]）にこう記している。

〈目下、鉄道院にては二個の問題解決に従事中なり。即ち一は現在の状態に於て延長改良をなすものにて、他は広軌に改造の案にて、之に決せば尚《な》お巨額の資金を要すると云うに付、余は広軌の事は遠き将来に於ては必要ならんも、余の見る所にては日本の鉄道は欧米に於けるが如く長距離の間に貨物を運搬するの必要なし、故に鉄道に伴うて要所々々の港湾を修築せば各勢力範囲に於ける貨物を集散し得るものなるに因り、俄に広軌に改良するの必要なし、且つ広軌には非常の改良費を要するに因り寧ろ各地に延長するに若《し》かずと思う〉

政友会の鉄道政策の基本は「建主改従」だった。

原内閣で再び鉄道院総裁に就任した床次竹二郎は、大正八年二月の貴族院の特別委員会で「軌間問題は幾多の沿革を経たるも、現在の狭軌に於いて随時改良を加えれば近き将来に於いて輸送力に欠乏する憂いなきを断言す。今日の時代に在りては現在の状態を改良し若《も》しくは鉄道の普及速成を図るを以って緊要なりとす」と答弁し、前内閣の鉄道院総裁、後藤新平が計画した広軌改築計画をまたも全面的に否定したのである。

後藤新平の提唱で始まった長い間の改軌論争は、政争の具に供され完全に葬り去られた。以後、「建主改従」による地方各地での新線建設ラッシュが続くことになる。島安次郎はこの原内閣の狭軌決定に反対して鉄道院を辞職する。

「後藤さんは（広軌化が政争で潰された過程を）非常に遺憾に思ってくやしがって、それで小僧の我々にも始終そのことを話しておられた。そのことが僕の頭に深く浸み込んでいた。それに続いたのが仙石貢さんであり、最も熱心な二人のパートナーが島安次郎という技術者だった」と十河は振り返る。この広軌幹線計画は、国内では昭和十四年、中国大陸での戦争が拡大していく中で計画された東京―下関間の弾丸列車構想で再び浮上する。まさに広軌新幹線は「明治以来の先人たちの夢」だったのである。

床次竹二郎

ロシア東清鉄道南部支線

後藤新平と十河信二の生涯を語る時、「広軌化論争」と同じように避けて通れないのが「南満州鉄道（満鉄）」である。日露戦争の勝利の結果、「ポーツマス条約」（明治三十九年）で日本は満州の旅順・大連の租借権と長春―旅順・大連間の鉄道経営権を手に入れた。この鉄道経営のために発足したのが「南満州鉄道株式会社」である。後藤新平はその初代総裁であり、十河も後に理事としてこの満鉄と深い関係を持つことになる。国内幹線鉄道の国有化から時代は少し遡るが、満鉄と後藤新平について記しておきたい。

日本は日清戦争で獲得した遼東半島の租借権を露仏独の三国干渉で失った。ロシアはそれ以降、清国から東清鉄道の敷設権と、日本が失った大連・旅順の租借権を獲得する。ロシアは明治二十四(一八九一)年にシベリア鉄道の建設に着工、モスクワから不凍港である太平洋岸のウラジオストックまで鉄道路線を引こうとしていた。当初の予定ではバイカル湖からチタまで東進し、アムール川(黒竜江)の北側を迂回し、ハバロフスクからウスリー江沿いに南下、ウラジオストックに至るルートを考えていた。

しかし、このルートで太平洋に至るのは、大変な遠回りとなり、工事も困難を極める。このためロシアは、清国内を通過してウラジオストックに至る路線を考え、その推進母体として「東清鉄道会社」を設立する。日清戦争後、遼東半島の租借権を得たロシアは、東清鉄道の中心都市である哈爾濱(ハルビン)から遼東半島へ至る鉄道の敷設権も得た。同半島の旅順に軍港を、また大連には貿易港を建設し、鉄道によってハルビンと結べば、ロシアは日本海、渤海、黄海に対して強力な足場を築き、朝鮮半島への圧力も強めることが出来る。これがハルビンから大連・旅順に至る「東清鉄道南部支線」だった。

シベリア鉄道の建設工事は、ハルビン以西の本線から始まり、ハルビンから旅順・大連までの南部支線、ハルビン以東のウラジオストックまで、の順序で進められ、日露戦争直前の明治三十六（一九〇三）年にはすべて完成する。東清鉄道は鉄道営業の名目で、全線に渡って路盤と両側の一定の幅の土地を獲得し、また主要駅周辺には広大な土地を鉄道付属地として購入することができた。これらの土地は東清鉄道の行政権の下に置かれ、清国の主権は排除されることになっていた。また鉄道以外にも鉱山などの業務を営むことが認められ、鉄道の安全確保の名目で一キロ当たり十五人の兵力を常駐させる権利が認められていた。

〈東清鉄道は、たんなる鉄道会社ではなかった。それは多くの付帯事業を持つコンツェルンであり、行政権を持つ地方政府であり、さらに軍隊を持ち、清国との外交を一部担当する点では、ほとんど植民地政府であったのである[*27]〉

日本がポーツマス条約で獲得したのは、この東清鉄道南部支線のうち、全体の四分の三にあたる長春から旅順・大連間の約七百キロ。東清鉄道会社が持っていたこの区間の鉄道に付随するすべての特権も合わせて獲得する。南満州にはもう一つ、朝鮮国境沿いの安東（現遼寧省丹東）から奉天（現瀋陽）まで、日露戦争中に日本軍が軍事目的で建設した安奉線と呼ばれる二百キロ余りの軽便鉄道があった。この安奉線の経営権も日本が清国に認めさせた。

「ロシア東清鉄道南部支線」の権益は、日本が満州を侵略して中国からもぎ取ったものではない。ロシアが清国との交渉で合法的に認めさせた権益を、日露戦争に勝った日本がロシアから譲り受けたものである。しかも「万里の長城」の外にある満州には、中国の国家主権も及んでいなかった。しかし、ロシア勢力の排除には成功したものの、日露戦争後の逼迫した当時の日本経済には、満州開発を気長に続ける余力は残っていなかった。

鉄道王ハリマンの来日

明治三十八（一九〇五）年八月三十一日、ポーツマス条約が調印される一週間前のことである。米国ユニオン太平洋鉄道会社と太平洋郵船会社の社長で鉄道王と呼ばれるE・H・ハリマンが横浜に到着、特別列車で東京に乗り込んだ。米国公使主催の歓迎会には桂首相、伊藤博文、井上馨ら元老も出席する。桂首相主催の歓迎晩餐会や明治天皇への謁見も用意された。「当時の日本が一外客を迎えるにしては、何か意味あり気な、大変なセンセーションなのだった」。菊池寛は『満鉄外史』[*29]にこう書いている。

〈日本来遊の表面理由は、娘を連れての日本見物ということだった。
しかしその肚の裡は、米国の資本家を代表し、ルーズベルト大統領の内意をも含んで、日本が戦争によって収穫するであろうところの一ばん大きな意義のある代償、即ち東清鉄道南満州支線を買い取ろうと云うのであった。花の如き令嬢は、その目的を包む偽装に用いられているのだった〉

日本が得ることになる南満州の鉄道を買い取りに来た男を、桂首相は国賓待遇で大歓迎し、同年十月、東清鉄道南満州支線とそれに付随した利権の譲り渡しに関する「桂・ハリマン予備協定覚書」を交わした。それには「鉄道とその付属施設について日米両当事者は共同かつ均等の所有権を有し、満州における諸般の企業についても原則として日米均等の権利」であることが明記されていた。桂太郎や井上馨は「日本には独力で満州経営の財力はなく、南満州支線の経営は不可能で、いずれはお荷物になるのではないか」と心配していた。

この直後にポーツマスから帰国した日本全権の小村寿太郎は、これを知って激怒する。首相官邸で閣議開催を要求し桂首相に「ハリマンに関する一切の契約はこの際、直ちに破棄なさい」と迫った。菊池寛は先の『満鉄外史』にこの時、小村寿太郎はこう言ったと書いている。

〈首相！　どうあっても、ハリマンとの約束を破るわけに行かないと仰言るのでしたら、不肖は遺憾ながら骸骨を乞い奉って、所信を国民に訴えなければなりません。今度の戦争によって、日本は何を得たとお思いです。殆ど何も得てはいない。北海の漁業権、南半分のサガレン（樺太）は別として満州では、たった一つ、この鉄道を取っただけだ。これをすら外国に売ったあとは、上御一人に何をもって応え奉り、何の顔《かんば》せあって国民に見《まみ》えんとするのです[*29]〉

閣議では桂首相は「率直に過失をおかしたことを認め」た（吉村昭『ポーツマスの旗』[*30]）。直ちにハリマン宛てに電報が打たれた。「日本政府は、一九〇五年十月十二日附覚書の件につき、なお一層の調査と研究を必要とするが故に、本件に関し委細交渉をなすに到るまで、当該覚書を未決と信ぜられんことを、貴下に要求す――[*29]」

ハリマンとの覚書が破棄されると、小村寿太郎は病身をおして清国との交渉に北京にむかう。同年十二月二十二日、「日清満州善後条約」が調印された。この「日清条約」によって日本は、ロシアが清国と結んでいた「遼東半島租借条約」をそのまま引き継ぐことになり、また、日露戦争時に日本軍が敷設した軽便鉄道の「安奉線」（安東―奉天間）の経営権を手に入れる。日露戦争に勝利した圧力がバックにあったとしても、日本は外交交渉により清国の〝保証〟を得て「満州経営」の第一歩を踏み出すことになったのである。

南満州鉄道会社と初代総裁

その後の日本の動きは早かった。明治三十九（一九〇六）年一月七日に成立した西園寺公望内閣は、児玉源太郎（当時参謀総長）を委員長とする「南満州鉄道設立委員会」を発足させる。メンバーには渋沢栄一ら財界代表、貴族院、衆議院代表のほか満州経営に関係する外務、大蔵、逓信、陸軍各省の次官クラスが名を連ねた。児玉はいうまでもなく第四代台湾総督であり、日露戦争では満州軍参謀長として日本を勝利に導いた立役者である。同年六月七日、「政府は南満州鉄道株式会社を設立せしめ、満州地方に於て鉄道運輸業を営ましむ」と勅令が公布された。資本金は二億円。うち半分は政府の持ち株で、残りは株式公募で賄うことになる。当時の日本では比肩する企業もない巨大な国策会社が誕生することになったのである。

会社設立が決まると西園寺首相は、台湾総督府の民政長官をしていた後藤新平に上京を要請、満鉄総裁就任を打診する。後藤の総裁就任は児玉源太郎の意向でもあった。「前の台湾総督と、民政長官――児玉と後藤は人もゆるす親分、乾児の関係なのだ」[*29]。児玉源太郎は「日本軍がようやく鴨緑江を渡って満州に入ったばかりの頃（三十七年五月）、部下に命じて東インド会社のことを調べさせたという。それは実はがんらい後藤のアイディアであって、後藤は（英国が）東インド会社という非政府機関がその事業という形で実質的な植民地統治を行なったことにならい、満鉄を中心とする満州経営をすでに考え始めていた[*27]」というのである。

首相の西園寺に満鉄総裁就任を求められた後藤はこう質問した。

「満州鉄道経営の、全局は誰が監督し、その統理の中心はどこにあるのですか」

西園寺の返答は「満鉄の監督権は関東都督（陸軍大将・中将）にあるが、中央政府側の満鉄責任者は外務大臣にある」であった。日本がロシアから引き継いだ遼東半島の大連・旅順は「関東州」と命名され、その統治機関が陸軍の影響力の強い関東都督である。西園寺は関東都督が満鉄を監督し、外務省もその運営に口を挟むと明言したのである。「満州の経営にはその地にふさわしい統治が必要だ」と考えていた後藤は、総裁就任を峻拒した。

後藤が喜んで引き受けると思っていた西園寺はあわてた。「ともかく児玉参謀総長に会ってくれ」。首相官邸を出た後藤の車は参謀本部に走った。児玉は後藤が総裁就任を辞退してきたと聞いて驚く。後藤の辞退の理由を最後まで黙って聞いた後、「児玉は急に容を正し、語気を強め[*29]」てこう言った。

〈「元来、満州に鉄道を経営するちゅうことはだ、その云い出し兵衛は君だぜ、（略）去年まだ吾輩が満州に居るとき、何度も陣中へ手紙を呉れて、いろいろと満州経営の意見を聞かした君じゃァないか。しかもだ、わざわざ台湾から、バナナやなにか持って土方の親分のような恰好をして、満州までわしを訪ねて来てくれ、暑い中を方々視察して廻って、それからこのわしに、懇々と満州経営の方針を教えてくれた君じゃないか。云わば今度の満州経営案の骨子は、君から出ているようなものなんだぜ。（略）

自分が天下の非難を顧みず、囂々たる物議を排して、このことに当った肚の底には、君、即ち後藤新平というものが、ちゃんとした自信となっていたからだ。

君は、政府の植民政策に中心点の無いことを咎め、また都督府など出先官僚の無力を嫌い、到底満州経営は覚束ないと云って逃げを打つ。それでは、君の節操を疑われるという意味で、吾輩は承服しない。

何人よりも、満州経営の事情を知っているものが、難局なりとの理由で、これを避けるというのは、君の平生を羞しむるものではないか！」〉

児玉と後藤は激しく議論した。「考えさせてもらいます」と後藤はこの日、児玉邸を辞した。これが児玉と後藤の最後の別れとなった。翌七月二十三日朝、児玉邸から電話があり、後藤が駆けつけた時には児玉は息絶えていた。脳溢血だった。後藤は弔い合戦のつもりで満鉄総裁を引き受ける決断をした。後藤は総裁就任に当たり「関東都督府最高顧問兼務」を西園寺らに認めさせた。関東都督が満鉄を監督するのなら、満鉄総裁も顧問として都督府に影響力を行使する、という意思表示であった。

児玉の死はあまりにも唐突であり、後藤の総裁就任のいきさつは美談仕立てになりすぎる。この二人の会談には第三者は立ち会っておらず、二人のやり取りは著者菊池寛の創作といってもよい。『満鉄外史』は昭和十六年、満州新聞社の依頼で書かれたものだが、菊池はその「自序」

で、「私は満鉄にとって、あまり縁故のない一門外漢である。だから、その資料は、主として文献に依り、その補助として、満鉄と苦楽を共にした老満鉄マンの談話を聞いて見た」として、「私が局外者であるだけに、いろいろな史実・挿話の撰択に於ても、割合公平であり得たと想うのである」と記している。児玉と後藤の最後のやり取りも多分、後藤周辺から出たものだろうが、後藤の考え方や性格から見て、これに近いやり取りがあったと推測される。

社是「文装的武備」

後藤新平が南満州鉄道総裁に就任したのは明治三十九（一九〇六）年十一月十三日。後藤が創業に当たった満鉄とはどんな会社だったのか。後藤はポーツマス条約調印の前日、奉天の満州軍参謀長、児玉源太郎を訪ね、「満州経営策梗概」を手渡している。児玉が「満州までわしを訪ねて来てくれ、懇々と満州経営の方針を教えてくれた君じゃないか」と菊池寛が書いたのは、このことを根拠にしているのだろう。この中で後藤は「戦後満州経営の唯一の要訣は、陽に鉄道経営の仮面を装い、陰に百般の施設を実行するにあり。是の要訣に随い、租借地内の統治機関と、獲得せし鉄道の経営機関とは、全然之を別個のものとし、鉄道の経営機関は、鉄道以外毫も政治及軍事に関係せざる如く仮装せざるべからず」と記している。「仮面を装い、仮装する」。後藤は当初から鉄道経営に名を借りて、遼東半島と鉄道付属地の全面支配を構想していた、と言ってもよい。

後藤は満鉄に英国の東インド会社をイメージしていた。かつて英国の植民地政策を遂行した東インド会社は、東インドの貿易独占から発展して植民地政策を代行するに至った。後藤は「イギリス政府そのものではなくて、東インド会社だったからこそ、自由奔放な植民地経営ができたのである」と考えていた、と三浦康之は指摘する（『満鉄と東インド会社、その産声』[*31]）。満鉄という鉄道事業を中心にして、すでに日本軍が進出している満州全体をいかに経営していくか、が後藤にとって最大のポイントだった。

同年八月一日、後藤が総裁就任を内諾した日、逓信、大蔵、外務三大臣から手渡された「業務命令書」には、①大連―長春間、大石橋―営口間、蘇家屯―撫順間、奉天―安東間など七鉄道の営業②営業開始から満三年以内に全鉄道の広軌改築、大連―蘇家屯の複線化③主要な停車場に宿泊施設や貨物施設の建設、港湾には水陸運輸に必要な施設建設④付帯事業として鉱業、撫順炭鉱の経営や水運業、電気業、倉庫業、鉄道付属地における土地および建物の経営⑤鉄道付属地内の土木、衛生、教育に関する施設建設とそのための必要経費の居住民からの徴収――などが記されており、すでに業務の内容は決まっていた。

総裁に内定した後藤の最初の仕事は人材の確保である。「満鉄は午前八時の人間でやろう」と三十代の人材に狙いを定める。副総裁には台湾総督府財務局長兼総務局長の中村是公を起用した。彼は大蔵省出身だが当時三十六歳。後藤とは十三歳の開きがあった。後に後藤を継いで二代目総裁に就任する。理事にも独自の判断によって三井物産や日本銀行、内務省や逓信省などから若い三十代の人材を引き抜いた。後藤は人材集めにはどんな強引な手段も辞さなかった。「実際には彼自身が知らない人間であっても、その人間ができるかどうかよく調べて、このポストならやれると踏んだら、それをスカウトしてくるという形の、スカウト人事」（御厨貴[*32]）

だった。

満鉄経営の基本として後藤が打ち出したキャッチフレーズは「文装的武備」である。「文装的武備」とは、満州に大量の兵力を駐屯させて軍備の増強を進めたり、満州における軍の発言権を温存することよりも、「鉄道を中心として合理的な経営を進め、農業や牧畜を振興し、大量の移民を実現することのほうが、軍事的効果の点からみても一層有効であるという主張から出ていた。（略）後藤は満鉄による満州の文明化自体に強い関心を持っていた。文明の恩恵を与え、かつ世界文明に貢献することに、後藤は強い誇りを感じていた」（北岡伸一[*27]）。「文装的武備」という言葉は「社是」として、満鉄に入社した新人にも繰り返し叩き込まれることになる。満鉄はその後、「満州の文明化」に営々とつとめ、これが後の王道楽土、五族協和の「満州国建国」につながっていくのである。

満鉄の事業の中心が鉄道事業にあることはもちろんである。後藤は交通機関が歴史の発展に及ぼす役割を極めて高く評価していた。鉄道事業を発展させなければ満州経営の発展はありえない。満鉄は大連―長春間をはじめ軽便鉄道の安奉線を含む約一一四四キロの鉄道を引き継いだが、この中には日本式の狭軌鉄道に軽便鉄道、さらに東清鉄道部分のロシア式軌間五フィートの超広軌鉄道の三種類が含まれていた。ロシアは日露戦争中、機関車や貨車を引き揚げたため、日本はこの鉄道を利用するために一部を日本式の狭軌に改築し、日本国内で使っていた機関車などを持ち込み利用していたのである。三種類ものバラバラな鉄道では一貫輸送ができず、輸送力が劣るので急ぎ全線を広軌（標準軌）に改築して統一しなければならない。

ロシアの超広軌を日本の狭軌に改築するのは、それほど難しいことではない。枕木はそのままにして内側にもう一本レールを敷けばすむ、しかし、狭軌を広軌に代えるには、外側にもう一本レールを敷設し三線式にするにしても枕木の交換から始める必要がある。しかし、その工事のために列車の運行を止めるわけにはいかない。

日本政府の命令書にある「三年以内の改築」もとても無理、とみられていたが、後藤は「一年以内の改築」を指示した。当時、機関車や貨車、客車からレール、枕木まで米国製品の輸入に頼っていたが、これを陸揚げする大連港の施設建設が間に合わず、工事は難航した。しかし、総力をあげた突貫工事でこれを乗り切り、安奉線を除いてわずか一年二か月後の明治四十一年五月、ほぼ全線の広軌化が完成する。満鉄は同月三十一日、用を終えた狭軌車両に対する「告別式」という奇妙な催しを行う。そこには最初の難事業を予想以上の速さでやりとげた誇りが込められていた。大連―蘇家屯の複線化も同四十二年十月には完成した。

「文装的武備」論に立って、後藤が重視した一つに調査事業がある。満鉄発足と同時に大連本社に総務、運輸、鉱業、地方各部と並ぶ一部局として「調査部」を置き、満州全域と近接地方の一般経済や歴史地理調査に乗り出した。当時、調査部に該当するセクションを持っていたのは三井物産だけだったという。同時に彼は東京に満鉄が主宰する「東亜経済調査局」の設立を提唱する。東京駅前の三菱赤煉瓦街の一角に東亜経済調査局が開設されるのは、二代目総裁中村是公の時代である。後藤は満州経営を合理的に発展させるために、学術的な調査研究を行い、それによって世界の文明に新しい知識を付け加えようとした。「東亜経済調査局」の収集資料は国内だけでなく外国にも提供され、調査研究結果は外部にも公表された。後に十河信二が初代委員長になって発足する「満州経済調査会」もこの延長線上にあった。

　日露戦争の結果、日本がロシアから引き継いだのは鉄道だけではない。鉄道付属地も一緒に引き継いだ。後藤はこの付属地に学校、病院、公園、寺、神社などを建て、鉄道沿線を近代都市に変貌させる。新しくつくる主要道路の幅員は、東京の都市計画の十五間（二七メートル）より広い二十間（三六メートル）に広げるよう指示した。最も重視した大連は、その中心に広場を配し、そこから放射線状に四〇メートル幅の道路を延ばす計画だったが、それを見た後藤は五〇メートルに広げるよう命じた。道路並木としてアカシア、ポプラ、柳を植えさせる。欧米人の観光客の招致をめざす後藤は、大連、旅順、奉天、長春、星が浦の五か所

かつての奉天ヤマトホテル。現在は瀋陽のホテル「遼寧賓館」（著者撮影）

に「ヤマトホテル」を建設し、欧州の一流ホテルに劣らないサービスを求めた。

明治四十一年七月、第二次桂太郎内閣が成立すると、後藤新平は逓信大臣に就任する。彼の満鉄総裁の在任期間はわずか一年七か月である。しかし後藤は満鉄を離れたわけではなかった。桂は組閣にあたって、満鉄の監督権を外交に関するものを除いて逓信省に移すことを決めていた。同年十二月に鉄道院が設立され、逓信省から鉄道業務が移管されると、満鉄に対する監督権も鉄道院に移された。後藤は鉄道院総裁を兼務していたので、満鉄は依然、彼の指揮下にあった。鉄道院が設立された同十二月、副総裁の中村是公が二代目総裁に昇格するが、後藤が満鉄の最高指導者であることに変わりはなかった。この章の冒頭で述べたように、大学を卒業した十河信二らが鉄道院生活に入るのは翌四十二年七月のことである。

第四章　西条学舎と米国留学

一年志願兵と酒

話を鉄道院会計課の十河信二に戻そう。鉄道院に入って二年間、会計課長に仕事も与えられず、「これでは青春のムダ」と辞表を書いた十河だが、後藤新平に大目玉をくらって目が覚めた。後藤はその時、彼にこう命じた。

「これからの日本は労働問題というものが重要な問題になってくる。その問題の解決如何によっては、国家社会に大きな影響を与えるのが鉄道という企業体だ。この問題を研究せよ。幸いお前は会計課にいる。労働問題の根本は給与の問題である。給与について徹底的に研究せよ」

発足したばかりの国有鉄道は、それまでの官営鉄道（官鉄）と十七社の民営鉄道（民鉄）の集合体である。給与体系も福利厚生もバラバラだった。それを一つにまとめるには、まず実態を知らなければならない。十河はまず給与統計を取ることから始めた。当時は今のようにコンピューターがあるわけではない。職員の総数は九万人に膨れ上がり、給与統計を取るには、カードに必要な事項をすべて手書きで書き写さねばならない。

十河はこのために職員をかき集め、新規採用も含めて約四十人の組織を会計課につくった。後藤総裁の特命事項である。局長も課長も口出しはできない。「後藤総裁の下では何でも思うように出来た」と十河はいう。後藤もまた一旦、信用して仕事をまかせると一切、口出しはしなかった。十河が研究を命じられた労働問題も、当時はまだ顕在化していたわけではない。しかし、十河はこの問題にも真剣に取り組んだ。後に八幡製鉄所の大ストライキを指導する浅原健三と盟友関係を結ぶのも、この労働問題への取り組みがきっかけだった。

本格的に給与統計調査に取り掛かった矢先の明治四十四（一九一一）年十二月、十河は「一年志願兵」として近衛歩兵第一連隊（主計）に入営する。志願兵といっても自ら〝志願〟したわけではない。彼は「軍隊に対して反感を持っていたので、とかく上官の命にそむき、なすべきこともしないという態度をとった」[*10]。軍隊に反感を持つ十河がなぜ、「志願兵」として入隊しなければならなかったのか。

明治二十二年に発布された明治憲法では「日本国民は法律の定むる所に従い兵役の義務を負う」と定められ、国民皆兵が建前だった。しかし、徴兵制度が出来た明治六年から、官立学校の学生や卒業生には徴兵免除の特典があった。明治十六年の改定で、満十七歳以上二十七歳未満の官立、府県立学校卒業生に対して「一年志願兵制度」が導入される。学歴のある者も徴兵を全面的に免除するのではなく、一年に限って兵役に従事せよ、というものだ。同二十二年にはこれが文部大臣の認める私立学校まで拡大された。国民皆兵の建前の下で、「志願」という形を取った徴兵制である。尋常小学校、高等小学校卒は陸軍で二年、海軍三年の徴兵制時代に、上級学校へ進学した学生や卒業生に対する優遇措置ともいえるだろう。この制度は、昭和時代になって満州事変から日中戦争に突入すると、「幹部候補生制度」に替わり、さらに昭和十八年の「学徒出陣」によって、学生に対する徴兵猶予はすべてご破算となる。

十河はこの年、一年志願兵の上限である満二十七歳。入営しなければ〝徴兵逃れ〟となるギリギリの年齢である。入営中は鉄道院は休職扱いとなり、給与もストップする。近衛歩兵第一連隊に同時に入営した志願兵は九人。もちろん彼は最年長であり、三歳になる長男給作《こうさく》と前年に生まれた長女由子《みちこ》の二人の子持ちだった。給作を妻キクの実家、岡崎家に預け、キクと由子は四国・新居浜の十河の実家に身を寄せた。入営した近衛歩兵第一連隊の新兵を教育する下士官も、十河より年下だった。

「軍隊生活はすこぶるきびしく、平生、わがままな生活になれていた私たちにとって一年の営内生活は相当こたえた」[*10]。何事にも不器用で、動作もスローモーな十河にとって、軍隊生活は性に合わず、苦痛だったのだろう。

十河はさぼったり、怠けたりしてこれに抵抗した。

最も苦しかったのは、暁に九段の兵舎を出て多摩川まで行き、そこから引き返して九段に帰る半ば駆け足の強行軍だった。ある時、営門を出た途端に、足が痛いといって落伍した。隊へ帰り酒保（営内の売店）に行って酒を飲みながら、みんなの帰りを待っていた。夕方、週番の大隊長が回って来て「お前は今朝もここにいたじゃないか。昼も飲んでいた。いつも酒を飲んでいるじゃないか。なぜ練兵しないのか」と咎めた。一番うるさい大隊長だった。「私は足が悪くて練兵は出来ません。多摩川までの駆け足行軍なんかとてもできません。お国のために体を大事にすることが必要だと思い落伍しました」。十河一流の屁理屈に大隊長もあきれ返る。こんなことがのべつあった。

ある中尉が、十河ら主計の三人を護衛にして日本銀行へ金を受け取りに行った。中尉が日銀で手続きをしている間、十河ら三人は日銀近くの焼鳥屋に入り、焼鳥を食べ、酒を飲み始めた。「酒を飲んでいるうちにいい気持ちになって、時間もなにも忘れてしまい、日銀に戻って見ると中尉はいない」。銀行員に聞くと「あなた方を探していたようですが、いないので一人で帰りましたよ」。護衛の役には全く立たなかったのである。

十河によれば、軍隊内は規則がやかましく、かつ細かにできているが、簡単な抜け道も多かった。例えば一人で外出証を取るのは難しいが、きちんと隊列を組めば出入りは自由である。九人の志願兵は、代わる代わる指揮官となって号令をかけ、歩調をとって外出し、飲みに行った。東京の各師団、各部隊の連絡会で「近衛一連隊の軍紀風紀がなっていない」との批判が出たという。昭和の軍隊なら確実に営倉入りだっただろう。

近衛歩兵一連隊の問題児、十河信二をたびたび訪ねてきたのが、西条中学の同級生、秋山正義である。西条中のストライキの旗振り役だった二人が、卒業を前に橋本校長に厳しい〝餞別の言葉〟をもらったことは前述した。秋山は陸軍士官学校を卒業、中尉となっていた。後年、十河が深い関わりを持つ板垣征四郎と同期である。秋山は十河の営内での行状を耳にしていたのだろう。面会にきた秋山は、わざわざ中隊長の部屋へ行き、志願兵の十河を呼んでくれという。「君は宮中席次ではこの中隊長より上なのだから、中隊長の言うことなんか聞かないでいいよ。なんでも勝手にやれ」と、いつも冗談のように言いながら、中隊長に執り成してくれたのである。除隊した時の位は伍長。東大出身で下士官止まりというのは、極めて異例のことだった。

余談ではあるが、「親戚のおじいさんに飲み手がいて、いつも僕に酒飲め飲めと勧めるもんだから酒飲みになった」という十河は、どれくらい酒を飲んだのか。彼の酒のレコードは大学四年時の大晦日から元旦にかけてだという。松山出身の一年先輩から、酒をごちそうするから自宅に来い、との声がかかった。「そりゃありがたい」と大晦日の夜、彼の自宅に行き、夜通し議論しながら酒を飲んだ。翌元日の昼前、先輩が「おい、散歩しよう」と言い出した。「今日は酒をご馳走になりに来たんだから散歩のヒマはないよ」「一斗あったら足りるだろう、と酒を用意したんだが、それを飲み干した。追加の酒が届くまで散歩しよううじゃないか」

それで二人は散歩に出かけ、また飲み直したのだという。

鉄道院の初任給は四十円。十河によると九円を家賃に払い、毎月の酒屋の勘定が味噌、醤油は別にして、酒代だけで十五円かかっていた。酒は一升六十銭か七十銭の時代である。給料が入っていても妻、子供二人の家計は苦しい。入営中も酒は止められない。もちろん自前である。休職となって給料も入らないとあって、長女を連れて四国の実家に身を寄せた妻キクには一銭の仕送りも出来ない。蓄えと言えるようなものは皆無だった。父鍋作から「貴様は女房に何を食わせ、子供をどうやって養うつもりかと、ひどく文句をいわれた」。東京生活に慣れ、華やかな音楽学校生だったキクにとっては最も辛い時期だったかもしれない。

十河が入営中の明治四十五（一九一二）年七月三十日午前零時四十三分、明治天皇が崩御する。鎖国を解いた日本は明治天皇とともに近代国家建設に邁進し、日清、日露の二つの戦争を勝ち抜いてきた。明治天皇は日本近代化の牽引車でもあった。天皇崩御の公式発表の十七分後、新天皇への皇位継承が行われた。新元号は「大正」。明治という激動の時代が終わり、新しい時代の始まりだった。

明治天皇の大葬は九月十三日夜、東京・青山練兵場でしめやかに営まれた。現在の神宮絵画館の裏手である。十河信二も、近衛歩兵第一連隊の近衛兵として皇居前から馬場先門の道筋に整列し、霊柩の列を見送った。午後八時、霊柩を乗せた唐庇《からびさし》の車が五頭の牛にひかれ二重橋を渡ると、陸軍の弔砲が初秋の夜空にこだまする。海軍も品川沖の軍艦が応じた。葬列は午後十時五十六分、青山練兵場に到着した。大葬儀に合わせて十四日午前零時二十分、すべての電車、列車は一時停止し、全国民がいっせいに宮城を遥拝した。十河の軍隊生活で最も印象に残る記憶である。

大正元年となったこの年の十一月三十日、満期除隊となり、鉄道院経理局会計課兼倉庫課に復職する。軍隊生活に反発していたが、「一年間営内生活をしているうちになんとなく親しみを覚えるようになった。後年、軍と折衝し、協力する際、この軍隊内の体験がかなり役に立った。やはり一年間の軍隊生活はむだではなかった[*10]」と十河は振り返っている。

舎監と学生たち

鉄道院に復職した翌大正二年春、十河信二は小石川林町（現文京区千石）の土《ひじ》方《かた》与《よ》志《し》伯爵家の借家を寮舎とした「西条学舎」の舎監を引き受け、故郷西条から上京してきた学生たちの世話を始める。もちろん仕事の合間をぬってのことだが、妻キクは学生たちの寮母の役も果たさねばならなくなった。

この時代、地方から上京して勉強することは経済的にも容易なことではない。愛媛県出身の学生たちのために、旧松山藩には「常盤会」、旧宇和島藩には「明倫館」という育英団体があったが、三万石という小藩の旧西条藩にはそんな組織も施設もなかった。例えば旧松山藩出身

西条学舎にて、中央に十河信二と妻キク

の秋山真之《さねゆき》は上京して海軍兵学校に入る時、「常盤会」の学資に頼った。司馬遼太郎は『坂の上の雲』*33にこう書いている。

〈松山藩というのは、維新では「賊軍」に準ずべき立場におかれ、このままでは薩長が牛耳っている政権のもとで虫のように生きてゆかねばならない。この窮状から脱出するには、中央に郷党の秀才をおくりだし、政府がたてている最高の学府にまなばせて明治政権に登用してもらい、個々の実力をもって松山の名をあげしめるほかない。そのための学資給与団体が、この常盤会であった。

ちなみに、維新に乗りおくれた中以上の藩のほとんどがこの目的による育英団体をもっていたという点からみれば、日露戦争までの日本というのは諸藩の秀才競争社会であったともいえるであろう〉

旧西条藩でも十河らが上京した明治四十年代になって上京する学生も増え、宿舎の要望が強まっていた。十河によると、「郷土出身学生のため修養と経済を兼ねた寮をつくろうと熱心に奔走したのが真鍋嘉一郎先生だった」という。真鍋は松山中学出身。東京帝大医学部に学び、後に東大物療内科の有名教授となる。十河も学生時代から世話になり「医学的良心の強い、人情味豊かな立派な人」と終世、尊敬し慕った。真鍋は市谷《いちがや》左内町に一軒家を借りて七、八人の学生を住まわせ、世話をしていたが、それでは間に合わなくなってきた。

真鍋の提唱で旧西条藩主を中心にする「西条会」が発足、広く在京、在郷の有志の募金を仰いで新寮を建設することになった。しかし、土地探しから完成までは時間がかかる。それまでの間、一時、借家で間に合わせることになり、土方伯爵の持家を借り、そこを寮舎とすることになったのである。問題は舎監に人材を得ることだった。「だれが責任をもって学生たちの面倒を見るのか」。西条会のメンバーもお互いに顔を見合わせるばかりで、引き受け手はいない。十河は意を決して、「私でよければこの重任に当たりましょう」と自ら申し出た。

大正二年春、この借家の入り口に「西条学舎」という表札を掲げ、舎監となった十河は妻キク、長男給作、長女由子と共に、一家をあげてその一室に移り住んだ。以後、十河は大正十五年、関東大震災後の「復興局疑獄」で逮捕され、鉄道省経理局長（鉄道院は大正九年、鉄道省に昇格）を辞するまでの十三年間、西条学舎の舎監を務め、その間に巣立っていった学生は二百人以上に達する。

西条会はその後、小石川大塚坂下町（現文京区大塚六丁目）の護国寺裏に五百坪（約千六百平方メートル）の土地を買い求め、ここに寄宿舎と舎監用の家が完成したのは、十河が米国留学から帰国した大正七年のことである。学生の寄宿舎の入り口と、舎監の家（六室）の玄関は別々だったが、一か所だけ廊下でつながり、庭にはテニスコートがあった。寄宿舎は六畳の二人部屋で、十室に二十人を収容。一階には食堂と風呂、二階には二十四畳の大広間があり集会場となっていた。学生の選考では金持ちの道楽息子や不勉強の学生は排除した。このため苦学生が多くなり、学費の世話や病気になった学生の入院費用なども工面しなければならなくなった。

十河は役所から帰ると、必ず寄宿舎に顔を出して、学生たちを「厳しい顔付で見廻った」。

毎朝のように庭に出て学生相手にテニスをする。朝寝している学生には、部屋の雨戸にテニスボールをぶっつけて廻る。狙われた学生は寝ているわけにもいかず、目をこすりながら起き出して、十河の相手をした。毎月二十五日には二階の大広間に学生を集め、例会を開いた。十河は「学校を出て社会人になっても勉強を続けろ」「人をしてその処を得せしめるのが政治である」など、毎回簡単だが、学生たちの心に残る話をした。春秋の二回、二十人の学生と家族を連れて、伊豆長岡や修善寺、箱根などに一、二泊の旅行をした。その費用はすべて十河が工面した。「学生の顔色や動作で学生の心の悩みをピンと感ずるようになった」と十河は言う。

学生たちの母親役は妻キクで、それが彼女の務めでもあった。キクは学生たちが小遣いを借りに来れば快く貸してやるし、学費の心配もしてやった。「長火鉢の前に、学生達が、時々訪れては、世間話をしたり、小遣いを融通してもらったり、餅菓子や煎餅を一緒に食べたりしていた。若い人と話をしている時の母は、楽しそうであった。紺絣を着た青年達は、父に話せない恋愛や、郷里からの送金のやりくりなどを、母親に訴えるように話していた[*24]」と長女の由子は語っている。キクは寮生が学校を卒業すると一人一人にワイシャツを贈った。

「莫逆の友」種田虎雄

「人間種田を描く上において、逸するこ とのできないのは、彼と十河信二との友情である」――鶴見祐輔はその著『種田虎雄伝[*18]』で、種田《おいた》と十河は「莫逆の友」（意気投合してきわめて親密な間柄）と書く。鶴見流にいえば、「人間十河を描く上で逸することの出来ないのが種田虎雄との友情である」ということになる。十河と種田の友情は、鉄道院に同期で入って以来、生涯に渡って続く。種田虎雄という人物と十河信二の若き日の出会いについて記しておきたい。

種田虎雄は明治十七（一八八四）年四月十五日、東京・小石川で生まれた。十河は同年四月十四日生まれであり、十河の方が一日違いの年長。「オレの方が一日の長たること、忘れぬぞ」と種田の前で生涯、胸をはった。種田は実父の元大垣藩士、邁《つとむ》と実母スウの間に生まれた八人兄弟姉妹の第五子（三男）。生まれて七十五日目に実父の兄、種田安蔵の養子となり、新しい両親の住む岐阜県・大垣に移り住む。二年後、安蔵の転職によって一家は東京に出てきた。

十一歳で神田淡路町の開成中学に入学するが、中学時代の虎雄は、おとなしく真面目な模範生。成績もとび抜けてよいという訳でもなく、人に先んじようという野心もなかった。しかし、強い正義感と温かい親切はまったく天与のものだった。「彼に会うときはいつも心もちよく愉快に話ができた。（略）そのことが自然に人の心をつかみ、信頼感を与えた」と同級生の一人は語る。

一高英法科に合格した時の成績が二番だったことは前述した。同級の一高合格者八十人は席次順で奇数が一の組、偶数が二の組に分けられたが、種田は二の組の首席で華厳の滝で投身自殺した藤村操と同じクラス。十河は一の組であり、寄宿舎も種田は西寮で十河は東寮。一高時代はお互いに顔は見知っていたが、深い付き合いはない。大学に入ってからも十河は民法の研究に夢中になり、種田は法律が嫌いな方で、ここでも親交を結ぶ機会はなかった。

十河が鉄道院に入ったのは後藤新平のスカウトによるものだが、金融問題に興味をもっていた種田は日銀を希望し、卒業を前に蔵相の高橋是清を訪ねた。高橋は種田に「実業家になるにしても、まず役人から修業したほうがよい」と忠告する。当時の帝大生の秀才は内務省や大蔵省を狙うが、種田は一高入学試験では二番だったものの、大学卒業時の成績はそれほどよくはなく、発足したばかりの鉄道省を選んだ。前述したように、日本の鉄道は大きく羽ばたこうとしていた時代であり、彼は鉄道の将来性に強い魅力を感じたのである。

種田は大学を卒業する時期まで、両親が実の父母でないことを知らなかった。卒業を前に姉から実の両親でないことを知らされて、当初は驚き悩んだ。しかし、それはすぐに「実の子とかわらぬ親切心をもって長いあいだ接してくれた二人に対する愛敬の念」に変わった。成人してから後の種田の生涯は「せまくるしい家族主義的な思想によって支えられるものとしてでなく、同僚および後輩へのおおらかな友情によって支えられるものとして、その特色を発揮した」[18]と鶴見祐輔は指摘する。

十河と種田の本格的な出会いは鉄道院に入ってからである。といっても十河は経理系統、種田は運輸系統であり、当初は仕事の上で直接触れ合う機会は少ない。「現場主義」を標榜する総裁の後藤新平は、法学士の新人職員全員を現場に出して、鉄道業務の経験を積ませようとした。これを巡って同期の学士同士で議論となり、十河は「現場見習いなど意味はない」と主張、反対にその有用性を最も強固に主張したのが種田だった。前述したように十河は長野の経理事務所に出るが、「現場見習いなどやらなくても一人前に働けるつもりだから」とわずか二日で東京に戻って来た。だが、種田は自ら進んで現場を志望し、静岡駅に赴任する。

静岡駅で彼は普通の従業員と同じように鉄道の雑務に専念した。後には駅助役になって改札業務から列車の発着業務もこなした。彼の社交好きと人好きの性格は、駅員たちの人気の的となる。身銭を切って人を集め、宴会を開くことが大好きだった。十河に言わせれば「種田というやつは非常に道楽者なんだ」。静岡駅の助役官舎は、駅の隣で駅前通りに面していた。ある日、彼は官舎に友人や同僚、部下を集め、芸者を呼んで酒盛りを始め、皆で陽気に歌い踊った。これを通りから見た住民が地元の新聞社に通報、新聞は「官舎に芸者をいれてどんちゃん騒ぎ」とでかでかと報じたのである。

東京の鉄道院にもすぐに報告され、驚いた秘書課長、松木幹一郎は「新聞にこのように非難されてはこのままで済ますわけにはいかない。種田を首にする」と息巻く。これを聞いた十河は秘書課長席に行き、「無責任な一片の新聞記事によって、人の値打ちを決め、首にするとはなにごとだ。俺たちが行って良く実情を調査してくる」と松木に詰め寄った。十河は三人の調査団を組んで静岡に行き、「新聞記事はとんでもない誇張記事である」との報告書をまとめる。種田の首はつながり、この事件によって種田と十河の仲は一気に深まった。

種田虎雄は静岡駅を振り出しに、明治四十四年四月には甲府運輸事務所勤務となった。甲府勤務時代には、駅扱いの貨物は運送店を経なければ駅では受け付けない習慣があることに気付き、お客本人から直接受け付けられるようにした。また運転主任たちと管轄下の温泉めぐりをして富士五湖の観光資源に着目、観光と鉄道を結びつける研究に乗り出した。大正二年には東京管理局運輸課庶務掛主任に、大正四年には中部管理局庶務掛長として現場を歩き続ける。翌大正五年五月には鉄道事業研究のため米国留学を命じられ、一年遅れで留学してきた十河と異郷の地で落ち合って、ますます肝胆相照らす仲となっていく。

だが二人は「非常にちがった性格をもっていた」と鶴見祐輔はいう。「十河は法律的な論理的な頭をもっていた。一糸乱れないように整然とした議論をする男であった。種田は天馬空を行くように奔放自在に談論し行動した。そういう相違した頭脳と性格とをもちながら――いな、むしろもったがゆえに――彼らはふかく相許し、相契った。彼らは莫逆の友であった」[*18]。妻が病弱で子供に恵まれなかった種田は、後に十河の二女恵子を養女とし、種田家を継がした。

「雷大臣」仙石貢

十河信二が経理局会計課に復帰した二年後の大正三（一九一四）年四月、三代目の鉄道院総裁に仙石貢が就任する。この頃、鉄道界は広軌改築派と狭軌による新線建設派の政争はピークを迎えていた。前年、後藤新平の後任として総裁になった床次《とこなみ》竹二郎は、狭軌建設を主張する政友会の大物であり、就任と同時に後藤らが進めてきた広軌改築案をすべて御破算にし、関係機関に広軌改築準備をすべて撤廃するように通達する。新総裁となった仙石貢は後藤と同じく広軌改築の旗振り役を務めていた。彼は就任するとすぐに広軌改築取調委員を指名し、広軌化計画を調査させる。

仙石は就任早々に鉄道院の幹部職員全員を帝国ホテルに招待し、フルコースの会食をした。十河信二も招待された一人である。「一同、神妙にご馳走になった」。デザートコースに入ると、仙石は「みんなに話すことがあるので、席を離れることのないよう今のうちにトイレに行っておけ」と命じた。そして食後一時間余り、「火を吐くが如き仙石総裁の訓示であった」。「備忘録」によると、訓示の概要は以下のようなものだった。

「諸君は何年、国鉄の経営に従事しているのか。信念をもっているのか。懸命な努力をしているのか。公僕精神に徹し、国家人民のために尽くす覚悟があるのか」

「国鉄の現状を諸君は如何に見ているのか。将来、国鉄は我が国の文化、経済の発展の基盤たるべき使命を全うし得ると信ずるのか。国際競争は日を追って激しさを増していく。現状の下でいつまで安眠し得ると考えているのか」

「基礎産業たる国鉄の経営は諸君の双肩にかかっている。諸君は果たしてこの重大使命、重責を自覚しているのか。特に局長ら幹部諸君に苦言する。広軌改築を主張する総裁を迎えてはこれに和し、反対の総裁を迎えては、またこれに和す。諸君は広軌論支持者か、その反対論者か。何故にその所信を明確にすることを避けたりするのか。政友会と憲政会と何れに興するも諸君の自由であるが、国鉄経営の基幹たる重要問題に関してはその態度を二、三にすることは断じて許されない。速やかにその所信に忠なる態度に出でんことを要望する」

「そうだ、その通りだ」。仙石の大音声は、十河の心に雷鳴のように轟いた。仙石貢にもう一人の後藤新平を見ていたのだろう。十河は周りの先輩たちを無視して拍手を送っていた。これをきっかけに仙石は度々、十河を呼びつけ、頑固で筋を通す若者を可愛がるようになる。「後藤新平と同じように長く特別の恩顧をこうむった」と十河は終世、仙石を後藤と同列の師と仰ぐようになる。怒鳴りまくるところまで、後藤や仙石に学んだのかもしれない。

仙石貢

仙石貢は大正十三（一九二四）年、加藤高明内閣で鉄道大臣となり、自分の主張を通すためには大声で怒鳴りまくり、「雷大臣」の異名で恐れられた。仙石貢も若い時代から様々な奇行を伝説として残した人物である。

安政四（一八五七）年六月二日、土佐藩（高知市）で生まれ、明治十一（一八七八）年、東京帝大土木工学科を卒業した土木技師。大学の卒業式に洗いざらしの浴衣で出席した。大学当局の苦情には「天にも地にもこれ一枚しかない」と押し通したという。卒業後、工部省鉄道局の技師として日本鉄道（現東北本線）、甲武鉄道（現中央本線）などの建設に従事した。

日本鉄道では栗橋—宇都宮間の建設を担当する。朝は五時に起きて床の中で朝食をとり、顔も洗わず、座敷で靴をはいて現場にでかける。昼食は付近の畑の野菜をもぎとり、一日中歩き回って親方衆を督促し、暗くなるまで工事を止めさせなかった。休みの夜には工夫たちを集めて酒を振る舞い、車座になって語り合う。宿に戻るとダーウィンの『進化論』やミルの『経済原論』を原書で読んでいた。

甲武鉄道では中野—立川間の当初の予定地域で住民の反対運動が起きた。怒り心頭に発した仙石は、広々とした武蔵野の地図を持ち出して定規をあて、「エイッ」とばかりに一直線の赤線を引いた。これが現在の中野—立川間二十五キロの直線ルートになったという伝説が残っている。

明治二十九（一八九六）年、逓信省鉄道技監を最後に退官し、筑豊鉄道の社長に就任した後、九州内の鉄道経営の合理化を図って会社の合併を推進、それが結実して発足した九州鉄道の社長などを務めていた。「土木工学の技術者が、鉄道の開発運営の事業者から、いつとはなしに政界をリードする人になっていた」（十河信二）のである。

東京駅開業と試乗電車事故

仙石貢が鉄道院総裁に就任した大正三（一九一四）年暮れ、建設中だった赤煉瓦づくり三階建ての東京駅が完成する。明治四十一年に基礎工事が始まってから六年余。日本近代建築の祖・辰野金吾が設計に取りかかってから十年の歳月が流れていた。赤煉瓦と白い花崗岩を組み合わせた華やかな壁面、その上に配された幾つもの小塔と一対の巨大なドーム屋根。西欧の建築様式をとりいれた近代国家の表玄関にふさわしい威容を示していた。

この東京駅は昭和二十年五月二十五日から二十六日にかけての大空襲で炎上し壊滅的な被害を受けた。応急修理を施したまま長い間営業を続けてきたが、約五年の復元工事をへて、戦災で失われたドーム屋根や三階部分が復元され、完成当初の駅舎が甦ったのは平成二十四（二〇一二）年十月一日のことである。私たちは今、巨大ドームの外観だけでなくドーム内の天井など、百年近く前の開業時と同じ東京駅の姿を目にすることが出来る。東京駅の開業は明治維新以来、

創建時を復元したJR東京駅南ドーム天井のレリーフ

日清、日露戦争を勝ち抜き、近代化を達成した「明治日本」の総決算であり、新しい時代を告げるシンボルでもあった。

明治期の東京周辺の鉄道は、東海道線の起点は新橋、東北線は上野、中央線は新宿から西に延びていた。三線を束ねるべく、皇居わきの原っぱに計画された新駅は、「中央停車場」と呼ばれていた。開業に先立って、新駅は「東京駅」と命名される。鉄道院の中でも様々な意見があったが、「日本の鉄道の中心となるこの駅は、全国の人に一番わかりやすい名前にすべきだ」という意見が通った。

開業式は十二月十八日午前九時から南側の「乗車口ホール」をメイン会場にして行われた。翌十九日付の「東京朝日新聞」は「開通の盛観　凱旋の光輝」「帝都挙《こぞ》って祝す大盛儀　五彩眩目《げんもく》、晴の新東京駅」「功名赫々《かくかく》、晴の神尾将軍」との見出しで、開業式は第一次世界大戦に参戦し、中国・青島攻撃で勝利した司令官、神尾《かんお》将軍の凱旋式と同時に行われたことを報じている。

〈（略）見上ぐるばかりの高い円天井の下に杉葉と花を配《あし》らって目の覚めるような大薬玉、正面にはオリーブ色模様の幕を張り廻らし、同じ杉葉と花を飾った式壇に最初に顕れたのは古川副総裁である。先ず簡単に開会の挨拶、来賓席に居並んだ一千五百の朝野《ちょうや》の高位大官綺羅星の如く拍手の音は大堂伽藍に鳴りを起す。石丸技監の工事報告、それから仙石総裁の式辞が済むと、金《きん》屏《べい》光輝く式壇の後方から衝《つ》と立ち現れた首相大隈伯は、来賓の代表者として一場の祝辞を試みた。明治五年の昔、自分は新橋駅の開通式に臨んだ。爾来ここに四十三年、当時国内の鉄道哩《マイル》数僅に十八哩に過ぎなかったが、今は即ち一万哩、漫《そぞ》ろに往時を顧みれば転《うた》た文明の進みの速《すみや》かなるに驚嘆せざるを得ぬと説き起して縷々《るる》数千言（以下略）〉

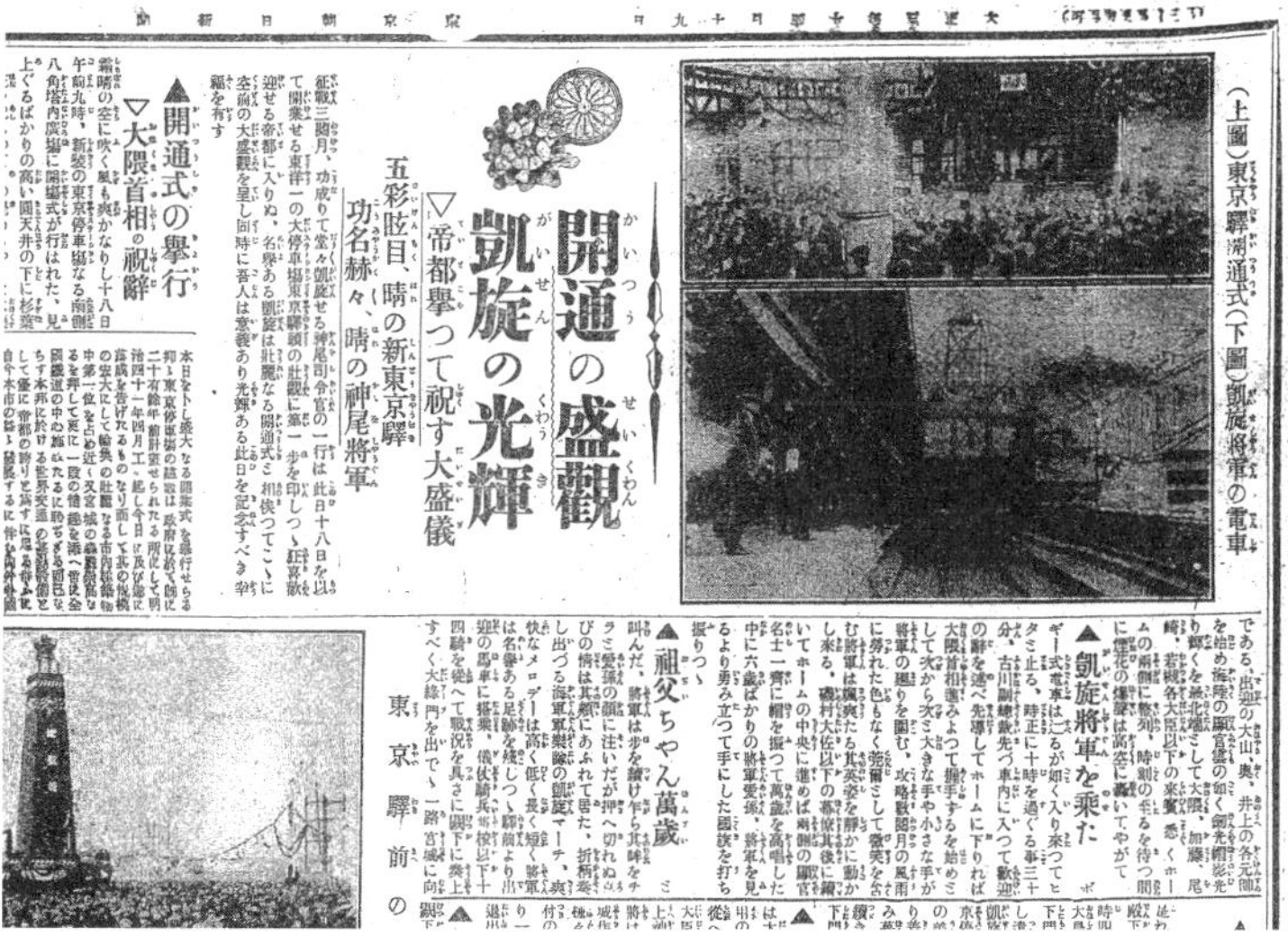
（上圖）東京驛開通式（下圖）凱旋將軍の電車

開通《かいつう》の盛観《せいくわん》
凱旋《がいせん》の光輝《くわうき》
▽帝都擧つて祝す大盛儀
五彩眩目、晴の新東京驛
功名赫々、晴の神尾將軍

▲開通式の擧行
▽大隈首相の祝辭

▲凱旋將軍を乘た

▲祖父ちゃん萬歳

新東京駅の開業を報じる「東京朝日新聞」大正3年12月19日号

「降車口ホール」の二階では立食形式の祝賀会が催され、渋沢栄一はじめ来賓が集い、東京駅の門出を祝った。開業式典が終わると出席者はしばし二階で休憩したあと午前十時すぎ、プラットホームに誘導される。第一次世界大戦で中国・青島に出兵、勝利した十八師団の司令官、神尾光臣中将らの凱旋式が東京駅開業に合わせて行われたのである。

因みに当時の東京駅が現在と決定的に違うのは、改札口は丸の内側にしかなかったことである。駅舎内の皇居に向かって右側（神田側北口）のドーム下が「降車口ホール」で、左側（有楽町側南口）が「乗車用ホール」。この他に駅舎の中央付近に電車客用の改札口があり、中央の車寄せのある部分は、皇室専用の出入り口とされていた。八重洲側の現在、新幹線ホームがあるあたりには客車収容線や機関庫があり、丸の内側と八重洲側を繋ぐ通路や跨線橋などはなかった。ホームは赤煉瓦の駅舎寄りから山手線、中央線、京浜線の電車線用と東海道線用の二本のホームが並び、ホーム下に通路があった。

この年、ヨーロッパではロシア、フランス、イギリスの三国協商側とドイツ、オーストリア、イタリアの三国同盟側の対立が激しくなり、第一次世界大戦が勃発する。日本はこの機に東アジアにおける勢力拡大と安定化を図るため、日英同盟を理由として八月、ドイツに宣戦し中国・山東半島のドイツの軍事基地青島を攻撃した。久留米の第十八師団など五万人の動員命令が出され、十一月七日のドイツの降伏によって、日本は勝利した。

この日の祝賀会は電化工事が完成した東京—高島町（現横浜）の電車開通式も兼ねていた。高島町駅を発車した一番電車は途中、品川駅で凱旋した神尾中将はじめ十八師団の幕僚たちを乗せ、午前十時半、東京駅一番ホームにすべりこんだ。ホームでは花火の爆音が響き、軍楽隊が行進曲を奏で祝賀ムードは最高潮に達する中を、一行がホームに降りると、大隈首相が神尾中将に歩み寄り、固く手を握り締めた。皇室差し回しの馬車に乗った将軍たちは華やかな儀仗兵に守られて和田倉門、二重橋を経て皇居に向かった。

ここまでは順調に進んだ開業式典だったが、祝賀パーティーに出席した貴族院、衆議院の議員たちと各新聞社の記者団が試乗した東京駅から高島町駅に向かう電車が、途中でストップし立ち往生するというハプニングが発生したのである。東京駅発十二時二十五分、片道四十八分の行程だったが、品川を過ぎたあたりから速度が上がらなくなり、鶴見を過ぎたあたりで止まってしまった。火を噴くパンタグラフもあった。電車はのろのろ運転を続けながら二時間以上もかかって高島町駅に到着、折り返して東京駅に戻ってきたのは夕暮れ時の午後四時四十五分。続行の二番電車は鶴見駅で運転を打ち切り、三番電車も東京駅帰着は午後五時半近くになっていた。

最初は祝賀会のほろ酔い気分だった招待客も怒り出す。試乗車した記者たちは、翌日の新聞に一斉に面白おかしくこの事故を書きたてた。原因は開業式に間に合わせようと、既設の東海道線に並行して敷設した品川―高島町間の工事を急ぎ、試運転も十分にしなかったため、道床の付き固めが不十分で路盤が沈下し、新装備のパンタグラフが架線に届かなくなってしまったのである。

「試乗していた一行が一行だっただけに、鉄道院も大いに困惑し、翌日にはさっそく新聞に次のような謝罪文を掲載した[*26]」

〈本日開業式に御来臨之栄を得て京浜間の電車に御試乗を仰ぎ候処、不幸にして途中停車の事故相生じ候為め各位に多大の御迷惑相懸け候段誠に恐縮之至に存候、早速一々御挨拶可致筈之処不取敢以紙上陳謝仕候　敬具

大正三年十二月十八日

鉄道院総裁　　仙石　貢

来賓各位〉

技術者でもある仙石貢はこの事故に激怒した。開業式の準備を担当していた副総裁の古川阪《ばん》次郎《じろう》を即座に減俸処分にする。彼はその後辞職した。「馬鹿野郎、それでも技監か」と技術の最高職である技監のポストにあった石丸重美を怒鳴りつけ、「技監制度」を廃止してしまった。ポストが消滅した石丸は退職する。事実上の解雇処分である。

仙石はこの事故によってスタートしたばかりの電車運転を一時中止させ、徹底的に工事の見直しを行い、営業を再開したのは五か月後。この時の試運転は仙石自らが監督する。仙石に怒鳴られ、鉄道院を首になった石丸重美は、一時、東京鋼材という鉄道用品の下請け会社の社長になり、後輩を訪ねて注文などを取って回っていた。親しい人には「今にみていろ」と仙石に対する恨みを露わにしていたという。再起を期す石丸はその後、反仙石派であり狭軌派である政友会の原敬や床次竹二郎に近づき、大正七（一九一八）年に原内閣が成立すると、鉄道院副総裁（大正八年鉄道省に昇格後、次官）で復職する。石丸は毎朝六時に自宅を出て、原邸を訪ね、

それから出勤する。こうした〝原詣で〟は、大正十年十一月に原が東京駅頭で暗殺されるまで続いたという。

東京駅開業式の日の試乗電車の事故は、結果として鉄道を一段と激しい政争に巻き込み、鉄道院内の派閥抗争を激化させた。副総裁として復活した石丸は、鉄道院内の広軌改築派の一掃に乗り出し、広軌推進を主張する鉄道技監、島安次郎にも「わが国の鉄道は狭軌にて可なり」という広軌案を葬る書類に署名を求めた。島はこの署名を拒否し、大正八年、辞表を提出した。十河信二も後に石丸の下で会計課長を務めるが業務をめぐって度々、石丸と衝突することになる。後藤新平に始まる広軌改築論は、この石丸によって止めを刺されたといってもよい。

留学費用捻出の苦労

大正五（一九一六）年春、十河信二は米国留学の内示を受けた。「鉄道経理一般、特に鉄道経営並びに倉庫に関する事項」が彼に与えられた研究テーマである。といっても、これは表向きのことであり、「洋行して見聞を広め、他日、鉄道と国家のために生かせ」ということである。留学名簿には種田虎雄の名前もあった。だが、十河にはこの留学辞令をすぐに受けられない事情があった。留学費用がなかったのである。

官費留学生に留学先で支給されるのは年間二千四百円（月二百円）。当時の為替レートは一ドル二円であり、現地では月百ドルで生活せよということだ。先輩たちに聞いても、自前の準備金がなければそれだけでは到底、生活は無理だという。留学中は国内での俸給はストップし、家族にはその三分の一の金額が支給されることになっていた。十河の俸給は当時、月百五十円。

現在の貨幣価値にすれば四十万円前後というところだろうか。十河家では大正三年に次男健二が生まれるが、生後すぐに夭折、留学を命じられた頃、三男林三が生まれていた。妻キクは三人の幼子を抱え、月五十円で暮らさなければならない。

家族の生活だけではない。当時、十河一家が入居していた「西条学舎」（土方伯爵の貸家）の家賃二十三円も、十河が自ら払っており、学生たちに迷惑をかけるわけにはいかない。就職して以来、故郷の父鍋作には仕送りもしておらず、資金援助を頼むわけにはいかなかった。十河は一旦、留学を断った。「人は運動してまで留学しようとしているのに、お前は何事だ。考え直せ」と先輩たちに怒られ、十河は学費捻出のために「一年間お待ちいただきたい」と申し出て認められた。

それからが大変だった。普段の仕事は真面目にこなし、アルバイトして稼ごうというわけである。「休養も娯楽も棄て」夜学の教師をしたり、翻訳を引き受けたり、時には筆耕の仕事もした。先輩たちも彼に同情して仕事の世話をしてくれた。夜学では稼ぎたい一心で、多くの授業時間を受け持った。試験後には沢山の答案用紙を抱えて自宅に戻り、妻キクにも手伝わせて深夜まで採点をした。一年かけて貯めたのが二千円。この金をもってサンフランシスコに向け船で旅立ったのは、大正六（一九一七）年二月末のことである。

欧州で始まった第一次世界大戦は、そのころ最終段階に入っていた。ドイツ軍は英国を逆封鎖するため潜水艦Uボートによる無差別作戦をとり、中立国の艦船が相次いで沈められる。それまで中立を守っていた米国はこれに反発して、同年四月、連合国側として参戦することに踏み切った。連合国側の英仏は米国の参戦によって、西部戦線の戦局を転換できると期待していた。出発を前に友人たちが開いた送別会の席上、十河はこうぶった。

〈鉄道事業研究のために満一年間、米国に留学するが、これは表面の目的で、自分には別に隠された真の目的がある。それは今日の世界戦争（第一次世界大戦）においてわが国は米国とともに連合国の一員として戦っているが、自分はなにかしら将来米国と戦争にでもなるようなことがありはしないかという予感がしてならない。その時にどうしたらよいかということを研究するのが、真目的である[*10]〉

渡米前、十河には米国と米国人について、拝金主義の国民であり、物欲一辺倒、愛国心は日本人特有のもので、米国人にはそのかけらもない個人主義の国である、という先入観があった。レディファーストというのも彼には理解できなかった。妻キクは一緒に外出しても十河の前を歩いたことはない。長女由子の目からみても「夫に服従してばかりいる母があわれであった」というほどの〝亭主関白〟である。明治の男たちの多くが抱いていた〝偏見〟ではあったが、十河にはこの留学は敵情視察であるとの思いもあった。米国人の家庭生活や信仰生活を研究し、それによって米国人というものを知りたいと考えていた。

覆った米国人観

ニューヨークに着いた十河は、東京で紹介状を書いてもらっていたＹＭＣＡ本部のモーア主事を訪れ、英語の個人教師とホームステイ先の世話を頼んだ。彼が紹介してくれた個人教師は、ジュヌヴィエーヴ・コールフィールドというコロンビア大学出身、二十九歳の盲目の女性である。彼女は十四歳で病気のため失明したという。後に英語教師として来日、日本人女性を養子に迎え、晩年にはタイやベトナムで盲学校を設立する。米国で最初に会ったこの聡明で活動的な女性に、十河は米国女性の真髄を感じ、生涯の友人となるのである。十河信二という男の〝利点〟は、外国人であろうとすぐに腹を割って懐に飛び込み、仲間になれるところにあった。

ホームステイ先に紹介されたのが、ハドソン川に面したヘイスチングスという町のウイリアム・マシュー家である。マシューはニューヨーク自然博物館の古生物学部長を務める五十歳の古生物学者。「典型的な米国人ともいうべきひとだった」。以下、「私の履歴書」や『有法子』から、米国人に対する十河の先入観を吹き飛ばした米国生活の一端を紹介しておこう。十河は「なにもかにも驚きの連続だった」と素直に認めている。

十河はある日曜日の朝「教会へご一緒したい」とマシューを誘うと、彼は「教会へ行ってつまらない牧師の説教を聞くよりは畑を耕して豆でも作った方がはるかにお国のためになる」と動こうとしない。そんな男が午後になると軍人の服装をして銃を担いで出かけるという。どこに行くのかと問うと、彼はこう言った。

〈自分はすでに五十歳を越しているので、兵隊になり、戦場に行く意志はないが、（略）この街には二千人の職工が働いている工場が二つある。しかもその治安はただ一人の警官によって守られているだけだ。職工の中にはドイツ系のアメリカ人が沢山いるが、いつなん時どのようないたずらをしないとも限らない。すでに二十歳から四十歳までの男という男はことごとく志願兵になって出征した。街の治安は当然市民が自ら守らなければならない。そこで四十一歳から六十歳までの男が申合せて、自らの金で制服、武器を購入し、正規の軍人に依頼して毎日曜の午後訓練をうけ、市中をデモ行進することにしている。そうしておれば万一の場合にも役立ち、ことを未然に防止できようというものだ〉*9

夜は読書するマシューの傍らで夫人が衣類の修理をする。同じスタンドを利用している。朝食のオートミールに砂糖がつかない。コーヒーも砂糖抜きである。「戦場で働く兵隊は糖分が余計必要だ。砂糖を戦場に送ってやる必要があるから、家庭では極度に節約するようにしているのだ」という。十河がオンタリオ湖畔の工業都市、ロチェスターのドクター・スミス家に一時滞在していた時、マシュー夫人から一通の手紙と共に小包が届く。

「部屋を掃除していたら忘れ物があったので送った」というのである。中に入っていたのは一足の靴下だった。十河は踵に穴のあいた靴下で靴をふき、靴磨き賃を節約していたので、マシュー家を出発する時、屑籠のなかに放り込んでおいたものだった。夫人はそれを洗濯し、丁寧に修繕して送ってくれたのだった。十河は「有難くもったいなくてこの靴下ははけません。東京に持って帰りいつまでも記念にしたい」と手紙を書いた。

医者であるスミス家ではこんな体験をした。スミス夫人は女子大の先生をしているインテリ女性。ある日、夕食を終え、応接室に行くと、平素仲のいい二人が声を張り上げ口論をしている。十河の顔を見ると夫人は「十河さん、まあ聞いてください」と悔しそうにこう訴えた。「私が十二ドル五十セントの靴を買いたいと申しますのに、主人は十ドル以上出しては贅沢だと言って承知しません。なんというケチン坊でしょうか。あまりに横暴じゃありませんか」

米国でも、夫人の要望が簡単に押さえられてしまうことなど、十河には想像もできないことだった。スミス家も第一次世界大戦が進展してくると、日夜戦況を注視して夫婦で話題にし、国家の前途を案じていた。そのうち、スミスは軍医となり、夫人は看護婦を志願して、欧州の戦場に渡った。

マシュー夫人

「米国の婦人は贅沢ばかりして、威張ってばかりいる、男も女も拝金主義であり、愛国心に欠ける個人主義」と独り決めしていたことが、「却って恥ずかしくなった」と十河はいう。留学前の先入観が完全に間違いであることに気付くのに、そう時間はかからなかった。

世界情勢の変化と中国問題

十河は、米国最大の製鉄会社、USスチールの重役、オースチン家にも一か月、滞在した。オースチン夫人は教養の高い信仰の厚い人で、ある日、普通小学校を案内してもらった。校長がどんな授業を参観したいかと聞くので修身、道徳の授業を希望した。アメリカにはそんな課目はなく、社会科、歴史の時間に修身、道徳も教えるという。そこで歴史の授業を参観することにした。十二、三歳の子供が二十人ほどのクラスだった。米国の歴史教育は日本と反対に現代から古代に遡って教えていた。十河が参観したのはこんな授業だった。

「いま、フランスからお客が来ているが誰か」という質問に「ジョフレー（注・ジョセフ・ジョフレー陸軍元帥）です」と生徒が答える。「どういう目的できているのですか」「アメリカから兵隊とお金と武器弾薬を供給してほしいといっています」

「よろしい、イギリスからどなたが来ていますか」「バルフォア（注・アーサー・ジェームズ・バルフォア首相）です」「その使命は……」「兵隊とお金と武器弾薬がほしいそうです」

「日本から誰が来ていますか」「石井菊次郎大使です」「なにしに来たのでしょう」「石井大使は昨日、サンフランシスコに上陸したばかりでわかりません」

突然、生徒の一人が十河を指さし「先生、そこに日本のお客がいますが、日本が何を求めているか聞いてください」と、予期せざる質問を振ったのである。先生に答えてやってほしい、と勧められた十河はとっさにこう答えた。「日本は兵隊もいらない、武器もいらない、お金もいらない、日本のほしいものはアメリカの友情である」。先生も生徒もドッと笑い、「日米間の友情が俄かにわきたったように」[*9]和やかな空気になった。


米国では小学校の子供たちも今、眼前で動いている歴史を、教師と一緒になって考えていた。十河が渡米した直後の三月にはロシア革命が起きて帝政が倒れ、十一月には世界最初の社会主義国家ソヴィエト連邦が成立、世界は大きな変貌を遂げようとしていた。ロシア革命に衝撃を受けた連合国はシベリアに出兵、米国に共同出兵を要求された日本も五万人の大軍をシベリア、北満州、沿海州に送り、連合国が撤兵してもそのまま居座っていた。

ちょうどその頃、第二次大隈内閣の外務大臣だった石井菊次郎が全権大使として米国を訪れる。第一次世界大戦に参戦した日本は、中国の袁世凱《えんせいがい》政府に二十一ヶ条の要求を突き付け、満州、山東半島などに支配権を確立しようとし、中国国内では排日気運が高まっていた。米国も日本への反発を強めていた。石井の目的は中国における日本の権益を米国に承認させることにあったが、国務長官ロバート・ランシングは中国の領土保全と門戸開放を主張し、対立していた。

十河は米国市民の中にいて、世界情勢の推移と、この交渉の行方を注意深く観察していた。両国が対立する中で、石井に対する米国民の歓迎は予想を上回るものだった。フランスのジョフレー元帥、英国のバルフォア首相が頭を下げて米国の支援を要請したのに対し、日本は米国と対等の立場である、と米国側も認識していたからである。石井は同年八月三十日、上下両院で「この力のある国が、文明の破壊者に対し抗戦を決意したことを深く歓迎し喜ぶ。我々は貴国が一時的な衝動によらず、深い忍耐のあと、戦いに参加する決意をしたことをよく知っている」との名演説を行い、万雷の拍手をあびた。

石井とランシングの間で締結されたいわゆる「石井・ランシング協定」の内容は①米太平洋艦隊の大西洋移動に伴う東部太平洋の護衛任務を日本海軍が引き受ける②米国の対中政策である門戸開放、機会均等を日本は支持する③米国は日本の中国における既得の特別権益を擁護する、というものだった。だが、この内容は、中国の領域に満州が含まれているかどうかは明確でなく、日本の既得権益が何をさすのかはっきりしなかった。日本は中国領土に満州は含まれておらず、米国のいう機会均等・門戸開放には該当しないと考え、米国は日本の特殊権益は経済的分野に限定され、政治的な干渉は含まれていないと理解した。あいまいな点を残した「石井・ランシング協定」はその後の日米中関係に長く、尾を引くことになる。

十河は、米国人が日本の中国政策に敏感に反応していることを、眼の前で知った。「日本と米国の関係は、突き詰めれば中国問題である。米国人は人種的偏見も少なく、中国とも非常に親しく交際している。日本人は中国人を一段と下に見下しているような付き合いをしているが、これはすぐに改めなければいけない。中国をめぐって日本と米国は今後、どんな交渉を続ければよいのか。この時以来、彼は中国問題に強い興味と関心を持つようになっていく。十河は「日中両国が仲良くして、政治上でも経済上でも互いに連携し、親善をはかることが、日米関係調整の前提条件であることを知った」と述べる。事実、その後の歴史を見れば、満州事変から日中戦争へと続く日中関係の混乱が、日米戦争を引き起こし、日本の敗戦へと繋がっていくのである。

石井菊次郎の訪米と時期を同じくして「船鉄交換使節団」がアメリカにやってきた。大戦前、日本はドイツ経由で主な鉱物資源を輸入していた。ドイツが敵国になった以上、新しい輸入先を探さねばならない。使節団の目的は米国から鉄材を輸入し、日本で艦船を建造し米軍の海軍力を高めようということにあった。団長は鉄道院の技監、島安次郎で、随員に十河の同期で語学に強い笠間杲雄《あきお》がいた。島は前述したように後藤新平らと日本の鉄道の広軌改築を主張する技術陣のトップである。十河は団長秘書として島に随行することになる。
この船鉄交換計画は第一次世界大戦の終結で立ち消えになるが、島はこの訪問で、広軌改築に必要な自動連結器、空気ブレーキなどの技術を持ち帰り、日本で実用化する。十河は島に随行しながら、日本の国力増進のためになぜ広軌改築が必要なのか、直々にたっぷりと聞かされた。十河は、〝島直伝〟の広軌改築論者となったのである。米国留学が、後に東海道新幹線を生む決定打になったとも言えるだろう。

話は変わる。ニューヨークに到着して間もなく、一年早く留学していた種田虎雄が帰国を前に、十河を訪ねてきた。駅まで迎えに出た十河は、種田の顔を見ると「少し遠出して美味い店で昼飯を食おう」と誘った。到着したばかりの十河の懐はまだ暖かだった。「そんな遠い所まで行かないで、この駅のレストランで今、食べさせろ。おれは金が一文もなくて今朝から何も食っていないのだ。腹が減ってたまらない」。実家が裕福な種田も、帰国間際になって手持ちの金を使い果たし、金に不自由していたのである。
取りあえず食事を済ませると、二人はそれから数日間、日本の運命を論じ、国有鉄道の将来を語り合った。

〈(二人は) 第一次世界大戦のさなかの米国で、デモクラシーの波のひたひたと寄せてくる光景を、若い彼らの胸に感じとった。デモクラシーは大衆解放の運動である。日本の鉄道も、いままでのように官僚式の経営ではゆきづまる日が来る。労働者の協力なくしてはかかる大企業は繁栄しない。すなわち、労働組合運動はかならず鉄道内にも起ってくる。ゆえに経営者側が理解をもって、率先してこれを指導すべきである〉[*18]

種田が一年余の留学で得た結論の一つであり、十河も渡米早々から同じように強く感じていた。二人は帰国後、協力してこれを実現しようと異郷の地で誓いあった。

留学期間が終り、帰国することになった十河は、また本国とひと悶着を起こす。帰国旅費がなくなったのである。「金がないから帰れない」と役所に電報で旅費を請求すると、「帰国旅費はとっくに送ったはずである」。「とっくに送った旅費など今まであるものか。一万円送ってくれなければ帰れない」。早く帰国せよと何度も電報が来た。だが、ないものはない。彼は安宿から外出する金もなく、毎朝、ニューヨークタイムズを買い、隅から隅までそれを読んで時間を過ごし、食事はパンと牛乳ですませた。日本の友人たちは「このままでは十河は首になる」と騒いだ。要求した一万円がやっと送られてきたのは、帰国予定より五か月がすぎた大正七（一九一八）年八月のことである。

十河はその金で『資本論』や『共産党宣言』など日本では買えない本や資料をごっそりと買い込んだ。種田との約束もある。労働組合運動を知るには、そうした勉強も必要だと感じていた。家族へのお土産は買えなかった。往きと帰りとでは世界の情勢は様変わりしている。第一次世界大戦は前年十一月、パリ会議で停戦協定が成立、世界的に民主主義的風潮が高まり、連合国側では英仏に代わって「強いアメリカ」が国際舞台に登場していた。ロシア革命が成功し、勢いを増すレーニンのソ連邦も気になった。日本でも社会主義運動の波が高まってくるだろう。「中国大陸をめぐって日米が衝突する日が来るかもしれない。日本は中国と仲良くして、米・中・日三国が協調することが必要だ」。これが一年の米国留学での彼の結論だった。

帰国した十河は、まず大蔵省に留学中の費用を事細かに書き、全部にレシートをつけて費用の追加請求をした。支給された留学費用一か月二百円、年間二千四百円では、下宿代にもならなかった。彼は留学費用を現行の六倍近い年間一万二千円に増額するよう大蔵省に要求したのである。「留学には金がかかる。せっかく外国にやっても、見聞を広める余裕もなにもない生活をさせるのなら、留学制度などやめるほうがよい」。十河一人だけの戦いだった。もちろん追加請求も留学費増額も認められなかった。

第五章 「種田・十河時代」と盟友たち

経理局購買第一課長

大正七（一九一八）年八月十日、十河信二は一年半ぶりに東京に戻って来た。再び鉄道院での官僚生活が始まった。九月には古巣の経理局に配属され、取りあえず調度部庶務課長兼金属課長を命じられた。〝外国ボケ〟解消のための比較的ひまなポストである。翌八年五月には同局購買第一課長の辞令が出て、鉄道院で購入する主要資材の調達に当たることになった。会計畑を歩んできた十河が、膨大な支出を取り仕切る購買部門の担当となったのである。鉄道院に入ってから丸十年、三十五歳の中堅幹部となっていた。日本の社会は、十河が米国に滞在したわずか一年半の間に大きく姿を変えていた。

第一次世界大戦の長期化によってヨーロッパ諸国の東アジアへの輸出は減少し、代わって綿糸、絹織物などの日本商品が市場を席巻、米国向けの生糸の輸出も拡大する。大戦によって船舶需要も増大し、造船・海運業も飛躍を遂げ、日本の造船業は米英に次ぎ世界第三位になっていた。大戦が始まった大正三年からわずか四年で、日本の工業生産額は五倍に膨れる。日本人の意識や生活も変わりつつあった。労働者も洋服や靴を買い、大衆食堂で食事をし、ビールを飲み、活動写真（映画）を楽しむ時代となっていた。労働者の給料も少しずつ上がり、豊かにはなったが、インフレの進行で、庶民の生活は必ずしも楽ではなかった。

この年の七月、富山・魚津漁港近くの主婦たちの井戸端会議での米価高騰の噂が、一挙に全国に広がり、各地で群衆が米穀商や資産家、商社などを襲う米騒動に発展する。わずか一か月余で、北海道から九州まで全国五百か所以上で暴動が起きた。日本全国が騒然とする渦中に、十河は帰国したのである。米騒動が静まって寺内内閣が総辞職すると、同年九月、衆議院で第一党だった立憲政友会の総裁、原敬が元老の推薦を受け組閣する。陸軍、海軍、外務三大臣を除く全閣僚を政友会の党員から選んだ本格的な政党内閣である。原は衆議院に議席を持つ初めての首相であり〝平民宰相〟と呼ばれた。

政友会は、地方農村へ鉄道網を広げるために、狭軌の鉄道をどしどし敷設しようという「建主改従」論であることは前述した。「わが村にも鉄道を」という地方農村住民の願望は、政友会の支持基盤でもあった。原首相の下で内相の床次竹二郎が鉄道院総裁を兼務し、副総裁には元技監の石丸重美が返り咲く。彼は、東京駅開業の際の試乗電車の事故で仙石貢の激怒を買い首になった男である。彼らは狭軌派の急先鋒であり、就任早々に、後藤新平や仙石貢らが進めようとした広軌改築に〝待った〟をかけた。そんな中で十河信二は恩師たちの〝広軌新幹線の夢〟を心に秘め、購買第一課長としての仕事に取り組んだ。

第一課の業務は車両、橋げた、レール、器具、機械、鉄鋼などの金属材料用品の購入が仕事である。鉄道網を地方の隅々にまで広げようとすると、購買一課の役割は極めて大きい。しかし、それにふさわしい組織は未整備のままである。十河の課長としての最初の仕事は、部下を持つ係長や主任に対する課員の指導教育だった。

「いやしくも職場の長たるものは、部下を教育、指導する資格がなければならない。これから長の付く者は少なくとも毎週一回、退庁時間後に部下に指導教育をしろ。その教育には必ずオレが立ち会う」

十河は部下にこう命じた。しかし、十河にとっても購買関係の仕事は初めてである。書店に行って参考書を探したが、購買に関する書物は何もない。やっと英語の書物を二、三冊探し出した。それを徹夜で読んで、「購買にとって最も注意すべきことは、こういうことだ」と係長たちに講義し、それを基に部下への教育をやらせた。「今まで講義などしたことのない係長はみんな参ってしまった」

特に困ったのが機械担当の係長である。「購買業務は事務だから技術者である必要はない」との理由で、それまで技術系出身の係長は一人もいなかった。「機械を買うのに担当の係長が説明も出来ない。図面を引いてこういう機械を買ってくれといっても何もわからない。それで機械の良し悪しがわかるのか。それで機械が買えるのか」

十河の怒りは爆発する。すぐさま局長と掛け合って、他部署から機械の技術者を購買一課に引き抜いた。

十河は購買課長在任中、一日も仕事を休んだことのない〝モーレツ課長〟だった。休みには必ずどこかの工場を見学し、部下にも代わる代わる主な工場を視察させた。工場視察に出張した者にはカードを持たせ、記載した項目について報告させた。カードにはどの会社はどんな資本系統で、どんな経営者や技術者がおり、材料はどこから仕入れ、製品はどこに納めているのか、材料供給者の評判はどうか、製品の評判は……などを記入させる。これらを総合して点数をつけ、値段を判断する資料にした。購入先が決定すると、評価結果を公開した。

ある日、回ってきた決裁書類を見ると、三社から採った見積書がA社は三十万円、B社は三十二万円、C社は三十五万円となっており、担当者はA社が一番安いからこれに決めるという。「三社のうち三十万円が安いことは小学生でもわかる。しかし、品質を比べた場合、結果として三十五万円のものより高くなるかも知れないということもある。品質はなんで計るのか。品質をどうして判断したのか」。十河が問い詰めても誰も答えられない。「その答えができなければ、A社のものを買うという決定はできない」。彼はその決裁書類をすべて突っ返した。

いつの世でも同じだが、官庁の資材購入といえば、随意契約が罷り通り、業者との馴れ合いが横行する。ぬるま湯に浸かりっ放しだった多くの課員は、十河のやり方に強く反発した。ある係長が十河の同期の友人笠間杲雄に「今度の課長のやり方はひどい。あなたは友達なら何とか止めてくれ」と訴えた。「あいつは言い出したら最後、てこでも動かない男だから、運命だと思ってあきらめろ」。あきらめられない係長は、他の係長や部下たちを煽動し、みんなでまとまって、歓迎会の席で十河に鉄拳制裁を加えることを決めた。
伊豆長岡で開かれた歓迎会。ボスの係長ら五、六人が酔ったふりをして十河を取り囲み、「課長は随分強情でひどい。あなたのやり方はけしからん」と息巻いた。鉄拳制裁を予感した十河は、機先を制してそばにあったビールの空き瓶でその係長の向う脛をなぐりつけた。「貴様、課長のくせにそんなことをするのか」。係長は悲鳴をあげ、ビール瓶は大きな音をたてて割れた。今なら課長の暴行傷害として大騒ぎになるだろう。十河の剣幕と迫力にその場は収まり、以後、係長もおとなしくなり、課員たちも十河に従うようになった。

種田虎雄旅客課長

一足先に帰国した種田虎雄《おいた》は運輸局旅客課長に就任していた。留学前は地方局の現場を転々と歩き続けた種田も、その経験を活かして手腕を発揮する舞台が与えられたのである。当時の国有鉄道は旅客収入と貨物収入がほぼ半々であり、第一次大戦後の不況期に国鉄を企業として成立させるために、営業に課された役割は大きかった。彼が旅客課長に就任したころ、定期乗車券の不正使用が罷り通り、定期乗車券の発行を停止するか、定期券に写真を添付させる、という案が浮上していた。種田はこれを聞くと断乎、反対した。彼はその時、課内でも外部に対してもこんな主張をしている。

〈鉄道従事員は、一面官吏であると同時に、他面においては商人である。すなわち、旅客や荷主は鉄道にとってりっぱなお客様である。お客様を待遇するにはお客様を遇する相当の道をもってせねばならぬ。（略）いやしくも不快を与えるような失礼があってはならぬ。旅客に対する鉄道従事員は、その官吏としての威厳をきずつけざる範囲において、ほとんど絶対的服従の覚悟を要するのである〉
〈定期乗車券の存廃および写真貼付いかんを考えるときは、（略）大なる弊害なきかぎり、定期券は現状のままにして多数乗客の便益をはかることに努めるのが至当でもあり、交通機関従業者の本務でもある〉
〈自分の考えでは、正当なる旅客に対しては、あくまでも『お客』として待遇することを忘れず、ほとんど、絶対的服従の覚悟をもってこれを迎えるとともに、その不正者に対しては、一歩も仮借するところなく断然たる態度に出《い》でる、というのが、交通機関従業者としてのもっとも公明な態度である[*18]〉

乗客に対して〝乗せてやる〟という官僚的態度が横行していた時代である。種田は乗客を「お客様」と呼んだ最初の鉄道官僚だった、といえるだろう。彼はくちぐせのようにこうも言った。
〈鉄道は営業をやっているんだよ。商売人なんだよ。前垂れをかけなけりゃいけないんだよ。サービスこそ一ばん大切なものだ。その営業も大衆を相手にしているんだ。大衆の便利を計らなけりゃあだめだ。社会の利益が第一だ。一部の利益のための存在ではないんだ。大衆の鉄道、それこそ僕の心がけだ〉

種田が旅客課長として強硬に推し進めたのが、「二等車」の廃止と、「三等車」の増設である。「鉄道が大衆へのサービス」だとすると、避けて通れない問題だった。当時、列車は一、二、三等の三クラスに分かれており、最上級の一等車はガラ空き、反対に大衆向きの三等車は大混雑の状況が続いていた。営業的にも成り立っているのは三等車であり、一等車は赤字続きである。種田は外人観光客用に東京―下関、上野―青森間だけを残して他の線の一等車をすべて廃止し、各駅にあった一、二等客用の待合室も全廃した。それだけではない。従来、一、二等車は安全度の高い列車中央に連結していたが、これを列車の端に寄せ、三等車優遇に切り替えた。

列車ダイヤの編成は従来、運転課で計画し、旅客課は若干の修正をほどこすのが慣例だったが、種田は頑強に主張して、ダイヤの編成はまず旅客課で立案することに切り替える。東京近郊での通勤客の激増に対処するため、ダイヤ作成では通勤列車を優先し、急行列車などはその合間に入れた。種田が旅客課長として実施したことは、それまでの「乗せてやる」国有鉄道から「乗っていただく」鉄道への革命的な転換であった。

「鉄道省」昇格と会計課長

大正九（一九二〇）年五月十五日、鉄道院は「鉄道省」に昇格する。仙石貢が総裁だった大正三年、事務当局は省昇格案を作り、仙石に説明したが、「オレがいくら鉄面皮でも大隈首相に、自分を大臣にせいといえるか」と彼はこれをはねつけた。原敬内閣が成立、内相の床次竹二郎が鉄道院総裁を兼務し、仙石に恨みを持つ石丸重美が副総裁に就任すると、一気に省昇格へ動いたのである。鉄道省に昇格すると床次は兼務を解かれ、政友会の代議士で元逓信大臣の元田肇が初代鉄道大臣に就任、石丸は事務次官として横滑りした。

同年九月、十河は経理局会計課長の内示を受けた。会計課長は経理局の筆頭課長であり、栄転である。だが、内示を受けた十河は経理局長の別府丑太郎に「僕にはその自信がありませんから」と断りを入れ辞退した。「策略の多いやり手の別府局長とそりがあわなかった」のである。

「どうしてだ」と聞く別府に、彼は平然とこう答えた。

「会計課長は経理局の〝総務課長〟でもあり、局長と一体にならなければ仕事ができません。僕はどうしても局長と一体になれそうにありませんから、辞退させて下さい」

十河には、政友会の力と結びついた次官の石丸に対する抵抗もあった。

「君を会計課長にしたのは僕だけの意志ではない。大臣に命じられたのだ」

「そうですか。それでは大臣の所に行って断って来ます」

十河はその夜、大臣の元田肇の自宅を訪問する。元田は「非常に開けっ放しの親分肌」だった。彼は「寒いからこたつで話そうじゃないか」と差し向かいで話をした。十河の話を聞いた元田は「その通りだ。君と局長は一体になれる性格の人間ではない。それ故に君に会計課長になってくれ、と頼んでいるのだ。このように難しい時だから、長短相補ってもらいたい。僕からも懇請する」。元田は二人の性格をよく見ていた。大臣にこう頭を下げられたのでは、十河も「敬服して」受けざるを得なかった。

十河が会計課長になって最初に行ったのが、事務作業の「思い切った機械化の断行」だった。鉄道院の新人だった頃、総裁の後藤新平に命じられ、職員の給与に関する調査を行ったことがある。国有化されたばかりの当時の鉄道院の総職員数は約九万人、鉄道総延長距離は約五千キロ。十河は約四十人の人手を集めて人力で給与表をカードに写しとり、それを整理して給与統計を作成した。しかし、この頃になると総職員数は十二万人、総延長距離は一万キロに膨れ上がり、事務作業は渋滞するばかりだった。

十河が米国留学中に視察した鉄道会社は、どこもこうした調査統計は機械力で極めて能率的にやっていた。彼は三井物産に頼んでレミントン・ＩＢＭの機械を百二十万円という大金を投じて買い入れる。この機械導入によって、一時間に数十万枚のカードを写し取り、これを分類機械にかけると一分間に一、二万枚の分類ができるようになった。今で言えば最新の大型コンピューター導入ということだろうが、それまで一年がかりだった統計類が数日で完成することになった。

十河は、「機械化の出来る部門をどんどん改め、すべてに能率化を図る必要を痛感した」。だが、当時、機械化といっても国産品では間に合わず、技術上のことになると外国から専門技師を招聘し、多額の報酬も支払わなければならない。彼は首脳部を説得し、すぐれた知識と豊富な経験を持つ米国人技師、ミルナーを顧問として迎えた。ミルナーは十河と机を並べ、一緒に全国の現場を訪れ、彼の意見を聞きながら必要な新しい機械を輸入し、能率向上を図った。そのために首脳部に諮って、年間一千万円、今の金額に直せば約三百億円に相当する特別資金を用意したという。

ある日、十河は石丸次官室に行き、「車両用長軸購入」の書類の決裁を石丸に願い出た。「お前は憲政会の回し者か。なんのために長軸を購入するのだ。広軌鉄道の準備か」と石丸は怒鳴り出した。十河が後藤・仙石らの広軌派であることは承知の上である。「私は一課長。規定に従って仕事をやっているにすぎません。鉄道の購入規則は『車両の寸法は長軸』となっています。ご不満なら規則を変えてはどうですか」。技監だった島安次郎が後藤新平総裁の下で大正六年、横浜線で広軌実験をしたことは前述した。この時、狭軌でも長軸の方が利点の多いことがわかり、島は規定を改定していた。石丸は工作局にそれを確かめると、しぶしぶ印鑑を押した。島は密かに広軌の準備をしていたのである。

課長組織「火曜会」の結成

十河信二と種田虎雄が留学先の米国から帰国前、ニューヨークで会い、二人が固く申し合わせたことの一つが、外部からくる政党の圧力にどう対処すべきか、ということだった。「政党の介入を防ぐには、鉄道内における各分派の綜合団結が必要である。旧国有鉄道（官鉄）職員と旧私設鉄道（民鉄）職員との軋轢、事務系統と技術系統の不一致、官私学校出身者の反目などがあっては、鉄道は渾然一体たるべき企業体としてのはたらきができない。それには中堅官吏の意志の疎通と研究の統一が必要である」

十河が会計課長、種田が旅客課長に就任すると、この米国での申し合わせが具体的に動き出す。二人が幹事役となって課長クラス中心の「火曜会」という研究会を発足させた。鉄道省も縦割りの組織で、各局のラインだけで相談し政策を決定している。鉄道事業は総合的な事業であり、横の連絡を密にし、各局が意見を出し合って、その上で計画を練らねばならない。それが出来ていないから、いろんな外部の運動や政治的圧力に曲げられてしまう――これが二人の問題意識だった。

火曜会は各局の課長中心に二、三十人近くが参加し、毎週火曜日の退庁後、東京駅のステーションホテルに集まった。『種田虎雄伝』を書いた鶴見祐輔（運輸局総務課長）や土木技師で後に十河と共に「復興院」に出向する太田圓三《えんぞう》らも有力メンバーだった。局長たちは排除したが、後に局長になった人はほとんどが火曜会のメンバーだった。労働問題、営業問題、建設改良問題など鉄道省の抱える重要な問題について自由に議論した。派閥をつくらないために「結論は出さないことになっていたが、自ずと結論は出た」と十河はいう。火曜会で議論された問題は、各局の課長がよく理解していたので、能率もグンと上がった。

火曜会が力を発揮したのが、旅客課長の種田が実施した一等車廃止への支援である。「大衆へのサービス向上のための一等車廃止と三等車の増設」は、フリーパスで一等車に乗っていた国会議員たちから当然のように猛反対が起こる。種田は火曜会のメンバーにはその意味を十分に説明し、メンバー全員が理論武装していたので、国会方面からの圧力にも鉄道省内の結束は壊れなかった。ところが元田鉄道相の秘書官である貴族院議員の秋元春朝《はるとも》（子爵）が突然、「先に廃止した一等車を東海道線のローカル線に限って復活させる」という大臣談話を新聞に発表したのである。

貴族院議員で湘南方面に邸宅や別荘を持った人たちの声を代弁したものだろうが、火曜会メンバーは、身内である大臣秘書官の〝裏切り〟に激怒した。種田たちは秋元に会って「貴族院の圧力で、責任ある当局に何の相談もなく、勝手な発言は不当である」と強く抗議した。しかし秋元は大臣の意向を盾に、大臣談話を撤回しようとしない。十河や種田は「公論に訴えて是非を決しよう」と新聞に発表する原稿を書いて、秋元に突き付けた。原稿は「貴族院がいかに贅沢な横車を押しているか」を強い口調で述べていた。いきさつを知った元田鉄道相は貴族院に謝り、秋元が発表した新聞談話を取り下げさせた。

鉄道省の局長会議では「われわれがこうしろといっても、火曜会連中が思うように動かない。あいつら生意気だから忠告しよう」という反発の声が強まる。監督局長の岡田意一（後に南海電鉄社長）が「局長会議の相談の結果だ」と十河のところに忠告にやってきた。「君らは火曜会なるものをつくり、局長を局長と思わない勝手なことをしている。生意気千万である。直ぐに改めよ」。十河はこう答えた。「誠に申し訳ございません。せっかくご親切に忠告して下さるのだから、局長さん方のご不満な例が無数にあるのでしょう。反省して改める資料に、一つでも二つでも具体的な例を教えてもらえませんか」

岡田は黙ってしまった。「生意気なことをした訳でもなんでもない。いろんな政治運動によって正論を曲げようとするやつらを投げ捨てる、ということをやっただけだ。何も悪いことはしていない」と十河はいう。中堅課長クラスの〝反乱〟であり、その中心にいたのが十河と種田だった。局長会との摩擦は次第に下火となっていった。

「鉄道はお客様への営業のために存在し、営業がタッチしないところはない。営業が何をやるにもカネに関係しないものはない。カネは会計課長である僕がすべてタッチしている。旅客営業の種田と、経理の僕が相談すれば、たいてい何でもそろった。それで鉄道省内の〝種田・十河部隊〟と呼ばれるようになった」と十河は述懐する。

「火曜会」の話を聞いて感心したのが当時、内務省の局長だった後藤文夫（のち内相）である。「鉄道省には火曜会というものがあり、中堅幹部が綜合的に相談しており、どの省でも必要なことだ。これをさらに拡張して、内閣全体の各省庁の中堅が集まって重要問題について意見を交わそうではないか」。後藤は自ら会長になって各省から四、五十人の中堅メンバーを選抜し、新日本協会を発足させた。この組織は後に、内閣直属の企画立案機関である「企画院」に発展するのである。

八幡製鉄所のストライキ

米国留学中、デモクラシーの波が押し寄せる実情を感じ取った十河と種田が、もう一つ誓い合ったことがある。「デモクラシーは大衆運動であり、労働組合運動は必ず日本の鉄道内に起こってくる。経営側もこれを理解し、率先して指導すべきである」ということである。帰国した日本は米騒動が全国に飛び火していただけでなく、労働者もあちこちでストライキに突入していた。スト件数は大正六年には三百九十八件、七年には四百十七件、八年には四百九十件と増え続けている。

大正元年に鈴木文治ら十五人のメンバーで発足した「友愛会」は年々会員が増え、大正七年の創立七周年を迎えた時点で三万人を越えていた。発足当初の友愛会は博愛主義に基づく労使協調路線を取り、ストなどの強硬路線には反対だったが、次第に現場の労働問題に深く対応せざるを得なくなっていた。友愛会は大正八年の第七回大会で「全日本労働総同盟友愛会」と改称し、「労働組合の公認」や「八時間労働制」などをその綱領に掲げ、普通選挙運動や労働組合弾圧を定めた治安警察法の撤廃運動などの中核となってくる。大正九年に入ると、第一次大戦後の不況が深刻となり、中小企業の倒産が続出、川崎造船、三菱造船、神戸製鋼など大企業にもストは広がった。日本最初のメーデーが東京・上野公園で開かれたのは同年五月二日のことである。

こうした状況を受けて鉄道院にも大正八年八月、「労働問題研究会」が発足した。この中心となったのが当時経理局保健課長だった別府丑太郎である。別府は翌年、鉄道省に昇格すると経理局長に昇進、会計課長の内示を受けた十河が「彼の下ではイヤだ」と一旦、辞退したことは前に触れた。十河は鉄道院に入った早々に当時総裁だった後藤新平に「将来に備えて労働問題を研究しておけ」と特命を受け、米国留学でも労働問題の重要性を再認識し、勉強を続けてきた。労働問題研究会にも必ず出席したが、別府とは意見が大きく違っていた。

別府たちは、労働組合を認めるのではなくて、現場に高まる労働運動の「〝ガス抜き〟の組織」をつくろうとしていた。労使協調の「現業委員会」を設置し、現場職員の選挙によって委員を選び、委員を通して職員の意見や希望を吸い上げ、待遇や施設の改善を行うというのが別府案である。当時の官庁としては進歩的な案とはいえても、米国の労働組合を見て来た十河や種田は納得できなかった。現場職員の意見を生かそうというのなら、もう一歩進めて「労働組合」を認めるべきではないか。十河たちは総裁の床次竹二郎にも、別府の提唱する「現業委員会」

は中途半端であり、「労使が対等な立場で話し合う場をつくるべきだ」と熱心に説くが、床次はこれに強く反対していた。

鉄道院内でこうした議論が続いている中で、大正九（一九二〇）年二月から三月にかけて官営八幡製鉄所の大ストライキが起きる。このストライキを指導したのが、八幡の工場労働者で組織する「労友会」会長の浅原健三や、終戦直後の芦田均内閣で労働大臣を務めた加藤勘十（戦後、社会党代議士）である。彼らは当時、「ストライキや工場占拠など労働者の直接行動によって資本家を工場から追放し、労働者の解放を勝ち取る」という過激なサンディカリズムに傾倒していた。

十河信二が経理局会計課長となる半年前、まだ購買一課長としてレールなどの鋼材の購入を担当していた頃である。八幡製鉄所へ発注している製品の納入時期が遅れる心配があった。彼はこのストライキの状況を視察するために九州・八幡に赴く。立場として資材納入の遅れが心配だったことも事実だろうが、旺盛な彼の好奇心は、八幡製鉄の労働争議の実態とその行方に、より大きな関心を向けていた。同時に彼の主目的は、このストライキを指導し検束された浅原健三に会うことだった。

十河と浅原は、すでに政友会の森恪を通じて面識があった。浅原は「十九歳（数え）の学生のころから森恪さんに可愛がってもらった。十河信二さんとはそのころからの交際である」と語っている。十河も浅原との関係について「僕と森恪と浅原の結びつきだよ。三人とも中国を愛し、中国人を愛し、日中が仲よく共存してゆくにはどうすればいいか、そういうことばかり考えていた」（「西日本新聞」昭和四十二年七月二十五日付）と述べている。このストを通じて、エリート官僚十河信二とサンディカリスト浅原健三という一見、対極にある二人の心は立場を越えて共鳴し合い、一段と強固な絆が生まれ、生涯の盟友となるのである。この時、十河は三十六歳、浅原は二十三歳の若さだった。

二人の接点となった森恪は、三井物産出身。後に政友会幹事長となり、犬養毅内閣では内閣書記官長を務めた政治家である。後述するが、米国で中国問題への関心を強めた十河は帰国後、中国問題の専門家でもある森をしばしば訪ねて教えを乞い、交友を深めていた時期である。

「溶鉱炉の火は消えたり」

〈大溶鉱炉の火が落ちた。

東洋随一を誇る八幡製鉄所、黒煙、天を蓋《おお》い、地を閉していた大黒煙が、ハタと途絶えた。それで、工都八幡市の息は、バッタリ止った。

死の工場、死の街、墓場。

公表七十余万坪、天を衝いて林立する三百有八十本の大小煙突から吐き出される、永久不断にと誰もが思いこんでいた、黒、灰、白、鼠色の煙が、たたぬ、一と筋も立ち昇らない。延長実に百二十哩《マイル》の構内レールを、原鉱、石炭、骸炭、銑鉄、鋼塊、煉瓦、セメント、等々、各種の原料と製品とを、工場から工場へ、引込線から引込線へ、埠頭から埠頭へと運ぶために、間断なく構内を駆け廻っている幾十輛の機関車から吐き出される煤煙も絶えた。

煙のない煙都。卒塔婆の如く黙然とつっ立った大煙突！　八幡は窒息した〉

浅原健三が書いた『溶鉱炉の火は消えたり』[34]の一節である。名アジテーターだった浅原らしい文章だが、十河の見たストライキの経過を「九州日報」（現「西日本新聞」）の記事で追ってみよう。大正九年二月六日付の紙面は「八幡製鉄所の、職工職夫の同盟罷工」「一万四千の集団　事務所前に集合して目的の貫徹を計る」「その筋の物々しき警戒」との見出しで報じている。同紙によると、ストの概況は以下の通りである。

スト突入前日の四日、修繕工場の三百八十人の職工が居残り時間（残業時間）の賃金の割増を要求して一部ストに入ったが、製鉄所側はこれを諒解し、騒ぎは一旦、収まった。だが、五千人の会員を擁する浅原が率いる労友会は、労働時間短縮などを求める要望書を製鉄所長官の白仁《しらに》武に提出しようとした。この要望書提出をめぐって製鉄所側と押し問答となり、職工たちはこの日の夜間業務を放棄して議論を続け、翌五日午前六時の勤務交代後、一斉にストに入った。午前七時半ごろには、「気脈を通じた各工場から職工の来たり加わる者多く」約一千人が事務所前に集結した。

その後、集結した八千余名の職工と六千余の職夫は「一名も就業する者なく事務所本館玄関前の広場に集合」する。小雨の降る中を「友愛会員と称する某は『吾人が今日、この挙に出《い》でしは時代の要求なり』と熱弁を振るい」、さらに労友会副会長の西田健太郎らが次々と演説する。急報をうけた八幡署は非番の巡査も動員して「鎮撫解散に努めた」。しかし職工たちは容易に解散せず、形勢不利となって小倉憲兵隊、小倉署に応援を求め、「首謀者数名を引致した」。製鉄所側は、要望書への回答は白仁武長官の諒解が必要であるとして、回答を引き延ばした。

翌七日付の「九州日報」は「今猶不安裡に在る其後の製鉄所」「職工職夫大同盟罷業の経過」「構内は戒厳令が布《し》かれし如し」「警察側の協議方針一変して刑事犯として職工続々検挙」との見出しで、概略次のように報じる。

五日の群集解散後、憲兵隊、警察当局で調査したところ、構内の主要機関部のウォーターゲージ発電所の各スイッチが切断され、ガス供給がストップ、その他工場の窓ガラスなどが破壊されていた。また組長、伍長らの破壊工作中止命令に従わず、彼らを殴打負傷させ、中には重傷者もいることがわかった。このため行政上の問題以外に刑事上の問題があるとして、犯人検挙に着手、「六日午後四時より労友会長浅原健三、吉村真澄《しんちょう》、森重皆一の三名を労友会事務所より引致した」。

続いて労友会の幹部や役員十数名を続々検挙、「騒擾罪」適用も視野に入れて取り調べを始めた。この日も出勤を命じられた職工たち五千四百人のうち欠勤者は四千四百人で、各工場とも危険状態が続いて作業は出来ない。「憲兵巡査等頗《すこぶ》る警戒をなし、尚危険人物の引致をなし全く製鉄所内は戒厳令が布かれたるが如き観あり」

七日になってから友愛会が事態収拾のため調停に乗り出し、また製鉄所内の組長、伍長といった職制が中心になって労働組合「同志会」が結成される。同志会はサンディカリズムの影響を受けた浅原らの労友会に対抗して、労使協調によって労働条件を改良していく方針を掲げた。同志会はその後、製鉄所の労務管理を代行する組織になっていく。この日夕、白仁長官から「職工の臨時手当など一部の要求を承諾するが、まだ速答しかねる事項もあり、なお調査し協議したい」という回答が寄せられ、ストライキは一旦終息に向かう。前日、八幡警察署に検束された浅原ら十人が起訴され小倉監獄に収監された。

ストライキはこれで終わったわけではない。浅原は検束を予想して、事前に同志である加藤勘十にその後の支援を頼んでいた。九州にやってきた加藤は、浅原の後を引き継ぎ、「労友会代理会長」として指揮をとり、二月二十四日未明から突如、第二波のストライキに突入する。製鉄所当局にとっても警察当局にとっても不意打ちに近いスト突入だった。二十五日付の「九州日報」はこう伝える。

〈昨二十四日未明、夜来の暴風雨は何者かを誘惑せん勢いにのり刻一刻夜明けに近づきし時午前六時、八幡製鉄所にては例の如く交代の時間にて職工の退出するあり、入場するあり、南門の如きは殊に雪崩の如く出入せる矢先、未明の仄暗き豊山公園に約五十名の職工何事か密議を凝らして、何喰わぬ顔にて交代時間を利用し入場したるが、間もなく構内全部の電灯全く消火すると共に、中央汽罐場より天地を震撼する喚声突発し同汽罐場職工をして作業を中止せしめたるを手始めに、群衆心理により漸次団体を鞏固《きょうこ》にし百名二百名と更に南門に押しかけし時は既に三百名を凌駕し、投石頻々果ては棒切れを以て守衛所の玻璃《はり》窓及び記時器等を思う存分破壊し、愈《いよいよ》雷同する群衆は気勢を嵩めて溶鉱炉に押し寄せり（以下略）〉

この第二波ストはあらかじめ計画されたものではなかったため、第一波のような統制はとれていなかった。指揮された一部の労働者が一斉に製鉄所通用門に向かって走り出すと、群衆心理によって、別の労働者も反射的に持ち場をはなれ、大群衆となって工場の各門からあふれ出たのである。彼らは叫び声をあげて八幡市内を練り歩く。その群衆を加藤勘十は八幡製鉄所が一望に見渡せる市内の豊山公園に誘導する。公園は山裾から上まで人で埋まり、「製鉄所を眼下に睥睨しつつ万歳を連発せり」。

報告を東京で受けて白仁長官は「甚だしく驚愕の色を浮かべ、事実となれば大変だ。仮令《たとい》事件が再び起こったからといって先に発表した回答を改めるということは考えていない」と語る。翌二十五日になると、製鉄所各門や電車の停留所など八幡市内の二十一か所に、「追而《おって》掲示スル迄引続休業　製鉄所」と墨で大書した看板が立てられた。無期限休業の発表だった。警察当局は二十七日から一斉検挙に乗り出し加藤勘十も逮捕された。国粋会などの調停によって、騒ぎがようやく収まったのは二十八日になってからである。

二波にわたるストライキの結果、検挙者数は約三百五十人に上り、約二百二十人が解雇された。浅原も加藤も起訴され、小倉監獄に収監された。浅原は裁判で「すべての責任は私にある」と主張、浅原は騒擾罪で四か月の懲役、加藤は無罪となる。浅原の在監は拘留期間を含め七か月に及んだ。大正九年八月末、監獄を出た浅原は労友会の再建を図るが、会員たちに再び熱気は戻らず、労友会は大正十年五月に解散に追い込まれた。

八幡製鉄所のストは、工場争議が頻発し始めた大正時代になって最大規模であり、政府や企業経営者に大きな衝撃を与えた。これまで全く無視してきた労働問題に本気になって取り組まざるを得なくなったのである。八幡製鉄所は同年四月、それまでの昼夜二交代十二時間労働制を、三交代の実働八時間労働制に改める。賃金も従業員一人平均七円の増額となる。八時間労働制を認めさせたこのストライキは日本の労働史上、画期的なことだった。

こうした動きを背景に大正九年四月十三日、鉄道院でも最初の労働組合である「大日本機関車乗務委員会」が結成された。あわてた総裁の床次竹二郎は、これに対抗して急遽五月一日、別府丑太郎らが検討していた「国有鉄道現業委員会規程」を制定する。二年以上の勤続、二十五歳以上の現場職員の中から「現業委員」を選出するというもので、最初の選挙は鉄道省昇格（同年五月十五日）以後に行われた。現業委員会は事実上の「第二組合」であり、現業委員は「判任官への登竜門」「現業職員の出世の早道」といわれるようになる。労働運動の〝安全弁〟の役割を期待するこの制度に、十河信二や種田虎雄が反対していたことは前述した。

浅原健三の半生

話を浅原健三と十河信二に戻そう。八幡製鉄所のストライキの実情をじっとながめていた十河が、小倉監獄に収監されていた浅原を訪ねたのは第二波ストライキが収束し、事態が落ち着いた同年三月初旬だった。二人はこの対面で何を話したのか。十河の「備忘録」にも記録はない。多分、日本の労働運動の現状と将来について語り合う中で、人間として共鳴し合う何かをお互いに感じたのではないか。十河はその後、鉄道の世界を越えて、世界や国家の有り様に、一段と大きく目を開くようになっていく。浅原健三やこのストで目撃した人間模様に、少なからず影響を受けたとみてもよい。

浅原健三とはどんな男だったのか。十河がその後、満鉄理事として満州に渡り、満州事変を起こした陸軍の石原莞爾らとの関係が深まるにつれ、浅原は二人の〝黒衣〟として活躍、戦後、十河が国鉄総裁に就任した後もその関係は変わることなく続くのである。単純な見方をすれば、浅原は思想的に〝転向〟したのだ、という人もあろう。しかし、人間の繋がりは、思想だけで決まるものではない。十河は右や左といった概念を越え、自らが信じる大義や価値に殉じようとする者に絶大の信頼をおいた。浅原も十河の中に自分と同じ〝心〟を見たのではないか。

浅原健三が昭和四十二（一九六七）年七月十九日、七十歳で没した時、十河はその告別式で弔辞を読んだ。この弔辞の原文は「浅原君の霊に捧ぐ」として「備忘録」に収められている。この中で十河は二人の関係を率直に述べ、弔辞であることを差し引いても、いかに浅原を信頼していたかを如実に示している。

〈思えば長い年月であった。その間、世の中は激しく変化した。楽しい日もあったが、苦難の時期が長かった。君はよく僕の面倒を見てくれた。如何なる困難辛苦に会っても、君の正義人道の為の戦闘力、ファイトは微塵も揺るがなかった。就中、満州問題の始末、支那事変から大東亜戦争へ拡大するに至って、やむなく軍人内閣の打倒運動を起こし、君は陸軍監獄に投じられ、軍法会議に引き出されたときは、苦難のどん底に陥って手の施しようがなかった。幸い軍部内外の友人の援助により、君を我が家へ迎え入れることが出来て、君の夫婦と僕の夫婦とは毎日、庭の防空壕の中でヒソヒソと語りながら暮らした〉

〈鋭い頭脳の持ち主であり、同時に人情深い人。君は常に大所高所にたって、国家人民の幸福と繁栄を念願した。ある時は勤労者のために身命を賭して戦うかと思うと、ある時は資本家、経営者のために全知全能を捧げて止まなかった。君に最も傾倒する点は、君は大智を有すると同時に大悲の人であったことだ。七十年の生涯で自己一身の名利を計ることなく、一生を影の存在、縁の下の力持ちに徹したことである〉

浅原も戦後、十河との信頼関係についてこう語っている。「私は人の言うことなんか大体、一分ぐらいしか聞いておりません。九分は批判して聞いていますから。それが私の性格ですから。ところが十河さんのいうことは百割聞きますからね。彼は善良ですから。〝善良仏〟ですから、黙って聞かざるを得ないんですよね」（口述筆記）。浅原もまた十河に全幅の信頼をおいていたのである。

浅原健三は、明治三十（一八九七）年二月二十八日、筑豊炭田の中心、福岡県鞍手郡宮田村（現宮若市）の大之浦《おおのうら》炭鉱の社宅で生まれた〝坑夫の三男坊〟である。四歳の頃、父は自分で小さな炭鉱経営に乗り出すが、日露戦争後の不況で破産し、自宅には毎日のように債権者が押しかけて来た。父はそれを逃れて一時姿を消す。学費にも困った一家は廃坑で釘など金具類を漁り歩き、それを金に換えて生活費や学資にした。一家は健三が小学校を卒業した年、父の郷里、嘉穂郡穂波町天道《てんとう》（現飯塚市天道）に移り、成績の良かった健三は十三歳の時、飯塚町（現飯塚市）の嘉穂中学（現県立嘉穂高校）にパスした。入学したものの制服代や靴代が払えない。放課後、付近の農家で野菜を仕入れ、行商を始めたが、二学期が始まると中退し、絵はがき屋の丁稚奉公や煮芋屋など様々な職業を転々とする。

十五歳の時、嘉穂郡内の忠隈炭鉱の安全燈磨きに採用された。「事務方」として測量技手について測量機を担いで毎日、坑内を歩き回っていた明治四十五年六月一日、坑内で大爆発が起きた。健三は捜索隊に加わり現場に向かう。爆発地点で見たものは、手、足、頭、胴がバラバラになり、ガスに焼かれた多くの死体だった。完全な死体は一つもない。翌朝までに判明した死傷者は八十余人。この事故への憤りによって、健三は労働運動に目覚めた。

忠隈炭鉱を辞めた浅原健三は〝渡り坑夫〟となって川筋の炭鉱を転々とした後、十六歳で上京、東京毎夕新聞社、国民新聞社、中央新聞社などを印刷、製版工として渡り歩く。その間、正則英語学校（現正則学園高校）に入って勉強を始め、弁護士になろうと思い立ち、十八歳で日本大学法科の専門部に入学する。そこで知り合ったのが加藤勘十である。夜学からの帰宅途中、「毎晩連れ立って歩きながら、いろんなことを話し会っている内に、二人はだんだん親密になった。私は加藤は話せる男だと思った。加藤も私が好きになったらしかった[*34]」。

浅原は加藤の紹介で日大弁論部に入部する。弁論部員は政談演説会には何党にかまわず出かけて行って、聴衆に混じって大声で野次を飛ばす。この頃、親しくなったのが政友会の院外青年団「鉄心会」のメンバーたちである。中には明治大学学生の大野伴睦《ばんぼく》もいた。彼は戦後、衆院議長や自民党副総裁を務めた。ある日、明治座に憲政の神様、尾崎行雄の演説を聞きに行った。熱弁を振るう尾崎に野次を飛ばしていたが、尾崎の反身《そりみ》の演説が癪にさわり、演壇に突進、久松署に検束された。浅原の初めての検束だった。

その年の暮れ、ある演説会で野次を飛ばしていた高尾平兵衛と知り合う。高尾は足尾銅山問題にかかわった社会運動家だった。彼に連れられて本郷の「労働運動社」を訪ねた。そこで出会ったのが無政府主義者、和田久太郎である。初対面から「和田は頼み甲斐のある男だと思った」。和田と話し会っているうちに「私の思想は急速度の変化を遂げた。勿論系統的なものでなかったにしても、従来の政治思想、社会観は根本から叩き壊され、和田が注ぎ込んでくるアナルコ・サンディカリズムの思想が私の頭に吸い取られた」。アナルコ・サンディカリズム（無政府組合主義）とは、労働組合のストライキなどの直接行動によって革命を起こし、革命後も労働組合が新社会の管理を行うという革命思想である。和田は、大正十二年の関東大震災時に虐殺された大杉栄ら社会主義者や朝鮮人の仇を討とうと、震災当時の戒厳司令官を狙撃したが失敗、無期懲役判決を受けて服役中、秋田刑務所で自殺した。

日大専門部を中退した浅原は、無政府主義者の大杉栄にも会う。機関誌「労働運動」などで大杉の論文を読み漁り、大杉の演説の最も熱心な聴衆の一人となる。大正六年にはロシアでレーニンによる社会主義革命が起こり、プロレタリア独裁政権が新しい社会づくりを始めていた。激動する歴史の渦中で、浅原の思想と行動は大きな転換期を迎えていた。浅原は大杉栄とも昵懇の間柄となるが、政友会院外団の大野伴睦との親交も戦後まで続く。八幡製鉄所のストライキが起きたのは、そんな時代だったのである。

盟友、森恪との出会い

浅原健三と十河信二の接点は、後の政友会幹事長、犬養内閣の書記官長となる森恪だったことはすでに述べた。十河が米国留学を終えて帰国した頃、三井物産の中国通として名を馳せた森は、政界への転身を図ろうとしていた。森は明治十六年生まれ。十河より一歳年上である。「中国問題について教えを乞いたい」と訪ねた十河を、森は「多年の盟友の如く」に迎えた。二人は初対面の時から意気投合し、「会うたびに親しさを増し、いつとはなしに莫逆の友となった」。政界入りした森は、「昭和初期の重要な政治上の出来事にほとんどかかわり、軍部と結んで日本の大陸進出に大きな役割り」を果たし、「昭和動乱の点火者*35」とも呼ばれるようになる。

「若くして米国に学び、三井物産に入社し天津支店長を務めた森は、自らが信じる中国政策を実行するには自ら政界に身を投じ、政策実現に参画する必要を痛感し、実業界から足を洗うことを決意していたばかりのころだった」と森と知り合った頃を、十河は述懐する。初対面の十河に森は、孫文の辛亥革命を支援する理由をこう説明した。

「およそ政治家であれ実業家であれ、背景と称すべき一貫した理想、見識の持ち主でなくては何事もなしえない。ことに中国の如き群雄四方に割拠して互いに覇を争い、自らの野望を援助する外国と結び、然らざるものを排除し、人民は内戦の塗炭に苦しめられている姿は、隣邦友人として見るに忍びず。従来の政変は〝易姓革命〟であり、権謀術数の闘争に終始してきた。これに対し孫文を中軸とする革命は、中国統一の礎石をつくることにあり、これまでの中国の根本に変革を加え、七億国民の安全、幸福を成就せんとする発想である」

これに対し十河はこう感想を述べた。

「わが国の政治家の欠点は、目前の事象を適当に処理する小才には長じているが、国家あるいは国際間の大局を達観し、百年の大計を建てる総合的ビジョンとアイデアの不足にあると思っていた。プラトンが真の哲学者でなければ政治家にはなれないと説いた所以である」

こうした対話を進めるうちに、二人の距離は一気に縮まる。「実に情熱の溢れる人間味豊かな人」だった。

「米国で教育をうけ中国人に接触し、中国人の権謀術数を習得し、一面において後藤（新平）のアイデアリスト的長所を有すると同時に、他面において仙石（貢）に似た豊かな実行力を有する男。彼の人生ベースは実に広大無辺である」

要するに十河は、森恪の中に恩師と崇める後藤新平と仙石貢の二人を見たわけである。同時に、二人の恩師に不足している「物事を成し遂げるに必要な〝権謀術数〟」を、森は習得していた。十河は初対面から森に惚れ込んだ、と言ってもよい。十河は鉄道官僚としての仕事の傍ら、絶えず森と密接な連絡をとり、毎晩のように森の私邸を訪ねるようになる。語り合うたびに、二人は意気投合し、信頼関係を増していった。

初対面の頃、森は政友会に入党し、二年後の大正九年、原敬内閣の下で行われた総選挙に神奈川県から立候補して当選、政治家に転身した。政友会は前述したように鉄道政策では「狭軌派」であり、十河の師である後藤新平や仙石貢などの「広軌派」とは全くの敵対関係にあった。しかし、十河にはそんなことは無関係であった。一旦、信頼関係で結ばれると、友情がすべてに優先する。浅原健三は「十河さんは森さんの義兄弟みたいなもんでしたよ」と語っている。

当時、政友会と憲政会の政争は一段と激しさを増し、政界では権謀術数が渦巻いていた。十河によると、

「近代の政治家で森恪くらい幅の広い実行力のある政治家はほとんどいないと思う。いろんな人と糸を引いているが、その糸を彼だけが絞っており、お互いの間は連絡がないからちっとも知らない。ゴロツキも必要だ、うそつきも必要だ、金持ちも貧乏人も必要だ、労働者も実業家も必要だ、とあらゆる人と連絡をとっていた。ゴロツキを差し向けることが有効だと思うところにはゴロツキを差し向け、うそつきを差し向けた方が有効だというところにはうそつきを差し向けた」

そして「正直者のところには、正直者を差し向ける」と、森が十河に最初に紹介したのが浅原健三だった。

森は十河にこう警告した。「自分に接近する人々の中で、私が朋友として紹介したものだけを信ぜよ。そうでなければとんだ問題を惹起することなきにしもあらず。このことを銘記して忘れるな」。政界入りした森恪は、政治家として特異な存在であり、政敵も多かった。「強烈な個性を持つ彼の思想や行動は、誤解されることが多かった」。しかし、十河は「私と彼は互いに許しあった心友」であり、周囲の森に対する批判も全く意に介さない。それが後に「復興局疑獄」に巻き込まれて逮捕され、鉄道官僚としての人生を棒に振る原因にもなるのである。

バルチック艦隊の発見

十河信二がそこまで惚れ込んだ男、森恪とはどんな男なのか。また、森が三井マンを辞め、政治家に転進して実現しようとした中国政策とは何だったのか。それを知るには、二人が出会うまでに、森恪が中国とどう関わってきたのか、を知る必要がある。

「恪」は正式には「つとむ」と読むが、世間も本人も「かく」と称した。明治十六（一八八三）年二月二十八日、大阪市西区生まれ。上京して慶応義塾幼稚舎を卒業するが、素行不良で普通部に進めず、大阪に帰郷。北野中学（後の北野高校）に入学する。しかし、ここでも喧嘩して再び上京、商工中学（後の日大三高）に転校する。商工中学を卒業して東京高商（現一橋大学）を二度受験するが、二度とも不合格となった。明治三十五（一九〇二）年、十九歳の時、三井物産の「支那修業生」に採用され、上海に渡る。上海支店長は後に満鉄総裁となる山本条太郎だった。

三井物産の「支那修業生制度」は初代社長益田孝が創案者。日清戦争後、日本の中国への進出ぶりを見た益田は、事業の進出を円滑にし、発展させるには、中国の商習慣や言語、実務に通じる者を、現地で実地に養成する必要があると考えた。益田の考えを具体的に実現したのが支店長の山本だった。修業生は主として中国語、英語、商業実務が課せられ、無給だが衣食住や小遣いが支給された。修業年限は三年。

成績抜群だった森は二年間で修業生を終え、社員見習となる。この間、中国語、英語に力を入れ、会話にも不自由しなくなった。『太閤記』を愛読していた森に、支店長の山本は「こちらの方が面白いよ」と『セシル・ローズ伝』を薦めた。読み始めた森は、すっかりセシル・ローズの虜になる。

英国人セシル・ローズは十七歳の時、中学を中退して南アフリカに渡った。当時、アフリカはゴールドラッシュに沸いており、彼も巨万の富を得た。豊富な資金を基に政界に進出し、さらに中部アフリカ、北アフリカへと勢力を広げようとする。このため英国政府に働きかけて「英国南アフリカ会社」を設立、「南アフリカ連合自治政府」設立を目指した。ローズはいわば、南アフリカに対する英国の植民地政策を強力に推進した人物と言ってもよい。彼の生涯に感動した森は「いずれは東洋のセシル・ローズたらん」と決意する。その時、彼が思い描いた「東洋」は、広大な中国大陸だった。

社員見習が終わって社員になった直後の明治三十八年春、森は大手柄を立てる。日本に向かうロシア・バルチック艦隊に神経をとがらせていた山本支店長は、この新米社員にヨットによるバルチック艦隊の航跡発見を命じた。洋上一週間、厦門《アモイ》、香港、マニラと森は荒波に翻弄されながら航走する。

〈功名心もあったであろうが、それにもまして、艦隊発見が祖国の危機存亡に関係すること、その使命感の重大さが危険に立ち向う勇気をかき立てた。洋上の点として、激浪に翻弄される孤舟の運命こそ、欧米先進国の野望の前にさらされた日本の姿そのものを象徴するかのようであった〉（『洋上の点』小島直記*36）

バルチック艦隊は五月十九日未明、ルソン島の北のバタン諸島付近で石油を搭載した。これを発見した森は尾行をつづけ、刻々上海支店に打電、山本支店長が日本海軍に転電した。日本の連合艦隊にとって、バルチック艦隊の動向把握がその勝利にとって極めて重要な情報であったことは言うまでもない。山本からの転電をキャッチしたのが第二艦隊司令官として旗艦「浪速」に乗船していた海軍中将、瓜生外吉だった。森は日露戦争後の明治四十四（一九一一）年暮れ、海軍大将となった瓜生外吉の三女・栄枝と婚約、大正二年に結婚式を挙げる。三井の総帥、益田孝は瓜生外吉の妻の兄である。「森の縁談は益田孝がきめたのである。益田は森を山本条太郎以上の人物だとすっかり惚れ込んで姪との縁談を進めた」（『森恪』山浦貫一）[*37]

三井物産の孫文支援

森恪は明治四十四年二月からニューヨーク支店勤務となるが、英会話にも困らず、株で大儲けする。同年秋、中国で孫文の辛亥革命が起こると、急遽東京本店勤務を命じられ帰国する。三井物産は孫文の右腕である黄興《こうこう》ら革命政府要人たちと親交のある森を必要としていた。東京本店に籍を置いた森は翌四十五年五月、再び上海支店に配属されるまでの約半年間、東京―上海間を頻繁に往来し、辛亥革命の〝裏〟で活躍することになる。

黄興を中心とする「辛亥革命」の革命軍は、まず武昌、漢口を収め、革命の火の手は全国に広がり、明治四十四年十二月、南京を攻略する。当時、米国に滞在していた孫文は急遽、帰国の途に就き、同月二十五日、香港を経て上海に到着、同二十九日に南京に集合した革命軍代表者会議で臨時大総統に推されている。しかし、臨時政府は軍資金が不足しており、カネと武器がのどから手の出るほど欲しかった。そんな革命軍に素早く対応したのが三井物産である。当時の上海支店長、藤瀬政次郎は中国が共和制に向かうのは時代の趨勢だとみて、益田孝や常務に昇進した山本条太郎を動かし、孫文の革命軍支援に向かわせた。藤瀬は革命軍との接触をすべて森に任せたのである。

三井物産と革命政府の上海都督府の間に「三十万円借款」が成立したのは、孫文が臨時大統領に就任した直後のことである。前掲の『森恪』によると、孫文の顧問として革命に活躍した山田純三郎はその手記に「森氏は革命のためには心身を厭わず斡旋これ力《つと》めたもので、陳其美《ちんきび》氏の時にも藤瀬政次郎氏と協力して三十万円の融通を試みた」と書いている。

この「三十万円借款」に先立って、森は革命政府に独断で十五万円を支援している。森がニューヨーク支店から東京本店に籍を移した直後のことである。ある日、革命党に身を投じている萱野長知《かやのながとも》から上海支店長、藤瀬政次郎に軍資金調達の依頼があった。上海支店は「快諾」して翌日、十五万円を萱野に渡した。当時、支店の機密費から金を出すには十万円以上は重役会の内諾が必要だった。「藤瀬支店長の独断による機密費支出」という情報が東京本店に届く。日本国政府もまだ革命援助を容認していない。驚いた益田孝が実情調査に上海に駆けつけ藤瀬を詰問すると、藤瀬の判断ではなく、森が独断でこの金を支出したことがわかった。益田は森を呼びつけ、彼の越権行為を責めた。その時の様子を山浦貫一はこう記している。

〈森は臆する色もなく滔々と支那の現状から説き起し「大勢をよく見極めて事に当るべきだ、支那の革命は必ず成就する、然し革命側には資金がなくて困っているのだから援助を与えて之を成功させるべきで、革命成功の暁には揚子江一帯の利権を三井即ちわが帝国の手に収めることは国家永遠の策である」と論駁した。森の達識には益田も舌を巻き、対支認識を新にするところ少なからずあった〉*37

益田は「出てしまった金は仕方ないが、今後は本店の許可なくして勝手な処置をとることは断じてならぬ」と森に言い渡して東京に戻った。「上海では十五万円損をしたが、その代り掘り出し物をした。森はさすがにどえらい奴だ」と益田は周囲に語ったという。この「十五万円事件」が三井の革命援助のトップを切ったものだった。

孫文が米国から帰国し、南京での臨時大総統就任を前にした上海滞在時に、森は藤瀬とともに孫文に会っている。前掲の『森恪』は、「山田純三郎手記による」として、その日のことを概略、こう書いている。

香港から上海に向かう船の中で、孫文は当時三井に籍を置いていた山田に、資金を引き出せないかと持ちかけた。いくら必要なのかと山田が問うと、孫文は「一千万円でも二千万円でも多ければ多いほどよい」という。山田は「私のような下級社員にはそんな大金は無理だ」と答えたが、孫文は「今すぐマネージャーに相談せよ。革命のためには何事も躊躇するな」と頼んだ。

上海に到着すると、山田は支店長の藤瀬に孫文の話をした。藤瀬は「一度も会ったことのない人と金の相談はできない」と断った。山田が藤瀬の言葉を孫文に伝えると、孫文は数日後に藤瀬の社宅を訪れた。藤瀬に同席したのが森恪である。孫文と森の初対面だった。山田は会談の内容には触れていないが、これをきっかけに三井物産の孫文支援が本格化していくのである。

その代表的なものが武漢の漢冶《かんや》萍《ひょう》煤鉄《ばいてつ》公司を日中合弁として、同公司が所有する大冶《だいや》鉄山を抵当にし、三井物産が五百万円を貸し付け、同公司がこれを革命政府に貸与する、革命政府はその一部を三井から買い入れた武器代の支払いに当てるという「漢冶萍借款」である。これには「中華民国政府は将来支那における鉱山、鉄道、電気その他の事業を外国人に許可する場合は他と同条件なれば三井にその許可を与える」という契約書もついていた。この結果、その後、大冶鉄山の鉄鉱石のほとんどが八幡製鉄所に運ばれ日本経済の発展に大きく貢献することになる。この借款の現地交渉もすべて森恪に任されたという。

満州買収計画

孫文は年が明けた明治四十五（一九一二）年一月一日、臨時大総統に就任する。しかし、すぐに北方軍閥の実力者、袁世凱の巻き返しが始まった。孫文は袁世凱と妥協し、二月十五日、袁世凱が中華民国の臨時大総統に就任、革命派を弾圧するための資金源として、英、仏、独、米四か国の銀行団と交渉し、巨額の借款に成功、革命党の弾圧に乗り出した。大正二（一九一三）年七月、革命派は一斉に袁世凱打倒に決起する。いわゆる「第二革命」である。だが、革命軍の旗色は悪く、孫文たちは資金不足で、武器調達にも苦労し、袁の武力に圧倒されて敗北が続いていた。

そんな状況の中で、南京で革命派の支援に腐心していた山田純三郎と宮崎滔天のもとに東京の森恪から一通の電報が届く。

〈二個師団の武器と二千万円の現金を渡すから、満州を日本に譲渡せよとの交渉を孫文となせ〉

以下は、小島直記の『洋上の点』*[36] による宮崎らと孫文とのやり取りの概要である。

余りに大きすぎる話だが、とにかくやってみようと山田と宮崎は孫文に会った。「今私たちがいわんと欲することは非常に重要なことであるから、その前提として、もし不賛成ならそれまでのこととしてさらりと忘れてくれ。いつまでも根にもっていては将来はなはだこまる」というと、孫文は「なんでもよいから話せ」という。

人払いをたのむと、「胡漢民はいいだろう」と孫文がいうので、孫文、胡漢民、山田、宮崎の四人だけの部屋で森の話をつたえた。「ウーム」とうなった孫文は、ちょっと待ってくれ、と別室で黄興と相談した。三十分ほどして戻ると「よろしい。すぐそのことを進めてくれ」と了承したのである。山田はすぐに交渉の顚末を森に打電する。「孫文氏にただちに日本へ来てもらいたい。桂公（桂太郎）との会見で万事解決する」と返電がきた。

この返電をもって山田と宮崎はふたたび孫文と会った。革命軍の旗色が悪い状況だったので、孫文が中国を離れれば士気に影響する。「目下の情勢では自分が日本に行けないが、黄興を代理に派遣する」と孫文は答えた。森に連絡すると「それでもよい」ということになり、黄興来日の段取りまで決まった。だが、それが実現しないうちに革命軍は敗退し、桂太郎も病床の身となり、この満州買収計画は立ち消えになった。

山浦貫一は、「満州買収計画の発案者森は益田男（孝、男爵）を通じて井上馨侯に会い、井上侯を介して桂公を動かし、この大計画を樹て、八、九分通り成功したのだが、最後の土壇場で政府（山本内閣）の反対で結局立消えに終ったのであった。謂《い》うならばこの大計画は森と桂公との合作であった。桂公は遂に薨《こう》ずるまでも『自分はもう一度台閣に上って必らずこの計画を遂行する』と度々病床で言われたと伝えられている」と述べている。

「満州を日本が買い取る」という案を、辛亥革命の最高のリーダーである孫文、黄興、胡漢民たちが了承していた、という事実は何を物語るのか。革命の対象になった清朝は、満州を故地とする満州族の王朝である。清朝打倒を目指した孫文らは、中国東北部の満州地域を、新しく建国する中華民国と切り離して考えていた、と見てもよい。満洲はもともと満州族の地であり、歴史上も漢民族が支配したことはない。「孫文は当初、清朝支配下の諸民族は漢民族と対等の立場で独立すればよい、と唱えていた」*38（中西輝政）のである。同じ中国の一部であると考えていたとすれば、いかに軍資金が欲しかったとはいえ、革命の指導者たちが、「国の一部を売る」というこの案に乗ってくるはずはない。

政治家に転身した森恪の中国政策には、絶えず「満州分離政策」が付きまとう。満州は中国とは別の国であり、孫文らもこれに同意していた、という確信が森にはあったのだろう。後に満州事変を皮切りに日本軍部が「満州分離」策を推進し、「満州国」を建国する原点はここにあったとみてもよい。しかし、孫文は革命が成功し、「宣統帝溥儀が退位すると、掌を返して『清朝の領土は全て中華民国が継承する』と宣言した」*38のである。

十河信二は「中国問題をめぐって同じような意見をもってぶつかったんだから、すっかり意気投合し仲良くなった」と語っている。初対面の時から森は、それまでの中国大陸での彼の行動や実績を、繰り返し話したに違いない。十河には、ある人間に一旦、惚れ込み、信頼関係が生じると、思想や行動は後からついてくる性癖があった。森の豪胆な性格と交渉術に長けた権謀術数は、十河が惚れ込むのに十分な魅力を持っていたのだろう。

第六章　関東大震災と帝都復興院

壊滅的被害の鉄道

大正十二（一九二三）年九月一日。低気圧の通過で前夜から降りだした東京の雨は、次第に小降りになり、昼前には晴れ間も広がり、強い南風が吹き始めていた。午前十一時五十八分、ゴーッという地鳴りとともに、大地は大波のように揺れ始める。マグニチュード七・九という大地震が関東地方を襲ったのである。明治九年以来、観測を続けてきた中央気象台の地震計の針はすべて吹き飛び、東大理学部地震研究室の二倍地震計だけがこの地震を記録した。震源域は神奈川県南西部から三浦半島、房総半島一帯。現在の震度にあてはめると、神奈川県の藤沢、小田原、千葉県の館山などは震度七、都心や横浜は震度六強の「激震」と推定されている。

ちょうど昼前とあって、東京の下町などでは七輪や竈《かまど》に火をおこし、昼食の準備をしている家庭が多かった。あちこちで火の手が上がり火災が発生する。火焔に包まれて、人々は狂気の如く逃げ惑い、想像を絶する凄惨な光景が繰り広げられた。私たちはこの「関東大震災」から八十八年後の平成二十二（二〇一一）年三月十一日、これに匹敵する大震災を経験する。「東日本大震災」である。大津波と福島第一原子力発電所の事故をともなった東日本大震災とは状況は異なった面はあるが、関東大震災による被害は東京、神奈川、千葉、埼玉、静岡、茨城、山梨の一都六県にわたり、全焼家屋は約三十八万棟、死者、行方不明者は十万三千人余に達した。日本の政治、経済、文化の中心である首都東京は一瞬にしてその大半の機能を失ったのである。

鉄道省会計課長の十河信二は、前章で述べたように中国への関心が高まり、「中国視察」の出張申請を数度にわたって出していた。「支那への出張を命ず」。待ちに待った出張辞令が出たのが同年八月九日。出発予定は九月二日だった。地震発生の直前、三井銀行の担当者が鉄道省二階の会計課長室に中国旅行用の小切手を届けに来た。当時、鉄道省は赤煉瓦の東京駅とはホーム群を挟んで反対側の呉服橋（現在の八重洲北口付近）にあった。小切手を受け取った十河は初の中国旅行を思い描きながら、次に訪ねてきた滝脇宏光（男爵）と歓談している最中だった。

古い木造の二階建ての庁舎が、崩れるような大音響とともに突き上げるように揺れ、ガラスが砕け散り、屋根瓦が崩れ落ちた。十河は滝脇と一緒に、眼の前のテーブルの下に潜り込んだ。職員の何人かがテーブルの縁を懸命に押さえていたが、机はずるずるとすべって手から離れていく。電灯の線が揺れ、電灯が天井に当たってパンパンと割れた。外に飛び出して周囲を見ると、線路を挟んで皇居側にある八階建ての丸ビル（同年二月完成）と、その隣に五月に出来たばかりの郵船ビルが、ぶっつかるように左右に揺れている。揺れが収まると、十河は滝脇と一緒に、赤煉瓦の東京駅前広場へ駆け出した。

大ドームを左右に構えた東京駅舎の基礎工事は、約五メートルから七メートルの松杭一万本以上を六十センチ間隔で縦横に敷き詰め、その上にコンクリートを打って基礎としており、この激震にもびくともしなかった。しかし、第三番、四番ホームは木製の屋根を支える鉄製の柱などが折れ、屋根が崩落し五番線方向へ倒壊した。ホーム上の乗客は列車の進入を気にしながら、次々とホームに飛び降りている。激震に襲われた瞬間から山手線、京浜線、中央線の各電車は停電のため、すべてストップしていた。東京、横浜の市街地では午後三時頃から強まった風に乗って、火災が凄まじい勢いで広がっていった。

半壊状態になった鉄道省の部屋に十河が戻ると、旅客課長の種田虎雄や建築課長の太田圓三ら火曜会の中心メンバーが駆け込んで来る。余震が続く中、東京駅舎内に本拠を置く現業部門の東京鉄道局へ取りあえず避難し、そこで善後策を協議することにした。東京駅周辺でも南側の有楽町付近でまず火災が発生、風にあおられ、現在の第一生命ビルの敷地にあった警視庁や隣接の帝国劇場も炎上する。北側の日本橋や神保町付近でも火災が発生、夕方近くになると火は木造の鉄道省近くまで迫って来た。鉄道省の重要書類を運び出さねばならない。種田の機転で東京鉄道局所属のトラックを鉄道省裏手の東京駅構内に入れ、重要書類をこのトラックに積み込み、東京鉄道局の事務所に運び込む。午後七時すぎ、火は鉄道省に延焼し、庁舎全体が大きな火柱をあげて崩れ落ちた。

文京区大塚付近にあった十河の自宅は、周囲の地盤が固く倒壊を免れ、家族は全員無事だったが、中国出張どころではない。「とにかく鉄道の被害状況を把握し、旅客や貨物の輸送を確保しなければならない」。東京駅舎の二、三階を仮事務所とした鉄道省の十河たちは二日未明から作業に取り掛かる。東京周辺の国鉄路線で動かせるのは、東北線の川口以北だけであることがわかった。東京駅周辺の火災はまだ収まらない。「箱根以東の駅舎は大半が破壊されレールは歪曲し橋脚は破損し用をなさない。少なくとも六か月以内に列車を通すことは不可能である」。関東周辺の鉄道は壊滅状態となったのである。

地震発生の瞬間、神奈川県南西部、相模湾に面した東海道線根府川駅では東京発真鶴行の普通列車がホームにさしかかっていた。三百七十余名の乗った列車は駅舎、ホーム、線路とともに数十メートル下の海中に転落、直後に背後の山が崩れ落ち、人も列車も海中深く埋没した。奇跡的に助かったのは二十一人。三百人以上の死者を出す大惨事となった。『関東大震災と鉄道』[*39]（内田宗治）によると、「地震発生時には、首都圏の国鉄十二路線の被害区域に一二五本の客車列車、貨物列車、電車が運行中だった。そのうち二七本が、激震により、脱線・転覆・流出した」。乗客を降ろした後、襲ってきた火災によって焼失した列車は十本、車庫などに留置中に火災に遭った車両を含めると、消失した車両の総数は計一千四百三十三両に達した。また、十七の駅舎が倒壊し、倒壊を免れたが大破した駅舎を含めるとその数は約四十五。震度七の揺れになった大船から小田原にいたる駅舎はほぼすべてが倒壊、地震後の火災で焼失した駅舎も十九を数えるという。

十河や種田は二日未明、連れだって大木鉄道大臣に会い、被災者たちが避難する際の無賃乗車と食糧輸送などの応急処置については、いちいち上司の指揮を仰がず、臨機応変の手段をとってもよい、との諒解を取り付けた。鉄道大臣は十河や種田ら「火曜会」メンバーに「自由裁量権」を与えたのである。旅客課長の種田は東北線の川口以北は運行できることに目をつけ、東北の米や野菜を川口まで運び、川口からは荒川の船便を使って、東京に運び込むよう指示した。九月四日には日暮里まで鉄道運行が可能になり、東北方面からの輸送は容易になる。しかし、都内の火災は三日間にわたって燃え続け、食糧不足も深刻になる。地方に縁故のある被災者が東京脱出を希望しても、東京周辺の車両は大半が焼失、その輸送力はない。種田は無蓋貨車の使用を思いつく。無蓋貨車を等間隔、低速で運行することによって、半月間に約百万人の地方への避難が可能となった。

しかし、鉄道輸送に拘るかぎり物資や乗客輸送が復旧するのに時間がかかりすぎる。とりあえず長距離は船舶による輸送に頼るが、百キロ以内の輸送はバスやトラックで代替するしかない。だが、当時、バスやトラックの絶対数は不足しており、十分な代替輸送は不可能だった。十河は独断で米国・フォード社に電報を打ち、一か月以内に到着することを条件に一千台の大型トラックを注文した。局長会議にかければ、一千台ものトラック輸入に反対が続出するのはわかっていた。既成事実をつくってから事後了承に持ち込むことにしたのである。

問題は東京以西の道路が大型トラックの輸送に耐えられるかどうかである。十河は電報を打ち終えると、建設課長の太田圓三を誘い、車を箱根まで走らせた。途中の道路や橋がトラック輸送に耐えられるかどうかをチェックするためである。二人は一か月もあれば大型トラックも十分に通行可能になると判断した。もう一つの問題は、鉄道が復旧した後にトラックをどう処分するかである。十河は、種田が密かにトラックを使った小型荷物の輸送計画案を持っていることを知っていた。

「完全なる荷物輸送はドア・ツウ・ドアでなくてはならない。鉄道だけに頼った日本の小荷物輸送サービスは十分ではない」というのが種田の持論。日本通運が独占していた小荷物輸送に、鉄道省が「第二の日通」をつくって参入するというのが種田構想である。しかし、それを最初から言えば、民間業者や鉄道省内部でも反対意見が出るのは目に見えている。この構想は、種田や十河ら限られた一部の者たちで研究を続けていた。「鉄道が復旧すれば、輸入トラックは鉄道の荷物基地から配達先までの小荷物輸送に使えばよい」

後述するが、この後ひと月もせず十河は新設された帝都復興院に転出となり、種田も十月になると門司鉄道管理局長となって東京を去る。一千台のトラック購入は、十河が去ってから、形式や値段が局長会議で議論になり、「一千台は多すぎる」と三百台に削られた。「輸入された三百台も復興に利用されないで、いろんなところに割り当てて使われた」と十河は憤慨する。

帝都復興院と後藤新平総裁

関東地方を大地震が襲ったこの頃、日本の政局も揺れに揺れていた。一週間前の同年八月二十四日、時の首相加藤友三郎（海軍出身）が病死し、外相の内田康哉《こうさい》が臨時の首相代理を務めていた。同二十八日、加藤と同じく海軍の実力者山本権兵衛に内閣組織の大命が下る。この間四日を要している。議会第一党の政友会は「憲政の常道」から当然、政権は自党と考え、一方、対立する憲政会は、総裁加藤高明の首相擁立を元老たちに強く働きかけ、組閣工作は難航したのである。後藤新平は憲政会の有力幹部の一人だったが、この頃、加藤高明と意見が対立、脱退したばかりだった。

「挙国一致内閣」として大命が下った山本は、憲政会を離脱した後藤新平にも入閣を求めた。しかし外務大臣就任を希望する後藤と、山本の組閣構想は一致せず、入閣を保留していた。新内閣が発足できず、首相不在という異常事態の中で大地震が発生したのである。首相官邸も被害を受け、相次ぐ余震で危険だと判断した内田首相代理は、首相官邸の庭の植え込みの中で臨時閣議を開き、臨時震災救護事務局の設置や、戒厳令の一部地域適用などを決めた。

地震発生から一夜が明けた二日早朝、後藤は山本のもとに駆けつけ、入閣の決意を伝えた。「今は尋常な場合ではない。一刻も速やかに新内閣を組織し、上は聖明を対揚（応えること）して下は万民を安んじなければならない重大危機である。（略）政見政策の論議相談に日を費やし、いたずらに政局の動揺を傍観するようなことは臣子の分ではない。よって予は九月二日山本伯爵との会見により、即時入閣の意を決し、自らの微力をかえりみる暇もなく内務大臣の重責を汚すこととなった」と後藤は手記「三百万市民に告ぐ」[*40]に記している。

第二次山本内閣の親任式は二日夕、摂政宮皇太子裕仁（昭和天皇）が赤坂離宮（現迎賓館）まで出かけ、建物内は危険だったので庭園の「萩の茶屋」にテントを張り、ほの暗い蠟燭の光の中で行われた。大正天皇は長期の病気のため、国事行為は大正十年に摂政となった皇太子が代行していた。難産の末に成立した内閣は、山本首相兼外相、後藤内相のほか井上準之助蔵相、田中義一陸相、財部《たからべ》彪《たけし》海相、犬養毅逓信相兼文相、山之内一次《かずじ》鉄道相らを閣僚として発足した。政友会総裁の高橋是清や憲政会総裁、加藤高明は入閣を断り、政党や議会に基盤のない「弱体内閣」だった。

鶴見祐輔の『正伝・後藤新平』⑧*41によると、二日の夜、親任式を終わって帰邸した後藤は、娘婿の鶴見に「ニューヨークのビーアドに電報を打って、すぐ来るように言ってやれ」と命じた。「震火災のため東京の大部分は破壊されたり。徹底的改造を必要とす。出来得れば直ちに来られたし。短期の滞在にてもよし」。電報を受けたビーアドからすぐに返電が来た。「新街路を設置せよ、街路決定前に建築を禁止せよ。鉄道ステーションを統一せよ」

チャールズ・ビーアドは米国有数の歴史学者で都市問題の専門家である。一年前、東京市長だった後藤はビーアドを招聘、東京の都市問題や行政改革への助言を受けていた。ビーアドは夫人とともに十月六日、日本にやってくる。

後藤はその後、奥二階日本間の一室に籠って、しきりに想を練った。「そうして出来上がったのが伯の帝都復興根本策であった。遺憾ながらこの貴重なる文献の原本は、何れにか紛失し去った。しかしその内容は火のごとく筆者の脳裏に烙《や》きつけられている」*41。鶴見祐輔は後藤の「帝都復興根本策」は「次のごとき四項目であった」と述べている。

一、遷都すべからず。

二、復興費に三十億円を要すべし。
三、欧米最新の都市計画を採用して、我国に相応しき新都を造営せざるべからず。
四、新都市計画実施の為めには、地主に断乎たる態度をとらざるべからず。（過去に於いて地主は市の改良工事に対し衡正《こうせい》〔公正〕の原則の要求するごとき犠牲を払うことなく、不正の利益を収受したり）

三日、摂政宮は「予は其の実況を見聞して日夜憂戚《ゆうせき》し殊に罹災者の境遇に対しては心深く之を傷《いた》む茲《ここ》に内帑《ないど》を頒ちて其の苦痛の情を慰めんと欲す」との御沙汰を出し、一千万円を下賜した。余震が度々襲い、猛火が続く中で「朝鮮人襲来」の流言飛語が飛び交い、「壊滅した東京は首都の機能を喪失した、遷都もやむを得ないだろう」との声も上がり始めていた。

後藤新平とチャールズ・ビーアド（公益財団法人後藤・安田記念東京都市研究所 蔵）

そんな中で後藤は、東京が首都であることを再確認し、東京を「復旧」するのではなく、最新の新都を建設する「帝都復興」を推し進めようと考えたのである。そのためには大規模な土地取得が必要であり、「不当な利益」を享受する地主に対しては「断固たる態度」を取らなければならない。後藤は、東京市長として都市計画策定に関わった経験から、「不当な利益」を享受しようとする地主たちへの苦い思いもあった。ビーアドの再招聘も、彼の助言を得て「新しい東京建設」に取り組む意欲の表れでもあった。因みにこの年の国家予算は十三億七千万円であり、国家予算の二倍を越える復興費三十億円が如何に巨額かがわかるだろう。

後藤新平はこの「帝都復興根本策」を基に、九月六日の閣議に「帝都復興の議」を提出する。冒頭の一節に彼の思いが集約されている。以下、『正伝・後藤新平』⑧より引用する(鶴見による口語訳)。

〈東京は帝国の首府であって国家政治の中心、国民文化の淵源である。したがってその復興は、単に一都市の形態回復の問題ではなく実に帝国の発展、国民生活改善の基礎を形成することにある。されば今次の震災は帝都を焦土と化し、その惨害は言うに忍びないものがあるとはいえ、理想的帝都建設のために真に絶好の機会である。この機に際し是非とも一大英断をもって帝都建設の大策を確立しその実現を期するべきである。躊躇逡巡してこの好機を逸すれば国家永遠の悔を遺すことになろう[*41]〉

後藤はこの「帝都復興の議」に、内閣総理大臣を総裁とする「臨時帝都復興調査会」を設立し、復興の大方針を決定し、その執行や事務をつかさどる独立機関を設けることなどを盛り込む。新たな独立機関として彼は「帝都復興省」を設け、復興計画はもちろん各省所管の事務も帝都復興に関する限り、全部この復興省に集中、自治体の権限も一部この機関に移すことを考えていた。

しかし、権限が奪われる各省の強い反対や、後藤の復興計画は〝大風呂敷〟であると批判する政友会、憲政会など政争に翻弄され、臨時帝都復興調査会は内閣の諮問機関である「帝都復興審議会」となり、「各省や自治体の復興事業を一元的に執行する復興省」は実現せず、内閣直属の「復興院」に格下げされる。後藤の構想はスタートラインに着く前から、大幅な制約を受けることになったのである。九月二十七日になってようやく「帝都復興院官制」が発布される。同二十九日、内務大臣の後藤新平に「復興院総裁兼務」の辞令が発令され、後藤は復興院総裁に就任した。

人事めぐり総裁を罵倒

「復興院」の権限は当初の構想より大幅に縮小されたが、「通常の官僚組織と違って各方面・分野から人材を調達することが可能な弾力性を持っていた」。彼は台湾総督府、満鉄、鉄道院、内務省などこれまで関係した組織で出会った人材に〝非常招集〟をかけたのである。副総裁には松木幹一郎と宮尾舜治を起用した。愛媛県出身の松木は鉄道院創設の時、逓信省から引き抜いて秘書課長とし、東大生十河信二のスカウト役を務めたことは前述した。宮尾は大蔵官僚出身。台湾総督府では後藤の下で専売局長を務めた。後藤の側近の一人で、震災時は北海道庁長官だった。

〈それから伯（後藤）は、若い人間を使いたいと考えて、鉄道省から十河信二、太田圓三、金井清の三人を抜いて各々経理局長（心得）、土木局長、官房長となし、さらに計画局長としては、内務省および東京市において、伯と永く都市行政の仕事をともにしたる池田宏を抜いてきた。そのとき池田宏は内務省の社会局長官であった。それから土地整理局長には北海道から稲葉健之助を招き、建築局長には東京帝国大学の教授佐野利器を採用し、物資供給局長は松木の兼任とした。それから技監には直木倫太郎を、二名の勅任技師には、内務省の山田博愛と医学博士岸一太を任命した〉*41

東京帝大教授の佐野利器《としかた》は「建築構造学」の草分け。岸一太は耳鼻咽喉科の専門医だが、台湾総督府以来の後藤の旧友。発明狂で台湾では都市の塵芥処分に関する発明をし、後藤に献策したという変わり種。人物評価に関しては定評のあった後藤が、自分の人脈を生かした思い切った人事を行ったと言えるだろう。

だが、鉄道省の若手三人の引き抜きはすんなり決まったわけではない。決定するまで様々なドラマが待っていた。後藤の意を受けて、十河の復興院入りを口説きに来たのは、副総裁に決まった松木幹一郎である。「臨時物資供給局と経理局を担当して欲しい」と後藤の意向を伝えた。敬愛する恩師後藤新平の有難い申し出であることはわかっても、十河はすんなりと了承できない立場にあった。

「鉄道の被害も大変です。箱根以東の復旧は半年以上かかります。東海道線をいつまでも不通にしておくわけにはまいりません。打開策として自動車輸送を計画、フォード社に一千台のトラックを注文したばかりです。その責任者として今、転出するわけには行きません。勘弁して下さい」

十河は大先輩の松木に頭を下げた。鉄道大臣の山之内一次も断った。

だが、後藤は諦めなかった。「都市計画は道路、橋梁が中心になる。そのためには鉄道の専門家が必要だ。鉄道の専門家をまとめていけるのは十河しかいない」。山之内のもとに三度も足を運び、十河の復興院入りを頼み込んだのである。最初は渋っていた山之内も「本人が承知すれば、本人の意志に従ってお譲りしましょう」と折れる。山之内は「後藤さんは焼け跡に本当に立派な都市を作りたいと考えている。鉄道省から交通の専門家が来てくれなければ、この都市計画はできないと言っている」と十河に伝えた。

恩師に文字通り〝三顧の礼〟を持って迎えられたことを知った十河は「総裁の知遇に感激して承諾した」。十河は直ぐに後藤を訪ねて承諾を伝えると同時に「この事業は普通の仕事と異なり非常に困難である。仕事は結局人にあるから、同僚の人選には特に私たちの希望をいれてほしい。ついては太田圓三君をぜひ土木局長にしてもらいたい」とお願いし、総裁の承諾を得ていた。ところが、九月二十九日に発令された辞令を見ると、太田は土木局長ではなく「勅任技師」となっている。「太田君には土木局長として無理に承諾せしめたいきさつがあり私は進退きわまった」*10

太田の復興院入りは十河の発案で、彼が説得したのである。調べて見ると「内務省の直木倫太郎が鉄道院入りすることになったので、局長の椅子は先輩である彼に回り、太田はまだ若いので勅任技師となった」といういきさつがわかった。十河はすぐに後藤に会見を申し込むが、多忙のため夜半でなければ会えないという。

深夜零時すぎ、十河は文書課長（鶴見祐輔は官房長と書いている）に決まった同僚の金井清と一緒に後藤邸を訪ねた。「後藤邸に怒鳴り込んだ」のである。十河の怒鳴り声は別室にいた後藤の息子、後藤一蔵や秘書の小野芳醇、同居していた鶴見祐輔夫妻にまで聞こえていたという。録音テープと備忘録からその場のやり取りを再現する。

「なぜ太田圓三を土木局長にしないのですか。初めの約束と違うじゃないですか。局長として存分に手腕を発揮しうることを条件に、やっと太田を説得したのです」

「局長は大学卒業年次によって先輩である内務省の直木に決まった。太田はまだ若いから勅任技師でいいじゃないか。勅任技師でも十分に手腕は発揮できる」

「復興事業は日本再興に関わる難事業です。大学卒業年次でポストを決定するような、呑気な官僚式人事では到底、新しい都市をつくるという復興計画は実現できない。責任ある仕事をするには局長という権限が必要です」

「すでに決定し辞令も発令された。再考の余地はない」

直情径行の十河はこの辺りで切れたのだろう。師と仰ぐ後藤を面罵するのである。

「それでは私も再考の余地はありません。只今、辞令は返上します。歳をとっているから直木を局長にする。若いから太田を局長にしない。後藤新平は年功にこだわるような分からず屋か。

遠くから見ると天下稀に見る偉才だが、接近してみると、まるでそこいらの平々凡々の老官僚ではないか。こんなヘボ大臣のもとで復興事業なんて出来やしない。人生の浪費だ」

後藤邸を辞した十河が自宅に戻ったのが午前三時過ぎ。いつものように玄関に迎えに出た妻キクにすぐに硯箱を持って来させた。復興院総裁後藤新平宛てに辞表を書くと、翌朝一番に書留速達で出すように命じた。そのまま一睡もせず、家を飛び出し、東京の街を、「ぶらぶらと」当てもなくさまよい歩き始めた。都心のあちこちに震災の生々しい傷跡が残っている。いつの間にか東北線・王子駅近くの飛鳥山に辿り着く。十キロ近くも歩いたのだろう、すでに夜は白々と明けていた。

下を見ると東北線の列車が走っている。親友の旅客課長、種田虎雄が震災後いち早く復旧に漕ぎ着けた国鉄路線である、彼は王子駅から列車に飛び乗り、渋川駅で降りた。「ここまで来たら、お湯にでも浸かって、今後の人生を考えるか」と伊香保温泉に向かい、かつて宿泊したことのある「小暮旅館」に宿をとった。

当時、十河は四十歳。この間、彼は何を考えながら、彷徨していたのか。誰にも告げず、伊香保温泉までやってきたのである。「備忘録」にも「テープ」でも、「ぶらぶらと」としか述べていない。恩師と敬慕する後藤新平を、事もあろうか〝分からず屋〟の〝ヘボ大臣〟とまで、罵倒してしまったのである。我に返って見ると、どうすることも出来ない悔恨の念に襲われた、と想像できる。それまでの人生で、後藤には散々、自分の思いをぶっつけてきたが、今度だけは後藤も許しはしないだろう。十河は四十年の半生を振り返りながら、さまよったに違いない。

一晩泊まった翌日、散歩に出た十河は近くの高台にある見晴台に上って、関東平野を見下ろしながら思案に耽っていた。その時、遠くから「オーイ、オーイ」と呼ぶ声がする。見ると太田圓三ではないか。

「貴様、こんな所に何しに来たのだ」

「お前こそこんな所で何をしているのだ。一刻も早く東京に戻ろう」

太田は息を弾ませながら、十河の手を握り締める。太田は十河を迎えにきたいきさつを、次のように話した。


十河に別室の秘書や娘にも聞こえる大声で罵倒された後藤新平は、十河が帰ると秘書に、副総裁の松木幹一郎、宮尾舜治をすぐに呼ぶよう命じた。

深夜、後藤邸に駆けつけた二人に、

「十河と金井がやってきて、わしを散々、罵倒して帰っていった。わしは君たちに相談して決めたことだから、再考の余地はないと追い返した。どうすればいいだろうか」

副総裁たちは「彼らの言うことはもっともだ。十河の言を入れる外ない」と主張した。

「お前たちもそう思うか。わしもそう思ったが、君らと相談して辞令を出したのだから、十河の再三の要請を拒否した。それなら原案通り太田圓三を土木局長にしてやってくれ。直木倫太郎には技監というもう一つ上の役職をつくろう。至急そのことを十河に伝えてくれ」

翌日、一旦発令された辞令を「技監直木倫太郎、土木局長太田圓三」と訂正、再発表したのである。

副総裁の松木は、これを伝えるために早朝、十河邸を訪れる。妻キクは「速達で封書を出せと言ったきり、出かけましたが、行先は見当もつきません」。十河は行方不明となったのである。内務大臣兼鉄道院総裁の後藤は、警察と鉄道の両組織に命じて、十河の行方を捜した。運行している列車は東北線しかない。列車に乗ったとすれば、高等官の鉄道パスを使ったはずだ。厳つい容貌魁偉の背の低い男。警察電話、鉄道電話を総動員して十河の行方を追った。十河の逗留先はすぐにわかった。「誰を迎えにやるか」。松木は太田圓三以外にはいないと判断、太田が迎えに来たのだという。

序章で評論家、阿部真之助が「東京日日新聞」紙上に、「十河は意見を異にした後藤を怒鳴りつけ、役所を飛び出して箱根で温泉に浸っていた」と書き、「常識で考えても、自分の知己であり、恩人であり、直属の上司に、いかに議論に熱したとはいえ、我を忘れて馬鹿野郎呼ばわりするような真似は正気な人間ではできないことだ」と指摘したことを紹介した。阿部は太田圓三の土木局長就任をめぐるこの騒ぎを、人伝に取材して書いたものだろう。確かに恩師を大声で怒鳴りつけ、飛び出したことは正気の沙汰ではない。何時の時代でも、どんな組織でも十河のこうした行為が非難されるのは当然だろう。

普通であれば、太田の局長就任どころか十河の新ポスト就任も取り消されていたかも知れない。だが後藤新平は違っていた。十河を責めるどころか、副総裁を呼んで再度意見を確かめ、発令済みの人事を自ら覆したのである。直情径行、思い込んだら突っ走って止まることを知らない十河の性向を、後藤は十分に理解して受け止め、そんな男を使いこなす大きな度量が備わっていたと言うほかない。「年の若い下僚に面罵されながら、それを平気で聴いて、その説を容れるところに、伯（後藤）の性格が躍如としている。（略）伯は一体自分の面を冒して直言するような人を信用する傾向があった」（鶴見祐輔[*41]）という。

天才的土木技師、太田圓三

十河信二が「帝都復興のために土木局長のポストに欠かせない人物」と、自分の官僚人生を懸けてまで拘った太田圓三について触れておきたい。後述するが、太田は後に十河が「復興局疑獄」の容疑で逮捕され、世間の指弾を浴びた時、「彼が無実の罪を問われた一端の責任は自分にもある」と四十五歳の若さで自殺した。文字通り彼は親友、十河のために命を投げ出すことになるのである。

太田圓三は明治十四（一八八一）年三月十日、静岡県田方郡伊東町（現伊東市）で生まれた。四歳年下の弟が詩人・劇作家の木下杢太郎（本名・太田正雄）である。東京帝国大学土木工学科を卒業し、逓信省鉄道作業局に入る。日本の鉄道興隆期に土木技師として活躍、鉄道始まって以来の天才的技術者と言われた。鉄道院の発足と同時に同院に移ったいわば〝鉄道院一期生〟でもある。十河信二より三歳年上だが、二人は「貴様」「お前」と呼び合い、肝胆相照らす〝同期仲間〟意識があった。

十河が会計課長時代の大正十年前後は、日本の鉄道建設の「黄金時代」といわれる。明治二十五年に公布された鉄道敷設法による建設予定路線三十三線は幹線網が中心で、そのほとんどがこの時代に開通した。十河の故郷、四国でも大正十年六月二十一日、讃岐線（現在の予讃線）の伊予土居―伊予西条間が開通し、十河の生家に近い「中萩駅」も開業する。彼は鉄道省の代表として開通式に列席、故郷へ錦を飾っている。最後まで残っていた工事が、上越線の清水トンネル（九千七百二メートル）、東海道線の丹那トンネル（七千八百四十一メートル）といった長大トンネルの掘削工事である。特にそそり立つ谷川連峰（三国山脈）を貫く清水トンネルは、技術的にも予算的にも多くの難問が横たわっていた。

この難工事の調査に当たったのが太田圓三だった。清水トンネルの勾配を千分の十で検討すると、二十キロ近くも掘らなければならない。太田が考案したのが線路を螺旋状に敷設するループ線である。最も急な勾配は千分の二十にするが、前後二か所にループ線をつけ、列車の速度を緩めることによって、トンネルの長さを九千七百二メートルに短縮することが出来ることになった。しかし、清水トンネルや丹那トンネルの掘削工事には、多くの最新の機械が必要になる。

会計課長兼購買課長の十河に相談すると、「必要なものはなんでも買ってやる」と胸をたたいた。十河は新しい機械や技術が好きだった。天才技術者、太田圓三に畏敬の念を抱き、彼の人柄を信用していた。米国の新技術導入のためわざわざ十河が招聘し、一緒に机を並べた会計課顧問の米国人技師、ミルナーと相談して、太田に要望された削岩機、砕石機、電気巻揚機、コンクリートミキサー、電気ポンプなどの最新鋭機を米国から次々と購入した。

十河の会計課長在任中の大正十（一九二一）年二月、政友会の原敬内閣は国会に「改正鉄道敷設法」を上程、会期切れで一旦審議未了となるが、翌大正十一年四月に再上程され可決、公布された。この途中の大正十年十一月四日、原敬は東京駅頭で刺殺されたが、この法律によって新たに百四十九路線、延長一万百五十八キロの鉄道を全国に敷設することが決まる。新敷設法は、幹線から延びる支線網建設が中心となっており、戦後、赤字ローカル線と呼ばれた路線のほとんどがこの敷設法で決まり、次々と建設されていったのである。

帝都復興院の土木局長に就任した太田圓三が、東京再生に果たした役割は極めて大きかった。彼は壊滅状態にあった東京の橋梁の復旧に全力をあげて取り組む。当時、東京市が管理していた橋の数は六百余橋あったが、太田が手掛けて復興した橋梁は四百六十橋を越す。なかでも隅田川にかかる永代橋、清洲橋、駒形橋、蔵前橋、言問橋、相生橋の六橋は「隅田川復興六大橋」といわれ、それぞれが全く違った美しいデザインは新しい都市の景観を生み、帝都復興のシンボルといわれた。太田は多くの画家たちに依頼して、彼らに好みの美しい橋の絵を描いてもらい展覧会を開いた。その展覧会に多くの文化人たちを呼んで橋の絵を評価してもらい、評価の高かった絵を基本に設計させたという。

太田は技術者として帝都復興に貢献したばかりではない。「区画整理事業」を復興の根幹に据えることでも、大きな役割を果たした。復興院の幹部会は、区画整理事業の推進に副総裁の松木幹一郎が賛成、同じ副総裁の宮尾舜治が猛反対し、局長クラスの意見も二つに割れ、収拾がつかなくなっていた。後藤は区画整理の実施を望んでいたが、宮尾らの反対意見の前でこれを切り出せないでいた。

最後の幹部会も議論が沸騰、後藤は記者会見を理由に席を外す。議論は決着しないまま行き詰まり、沈黙が続いている最中に後藤が戻って来た。「議論は纏まったのか」。太田は「議論はすべて終わりました。両副総裁ともご異存はありません」と強く断言した。「それはよかった」と後藤。これで区画整理事業の実施が最終的に決定したという。

東京の復興には、焼失区域の全体にわたって区画整理することが必要だと考えていた太田は、区画整理を復興事業の根幹にすえようと、当初は消極的だった後藤らに繰り返し説明し、また自ら反対する政友会関係者などを回り懸命に働きかけた。

神田橋公園内にある太田圓三肖像レリーフ

東京の都心を流れる神田川に架かる「神田橋」北側のすぐ脇に、「神田橋公園」という名の小さな公園がある。その片隅の木陰にうずくまるように、高さ二メートルほどの古びた石碑が立っている。その上部には「太田圓三君」の彫像、その下に次のような碑文が彫られている。

「大正十二年関東大震災の直後、氏は選ばれて帝都復興院土木局長に任じられ、復興事業の根幹で然も極めて難事業であった区画整理・およびこれに基づく土木事業の計画遂行に直面して、献身的努力をなすこと二年余、事業の基盤漸くなった大正十五年春、心身疲労の極、事業の犠牲として惜しくもその命を絶ったのであります」

この石碑は昭和六年、復興事業の完成に当たって、太田の功績を偲んで深川・相生橋脇の中島公園に建立されたが、戦災に遭って埋もれていた。昭和三十年六月、十河信二が国鉄総裁に就任した直後、彼は真っ先にこれを修復して、神田川べりに復活させたのである。

復興計画と復興予算

話を本筋の帝都復興院の復興事業に戻そう。後藤新平の「復興省構想」は、縮小されて「帝都復興院」となり、内務省、鉄道省の〝後藤人脈〟が中心になって、曲がりなりにもスタートした。しかし当初、後藤が想定した三十億円—四十億円(現在の実勢価値では十五兆円—二十兆円)の予算のうち、各省が実施する復興事業は別枠となり、復興院の所管は東京、横浜の都市計画事業だけに絞られた。そんな中で十月初旬、激しい議論を経て、最初の「根本計画」が、幹部会で決定する。

「根本計画」には三つの案が併記されていた。いずれも道路計画を中心にしたもので、第一案は品川—上野間の南北道路と、渋谷—両国間の東西道路の十字道路を幹線とするもので予算規模は約十三億円。第二案はこの南北幹線にもう一本ずつ南北を結ぶ幹線を加えるもので十七億—十八億円。第三案は東西の幹線の十字路から放射状の道路をつくり、米の字型の道路網にする、これには約三十億円が必要になるというものだった。幹線道路の幅員はいずれの案も四十間（約七十二メートル）、漸次二十四間（同四十三メートル）から十二間（同二十二メートル）の補助道路を建設するというものだった。

道路だけではない。隅田川を中心とした水陸連絡用の運河を巡らせ、また北十間川《きたじっけん》、小名木《おなぎ》川、神田川、京橋川、日本橋川、御茶ノ水川、渋谷川などの川幅を拡張し、水陸連絡だけでなく防災に備える。根幹道路には路面電車は認めず、高架線または地下鉄とする、などの計画を網羅していた。この三つの案を「大体案」と位置付け、復興院の最終案作りが進められる。東京市長として後藤が描いた「東京の姿」がこの根本計画に集約されていた。後藤にとって、かつての満鉄総裁時代に大連や奉天（現瀋陽）に建設した「理想の都市」建設を目指したといってもよい。この計画によって後藤は「大風呂敷」の異名を呈されることになる。

後藤新平の復興計画に東京都民の期待は高まる。

〽銀座街頭　泥の海　種を蒔こうというたも夢よ　アラマ　オヤマ
帝都復興善後策　路もよくなろ街もよくなろ電車も安くなろ
新平さんに頼めば　エーゾエーゾ[*42]

明治・大正時代に演歌師として活躍した添田唖蝉坊の長男、添田知道（芸名さつき）が震災直後に大流行させた「復興節」の一節である。添田唖蝉坊、さつき親子は「歌の読み売り」と自ら名乗り、街頭に出て社会事象を歌声で伝え、権力の監視にも臆するところはなかった。若干の揶揄もあっただろうが、「新平さんに頼めば……」というのは、大災害の中で懸命に生きようとする都民の率直な気持ちを代弁していたと言えるだろう。

復興院はこの三案併記の「根本計画」を十月十二日の幹部会で「復興計画大綱」としてまとめ、同二十六日に閣議に付した。激しい論争を呼んだのが、四十間（約七十二メートル）という道路の幅員である。道路幅が広すぎ、維持管理に経費が掛かりすぎるといった異論のほか、日本橋や京橋の商店街から道が広すぎると商売にならない、といった反対論も出た。来日した米国の都市専門家ビーアドからも「ニューヨークも最大三十間（約五十五メートル）であり、広すぎるのではないか」との意見が出された。

この結果、当初計画は「幹線道路の幅員は三十間以内とし、重要幹線十二線を設け、補助道路は幅員を六間（約十メートル）以上として幹線に沿って適宜配置する」ことに変更された。また路面電車を全面排除することは事実上不可能だとして、「幹線道路には原則として地下鉄道をもって一般交通機関とし、路面電車を禁止する」と改める。新たに各地の復興小学校に隣接して小公園を設置することや、築地に中央卸売市場を設けることなどが追加された。閣議では「これらに要する費用は総計十三億円、五か年継続事業とする」方針も決定した。

後藤新平の「三十億―四十億円構想」は十三億円まで絞り込まれた。しかし、財政の舵取り役、井上準之助蔵相にしてみれば、震災によって日本経済は壊滅状態にあり、銀行の不良債権が表面化し、取り付け騒ぎも頻発しており、税収が急減することは目に見えている。「後藤の理想は理解しても、国庫の実情からすれば帝都復興のための財政支出は七億数千万円が限度」と井上は考えていた。閣内でさらに議論を積み上げた結果、こうした最悪の財政事情も考慮して、復興予算の政府原案は井上の想定する限度額に近い七億三千万円に落ち着いた。それでも九月に復興院の組織作りを終え、十月の一か月間で復興計画を作成、なんとか復興予算案の閣議決定まで漕ぎ着けたのである。平成時代の東日本大震災での政府のモタモタぶりを考えると、激しい議論の中、相当のスピードだと言ってもよい。十一月に入るとこの計画をめぐる動きが活発になる。

復興院の復興計画実施には、三段階の網が被せられていた。最上位に置かれたのが「帝都復興審議会」でメンバーは十九人。山本首相を総裁に、後藤内相兼復興院総裁が幹事長となり、二大政党の党首、財界、金融界の大物が顔を揃え、復興院の原案にお墨付きを与える組織である。その下に専門家の立場から復興院の原案に助言し了承を与える「復興評議会」があった。評議会メンバーは七十人。政界から鳩山一郎、財界から藤山雷太らの外、軍人や科学技術の専門家などが名を連ねていた。さらにその下に東京、横浜市長、各省の次官らで組織する「復興院参与会」があり、復興計画はこの三段階をクリアしなければ、実施できないことになっていた。

復興計画はまず「参与会」にかけられ、山本首相、後藤総裁が復興にかける意気込みを語り、復興計画の意義を説明、了承を得た。十一月十五日には首相官邸で「復興評議会」が開かれる。後藤新平はここまで来るのに二か月半もかかったことを率直に詫び、復興計画を説明した。鳩山一郎や藤山雷太らが質問に立ったが、復興院への叱咤激励が中心で、それぞれの立場から希望条件を付け、復興院案を了承する。「参与会」「評議会」とも順調に推移し、復興院の関係者は「最初の関門を通過した」とホッと胸を撫でおろした。

紛糾する復興審議会

復興院の「復興計画」がスムーズに進んだのはここまでだった。復興審議会では「強烈で執拗な反発」が待ち受けていた。

「審議会において伯（後藤）の復興計画は、囂々たる非難の渦中に巻きこまれた。これが帝都復興計画の遭遇せる最初の台風であった。しかもあに図らんや、それは、計画の狭小姑息なるを非難する声にあらずして、その過大夢想的なるを攻撃するの声であった」[41]

審議会メンバーは異例の大臣待遇。十人の閣僚のほか高橋是清（政友会総裁）、加藤高明（憲政会総裁）、伊東巳代治《みよじ》（枢密顧問官）、財界から渋沢栄一、市来《いちき》乙彦（日銀総裁）、和田豊治（富士紡社長）、青木信光（貴族院議員）、江木千之《かずゆき》（貴族院議員、憲政会幹部の江木翼の養父）ら錚々たる人材が加わっていた。審議会は十一月二十四日から三日間にわたって開かれた、初日、後藤新平が総裁として復興計画を説明し終わると、まず批判の口火を切ったのが江木千之である。江木は文部官僚から政治家となり、山本内閣がつぶれ、次に発足した清浦内閣では文相として入閣する。

江木は「政府は地方財政の緊縮に力を傾注していながら、今回提出の都市計画を見るにその不均衡は驚くべきものがある」と切り出し、「復旧より復興」という後藤新平に真向から議論を吹っ掛けた。江木の演説を『帝都復興史』[43]から要約する。

「道路の幅員を三十間に拡げるようなことは、財政が窮乏を告げている際、贅沢すぎるのではないか。建築も法律で過酷の制限をするのは返って復興の障害になる。復興予算は現下の情勢を鑑みて余りに膨大過ぎる。今回は先ず復旧の程度に止め、敏速に復旧事業に全力を注いでこれを完成させ、市民の財政状況が回復してから復興のための施策をおこなうのが適当である。復興事業は他日行う前提で、目下は復旧の程度に止めておくことが妥当だ」

これに続いたのが伊東巳代治である。彼は伊藤博文の補佐役として明治憲法の草案作りに参加し、枢密顧問官として「憲法の番人」を任じていた。彼は銀座界隈でも有数の大地主であり、広大な土地に年間数万円もの賃料があがる借家を持っていたが、これが丸焼けとなっていた。伊東は準備した膨大な原稿を机におき、三時間にわたって「激烈なる反対論」をぶったのである。要旨は以下の通りだった。

「財政上の見地からみて復興予算七億三千万円は現下の財政状態から無謀極まりない。我が国の財政力を考慮すれば何人も政府の無方針に驚愕せざるを得ないだろう。各省の復興事業費を合算すれば十六、七億円を突破する。我が国の内外債総額は四十三億円に達しておりさらに多額の起債をすればその利払いが困難となり、財政上の破綻は免れない。こんな巨額を計上するのは暴挙である」

「政府の都市計画によれば、用地の買収費は驚くほど低廉に見積もって百万坪以上の土地を買収する方針だが、果たして十分に考慮したのかどうか。憲法上の所有権不可侵について考慮して適策を講ずるべきなのに、なんらこの点に留意せず、いたずらに法律を濫発して土地買収その他の事項を強要しようとしており、これは『日本臣民はその所有権を侵さるることなし』とする憲法の精神に反するのではないか。人民の所有権を奪い去るような乱暴が通じるはずはない」

審議会初日に沈黙を守ったのは日銀総裁の市来乙彦だけで、閣僚以外の委員は全員、政府案に反対し会議は決裂状態になった。最後に財界の重鎮、渋沢栄一が立って「羅災市民は復興計画がどうなるか待ちあぐねている。審議会で決定できなければ羅災市民は落胆し不安に感ずるだろう。この際何とかまとめるため、小委員会を設けて修正案を立案すべきである」と助け舟を出した。これを受けて審議会の中に特別委員会（委員長、伊東巳代治）が設置され審議を続ける。結局、翌二十六日、伊東が十ヶ条の修正案を提示し、二十七日に再度開かれた審議会で、復興計画の事実上の修正が決まった。

審議会終了後、復興院の幹部会はこの修正案を反映した形で、議会に提出する復興院案を最終決定する。主な内容は、まず道路の幅員については、審議会委員の共通意見である最大幅四十メートルを尊重して、二十二間を原則とし、主要幹線の幅員二十四間で計画したものは二十二間に改め、二十間のものは十八間に縮小する。東京運河・東京築港は計画から切り離し改めて検討する。上下水道は国の計画に移す。地下埋設物の整理は理想だが経費の都合上削除する、などで政府案は大幅に縮小された。

しかし、区画整理については、逆に拡大するという大きな方向転換をする。当初、道路路線収容の部分だけだったが、これを焼失区域全体にわたって断行、原案では二百万坪だった予定地域を新計画では約七百万坪に広げたのである。「区画整理が復興事業のなかで決定的に重要な位置を与えられた[*40]」と言えるだろう。

区画整理事業の方法は、一定の整理区画を設定して地主組合をつくり、地主には土地の一割を提供させることを原則にして、まず主要道路予定地を設定、その後に補助道路計画を策定、区画整理を断行する。道路予定地の一割を地主に供出させることによって区画整理費二百七十万円を削減できる、というわけである。審議会が求める経費削減を逆手にとって、区画整理事業の拡大をはかるというもので、経理局長十河と土木局長太田の連携プレーによる唯一の〝抵抗〟だったと見てもよい。こうした修正の結果、復興予算案七億三千万円から一億五千五百二十万円を削減、五億七千四百八十万円が新規予算として編成され、議会に提出される。

政友会の復興院潰し

「政府の作成した帝都復興計画案の『前門の虎』が伊東巳代治らの復興審議会だったとすれば、『後門の虎』は臨時議会における政友会であった[*40]」。復興計画を審議する第四十七帝国議会（臨時議会）は大正十二年十二月十日に召集された。議席数は政友会が二百八十六、憲政会百二、革新倶楽部四十二、庚申倶楽部二十四という構成で政友会が圧倒的な第一党である。山本内閣は政党、会派を背景とせず「超然内閣」とも呼ばれたが、議会に政権の基盤を持たない弱さがあった。政友会は連日のように都内各所で政府案反対の演説会を開き、十河や太田ら復興院幹部を出席させ、聴衆の前で批判し、吊るし上げた。復興院の通常の事務作業も事実上、ストップ状態に陥る。

政友会は十九日の衆院予算委員会に政府復興予算に対する修正案を提出する。修正案は①土地整理費のうち東京分を三千百七十五万円、横浜分を三百九十一万七千円、計三千五百六十六万七千円を削減する。土地整理は街路修築に関する部分は政府が行い、それ以外は地主組合の事業とする②幅員十二間以上の街路は国の事業とするが、それ以外は自治体の事業とし、東京、横浜の街路費計七千七十一万円余を削減する——というもので削減額は合わせて一億六百三十七万七千余円。復興予算は約四億六千八百万円まで絞りこまれたのである。

一億円を上回る予算削減は政府にとって致命傷だったが、「彼らは山本内閣の中心人物たる伯を陥るるに、さらに巧妙なる陥穽を用意していた[*41]」。後藤新平が総裁を務める「帝都復興院」の大正十二年度の事務費七十万二千四百十円全額の削減を求めたのである。金額はわずか七十万円といっても、「事務費の全額削除」は事実上、復興院の廃止を意味していた。まさに後藤の面目は丸潰れとなる提案だった。政友会はその提案理由をこう説明した。

「政府が実施しようとしている事業は復興院という膨大なる組織を設けてやらねばならないというほどのものではない。復興院というようなお祭り騒ぎ的なことをやるよりは、地味に内務省の一局として特別な臨時の係を設けて、内務省においてみずからこれを実行するという遣り方が、寧ろ時勢に適合した着実穏健なやり方である。各官庁がそれぞれに必要な事務費を要求するならこれに異存ははさまない」

復興院幹部は毎晩、後藤邸に集まり対策を協議した。政友会の嫌がらせとも思えるゴリ押しに激怒した十河はこう訴えた。

「帝都の復興は国運の将来を決する重要な使命を持っている。この成否は帝都の命運に係わる。

然るに二大政党は目前の私利党略のみに走り、後藤総裁提唱の大計画を理解しようともせず、破棄し去らんとすることは真に政治を知らず。事ここに至っては国会を解散し、信を国民に問うほかない。政友会も憲政会も叩き潰し、後藤新平を中心に真に国民の福利を図る政治家の集団を結成しよう」

後藤も復興院幹部もこれに賛同する。後藤や十河は深夜、何度も山本首相邸を訪ね、国会解散と新党結成の決断を迫った。しかし、後藤らの説得も効なく、山本は言を左右にするばかりである。

「権兵衛将軍も老いたり。山本は食わせ者で、面ばかりは偉そうな顔をしているが、張子の虎でだめだ」

十河の憤懣は収まらない。後藤の理想がことごとく潰されていく実情を目の当たりにして、十河は初めて政治の世界に目覚めたといってもよい。十河はこれをきっかけに政界の策士、森恪との接触を一段と深め、後藤と森を繋ごうとするのである。

山本内閣は緊急閣議を開き、修正案に対する対応を協議した。「東京朝日新聞」（同年十二月二十日付）によると、山本は後藤に「政友会の修正案は実行可能かどうか」と質した。後藤は「単に事務上からみれば必ずしも実行不可能ではない」と述べた。「復興」ではなく「復旧」に止めるのであれば、まさに事務的に作業を進めるだけで十分である。十河が繰り返し述べているように、後藤は「理想主義者であり、次々とアイデアは浮かぶが、障害にぶち当たると容易に方向を転換するところがあった」。彼は最終的には自らの〝理想実現〟に拘らなかった。「山本首相は復興院総裁たる後藤内相が、自己の面目威信を帝都復興事業のために忍ぶと言うのであり、山本首相の意向も後藤内相と同様なので、政友会の修正に同意することになった」と同紙は書いている。

政友会の修正案は同十九日、衆議院で賛成多数で可決され、その後、貴族院でも可決された。復興院の発足からわずか三か月。被災者の苦しみをよそに、後藤新平が実現しようとした理想の復興計画は「政友会の前に屈服したのである」。鶴見祐輔は「もし情勢にして許すならば、政友会の挑戦に応じて、敢然として立ち、堂々正面衝突を演じて、勝敗を一挙に決したいとの念は、伯の胸中に、煮えくりかえっていたにちがいない」[*41]と後藤の心中を思いやる。後藤の〝右腕〟の経理局長として、復興計画から復興予算まで一心同体となって取り組んできた十河の胸中も後藤とまったく同じように「煮えくりかえっていた」に違いない。

「復興節」で「エーゾ、エーゾ、新平さん」と応援していた庶民の期待も萎んでいく。「焼け出され」て東北巡業をしていた添田唖蟬坊が、東京に戻って来たのは同年十二月。後藤の復興計画はすっかり萎んでいた。彼は「復興節」の調べで「コノサイソング」[*42]を作る。これがまた、都民に受けた。

〽コノサイ、コノサイ、コノサイだ　なんでもかんでもコノサイだ　アラマ　オヤマ
コノサイこうして貰いたい　コノサイですから勘弁して下さい　エーゾエーゾ
コノサイ流行　エーゾエーゾ

〽チンチンドンドン復興院　鐘だ太鼓だ鳴り物入りよ　アラマ　オヤマ
御膳ならべてチンドンドン　大きな風呂敷ふしぎな風呂敷　エーゾエーゾ
のびたりちぢんだり　エーゾエーゾ

「後藤の都市計画が大風呂敷（これは後藤が政界でいつもいわれていたこと）だとつつきまわされるうちに、ゴミゴミ復興が進んでしまったのである」と添田知道は『演歌の明治大正史』に書いている。確かに添田の言うように、後藤新平の当初の構想に比べれば「ゴミゴミ復興」でしかなかったが、それでも結果的に見れば、明治通り、靖国通り、昭和通りの三大幹線を中心に永代通り、晴海通り、八重洲通り、日比谷通りなど、現在も東京の交通に重要な役割を果たしている道路が完成した。それだけではない。焼失面積の約九割で区画整理が実施され、墨田公園、錦糸公園、浜町公園が新設されたほか、各所に五十二か所もの小公園がつくられ、東京下町の風景は一変したのである。

「虎ノ門事件」の発生

臨時議会で、復興計画の大幅削減と復興院の事実上の廃止が決まった一週間後の大正十二年十二月二十七日、未曾有の大震災を一瞬にして忘れさせる衝撃的な事件が起きた。「虎ノ門事件」である。

同日午前十時三十五分、摂政宮皇太子裕仁は第四十八回帝国議会の開会式に出席するため赤坂離宮を出た。行啓は前年までは馬車だったが、この年から自動車に改められた。警視庁のオートバイを先頭に五台のお供車を従えた御料車は同十時四十分すぎ、桜田門方向に向かって虎ノ門交差点にさしかかる。あたりには摂政宮を一目見ようと物見高い見物人が集まり、私服警官、憲兵が警備に当たっていた。

突如、茶色のレインコート姿の男が警備の間をかいくぐり仕込杖銃をかまえたまま、御料車に向かって走り出した。ガラス越しに摂政宮の顔が見えた時、男は「革命万歳」と叫びながら引き金を引き、さらに銃を高々と掲げながら御料車を追った。発射した弾丸は御料車の厚さ五・四ミリの窓ガラスを貫通、四・五センチの穴をあけ、御料車の天井に指先大の弾痕を残した。摂政宮は無事だったが、同乗していた侍従長、入江為守が軽傷を負った。男は周囲の群集に袋叩きにされ逮捕された。明治以来、皇室へのテロ事件で直接銃弾を浴びせたのは、前代未聞のことで、各紙は「古今未曾有の不祥事」と報じた。

犯人は難波《なんば》大助、二十四歳。生家は山口県周防村（現光市）の名望家。父の難波作之進は現役の衆議院議員（庚申倶楽部所属）だった。犯行に使われた銃はステッキを模した仕込み銃で、山口県出身の伊藤博文が朝鮮総督として京城にいた時、護身用に持っていたもの。帰国後、実家に贈り、それが親戚筋に当たる難波家に譲られたという。難波大助は早稲田高等学院に入るが、普選運動のデモに参加したのがきっかけで、無政府主義の影響を受け中退する。大震災下で起きた大杉栄虐殺事件に怒った難波は、「官憲の弾圧に対抗するには直接行動で摂政を暗殺するしかない」と犯行に及んだという。難波は大逆罪で起訴されて死刑判決を受け、翌十三年十一月十五日、市谷刑務所で死刑が執行された。

事件を知った総理大臣山本権兵衛は、摂政宮に即刻辞表を提出、同日夕、内閣は総辞職し、後藤新平も閣外に去った。山本内閣が成立してわずか四か月。後藤が内相兼帝都復興院総裁として、政党の党利党略に翻弄されながら、関東大震災後の復興に当たったのは、百二十日間という短期間だった。

摂政宮だった昭和天皇は関東大震災六十年目の昭和五十八（一九八三）年八月、記者会見で「大震災での体験談」を聞かれ、こうお答えになった。

〈ええ、この震災のいろいろな体験はありますが、そういうことはいろいろ時間もかかることですから、略して一言だけをいっておきたいことは、この復興に当たって後藤新平が非常に膨大な復興計画をたてたが、いろいろの事情でそれが実行されなかったことは非常に残念に思っています。もし、それが実行されていたらば、おそらくこの戦災がもう少し軽く、東京あたりは戦災は非常に軽かったんじゃないかと思って、今さら後藤新平のあの時の計画が実行されないことを非常に残念に思っています[*44]〉

後藤の復興への思いは、激しい政争と虎ノ門事件という思いがけない事件によって事実上、挫折した。昭和天皇も「もしあの計画が実行されていたならば……」という強い思いを長い間、持ち続けられていたのである。

この事件では内閣が総辞職したばかりではない。当日の警備の責任をとって警視総監湯浅倉平と警視庁警務部長の正力松太郎（のち読売新聞社社主）が「懲戒免官」という官吏としては最も重い処分を受ける。衆議院議員の父、難波作之進は直ちに辞表を出し、自宅の門を青竹で結んで囚人同様の生活を送り、食事を絶って餓死した。難波の郷里の周防村は正月の祝賀行事を取りやめ、彼が卒業した小学校の校長と担任教師も教育責任を取って辞職した。

輸入木材をめぐる対立

山本内閣の総辞職によって翌大正十三（一九二四）年一月七日、清浦奎吾（枢密院議長）内閣が発足した。正式に復興院が廃止される同年二月二十五日まで内務大臣と復興院総裁を兼務したのが貴族院議員の水野錬太郎である。内務官僚出身の水野は、官僚時代から政友会の原敬と密接につながり、寺内正毅内閣、加藤友三郎内閣でも内務大臣を務めた内務官僚の大御所的存在だった。清浦内閣が発足すると憲政会、政友会、革新倶楽部のいわゆる〝護憲三派〟は「時代錯誤の特権階級による内閣だ」として、すぐに倒閣運動に乗り出していた。

十河信二は、復興対策用に米国から輸入した木材の処分をめぐって、就任早々の水野と正面衝突する。水野は輸入済みの三百万石の米国産木材を、「一日も早く、木材ブローカーに売却し、処分せよ」と臨時物資供給局長を兼務する十河に命じた。十河は断乎これを拒否し、「私がこの職に在る限り、いかなるご命令でも売るわけには行きません。どうしても大臣がおやりになりたいなら、私の首を切って下さい」と開き直ったのである。この一件も後の「復興局疑獄」での疑惑の一つとなる。経緯はこうである。

大震災発生の直後、農商務省は被災家屋の坪数から計算し、震災復興には約九百万石の木材が必要になると判断、その三分の一の三百万石を米国から輸入する計画を立てた。閣議の了承を得た同省は米国政府に公式に依頼する。日本の窮状を見て米政府もすぐに業者を集め、三百万石の木材を日本に輸送するよう手配した。

復興院で物資供給を担当することになった十河は、計算上は農商務省のいう三百万石の輸入が必要だが、それを六か月以内に輸入する計画は、時期と数量からみて早急過大すぎると判断、三分の一の百万石に減らすべきだと提議した。「京浜間には三百万石の材木を貯蔵する場所もないし、急いで売り出せば木材市場がパニックを起こす」。十河は農商務省、外務省や閣議にも説明し、百万石に減らしてほしいと訂正依頼の電報を打ってもらった。しかし、米国はすでに業者に発注済みで間に合わなかった。

こうして米国産の木材が次々日本に到着するが、東京周辺の貯木場不足のため借り受けた深川木材置き場などに山積みとなり、一部は腐り始めていた。これを視察した水野は、「一刻も早く安価にこの木材を放出せよ。多くの払い下げ希望があり、焼け出された都民もそれを願っている」と再三、十河を叱責した。だが、十河の判断は違っていた。

「今、安価にブローカーなどに放出すると、彼らはこれを乱売し、木材市場を攪乱し、パニックが起こる。大震災で東京がめちゃくちゃになり、日本が復興できるかどうか、世界中が疑っている時に、パニックがおきようものなら日本は外債の募集もできなくなる。この材木は外材を扱っている三井、三菱など大材木商に限って計画的に払い下げる方針を立てており、せっかくの大臣のお言葉ですがそれはできません」

「君はそう言うけれどあの材木は腐るのだよ。君は知らんだろうが……」

「よくぞ見ています。元来この木材は腐らすために買ったんです」

「腐らすために材木を買うバカがあるか。国費の乱費だ。そんなことは許さん」

「いや、この三百万石の材木が腐っても、豊富低廉な材木の供給が出来て、東京が速やかに復興すれば目的は達します。腐っても驚くに値しない」

十河は貯木場に山積みされた輸入木材は、「価格調整のための〝見せ金〟」と考えていた。「三百万石の材木を積み上げておけば、業者はあの材木が売り出されると大変だ。値上がりを待って、売り惜しみをしていると酷い目にあうぞ。あれが売り出される前に我々の持っている材木を早く処分しなければいけないと考える。そのために腐っても積み上げているのだ」。十河は貯蔵している材木は順次、必要に応じて安価に被災者に供給する必要を水野に力説した。

しかし、水野は納得しない。山積みされた木材を見た業者や都民から、「早く放出すべきだ」との批判が殺到していた。水野は十河を大臣室に呼び出し「放出は大臣命令なり」。

「直接の責任者として後藤新平総裁時代に決まった既定方針を堅持するしかありません。私は国家の忠実なる官吏です。国家国民に不利益だと確信していることに反するご命令には、遺憾ながら服従しかねます」

十河の大声は隣の秘書室まで聞こえた。

驚いた秘書が飛び込んできて、「大臣に対する暴言を謝して辞去せよ。後は自分が円満に収拾するから」と取り成す。十河には謝罪の理由はなかった。水野大臣に頭も下げず、大臣室を辞したのである。世の中、後藤新平のような大器量の大臣ばかりではない。十河のこうした態度は様々な波紋を呼ぶことになる。

〝ごろつき十河〟

この年の二月二十五日、「内務省復興局官制」が公布される。「帝都復興院」は正式に廃止され、縮小された業務は内務省復興局に引き継がれた。復興局長（外局であり長官と呼ばれた）には復興院技監だった内務省出身の直木倫太郎が就任する。鉄道省出身の十河信二は経理部長に、太田圓三は土木部長に、金井清は官房文書課長に発令される。実質的な格下げである。大震災の発生からわずか半年。被災者たちは苦しみの渦中にあったが、政界や官界の震災復旧への関心は急速に薄れていった。

清浦内閣打倒を叫ぶ政友会、憲政会、革新倶楽部の護憲三派は、政権奪取に血眼になっていた。その間に政友会は派閥抗争で分裂、床次竹二郎ら脱党者は政友本党を結党する。五月に行われた総選挙では憲政会が百五十一議席をとって第一党となり、政党内閣の樹立を元老の西園寺公望たちに激しく働きかけた。六月に入ると清浦内閣は総辞職し、憲政会総裁の加藤高明に組閣の大命が下った。加藤内閣は護憲三派の連立内閣として発足、この内閣で憲政会総裁の若槻礼次郎が内務大臣に、また鉄道大臣として仙石貢が入閣した。

新政権が発足しても、震災対策に本気で取り組む気配は全く見られない。十河信二の怒りは次第に押さえ切れなくなってきた。組織のトップである若槻内相に直談判するしかない。こう決意した十河は何度も面談を申し込むが一向に音沙汰がない。知人の代議士、永井柳太郎に「憲政会というのは国民から遊離した政党だ。人の意見を聞こうともしない」と苦情をいうと、永井は「待っていてもラチはあかない。早朝に若槻邸に無断で押しかけろ」。十河はある日の午前五時、牛込の若槻内相邸に一人で乗り込んだ。押し問答の末、若槻は十五分なら会うという。大蔵省出身の若槻はそれまでにも二度にわたって大蔵大臣を務め、その後も第一次、第二次若槻内閣を組閣した大物政治家である。

「新内閣は帝都復興をおやりになる方針なのですか。それともこれまでの計画を変更、もしくは中止しようと考えているんですか」

十河はいきなり大物大臣にこうぶっつけたのである。部下である若い一部長に問い詰められた若槻は激怒した。

「なぜそんな質問をするのか。許し難い。帝都の復興は早急に実現したいと決意している。当たり前のことではないか」

「大臣がその決意を持っていることを今初めて理解した。憲政党を始め各政党は、普通選挙の実施などを巡って市内各所で毎日のように演説会を開き、復興計画に対する反対運動を続けている。復興局職員はそれに振り回され、仕事もできない有様ですぞ。国民が望んでいる復興を本気でやる気がないのではないか」

「そんなことでは困る。君たちは勉強して復興計画を貫いてもらいたい」

「大臣にどんな決意があるか知らないが、それが実際の言動となって外に顕れて来ない限り国民は知る由もない。待てど暮らせどなんの反応もないではないか」

十河は相当な大声で罵声をあびせたのだろう。この時の直談判は一時間に及んだ、と十河は

「備忘録」に書いている。彼はどんなに大物政治家であろうと遠慮することはなかった。若槻も十河の厳しい追及に辟易し、誇りも傷つけられたのだろう。翌日、前復興院副総裁の松木幹一郎を呼び「復興局には〝ゴロツキ〟がいるよ」と苦情を言った。

それでも一向に動き出さない内務省幹部に見切りを付けた十河や太田は、道路計画は国会で審議し決定することになっているが、橋梁工事についてはなんら言及していないことに目をつけ、道路工事は後回しにしてどしどし橋梁工事を進めた。この結果、「橋梁はできたのに、道路工事は一向に進まないという奇妙な現象も出現した」のである。

若槻内相は同じ閣内にいる鉄道相の仙石貢に鉄道省出身の〝ごろつき十河〟の処遇を相談したのだろう。「大臣を怒鳴りつけるような〝ゴロツキ〟を内務省においておくわけにはいかない」。仙石は鉄道院総裁時代に十河の性格を熟知していた。仙石は八月十四日、経理局長として十河を鉄道省に呼び戻す。同時に十河の同期である門司鉄道管理局長の種田虎雄を運輸局長に抜擢した。

仙石は鉄道大臣に就任した時、横浜市の助役として震災復興に飛び回っていた青木周三（仙石の姪の夫）を経理局長に就任させた。その青木をわずか二か月で事務次官に昇進させ、その後任に十河を据えたのである。種田も門司管理局長に就任して一年たったばかりだった。相当に強引な人事だったと言えるだろう。かつて会計課長十河信二、旅客課長種田虎雄と若手課長の中核だった二人のコンビが、今度は仙石貢という異色大臣の下で、最高幹部の経理局長、運輸局長として復活したのである。

第七章　復興局疑獄事件

雷大臣の信頼

帝都復興院総裁、後藤新平の理想を実現しようと懸命な努力を続けた十河信二だが、政友会、憲政会など既得権益にこだわる既成政党の壁に阻まれ、夢の実現は挫折した。刀折れ矢尽きた形の十河を、古巣の鉄道省へ引き取った「雷大臣」仙石貢は、かつて鉄道院総裁だったころから〝変わり者〟十河の手腕を買い、可愛がった。仙石は十河の中に、自分と同じ「何か」を見ていたのだろう。十河もまた仙石についてこう述べている。

〈仙石大臣は私を大変信用し、なにかにつけて目をかけてくれた。雷大臣とこわがられてもいたが、また確かにやかましい、近寄りにくい印象を与えてはいたが、筋の通ったことにはすぐ賛成するし、みずから合点したとなれば、すぐに実行し、正しい主張をすれば、何人を問わず

相手の心にとけこんでしまう純情無比のところがあった。また高潔無欲の点においては実に典型的人物であった〉[*10]

加藤高明内閣の鉄道大臣に就任した仙石貢がまず取り組んだのが、うるさい国会議員たちを敵に回すことになる「鉄道無賃パス」の全廃だった。当時、枢密顧問官、貴族院、衆議院両議員、陸海軍大将、知事、大口荷主などには鉄道全線のフリーパス数千枚が支給されており、彼らにとっては大変な既得権益だった。仙石は就任三か月後の九月、この全廃を打ち出す。かつて課長時代、「一等車」の全廃を進めた十河信二や種田虎雄は大賛成だったが、政治家たちの圧力や脅しもあって鉄道省の多くの幹部は躊躇した。仙石の下には苦情が殺到した。だが彼は一切、耳を貸そうとせず、躊躇する幹部たちを怒鳴りつけ、これを実施したのである。反発した政治家たちは翌大正十四年四月、「国有鉄道無賃乗車規則」を議員立法で作り、半年後にはこれを復活してしまった。その名残は平成の今の時代まで続いている。

加藤内閣は大正十四年度の予算編成で大幅な予算削減と行財政改革を打ち出す。大震災に襲われた日本の国家財政に余裕はなかった。前年度十六億円だった予算を十三億円台、震災対策費を除くと十億円台までに削減する事を目標とした。時の大蔵大臣は後に首相となる浜口雄幸である。高知県出身で同郷の大先輩である浜口を、仙石は若い頃より慕い尊敬していた。仙石は経理局長、十河を呼び、鉄道省は先陣を切って緊縮財政に協力することを命じる。仙石の指示は鉄道省予算の中核を占める鉄道建設費、改良費八千万円を六割以上も削って三千万円にすることだった。この予算原案に政友会など新線建設推進派から猛反対の声が上がり、改良費の削減には省議でも安全性確保を巡って強い反対意見も出た。しかし、仙石は浜口蔵相の予算削減に協力するため「大臣命令」としてこれを押し切ったのである。

予算案が出来上がると仙石は十河に命じた。「浜口蔵相には俺が説明する。君は次官以下、大蔵省の担当者に省議決定の次第をよく説明しておいてくれ」。大蔵省に行き次官らに説明する。「新線建設はともかく改良費は削りすぎではないか。これで輸送が無事にできるかどうか。君はどう思っているのか」と聞かれた十河は、「私も無理ではないかと、心配しています」。大蔵次官は「そのことを浜口大臣にも直接説明しておいてくれ」と彼を大臣室に案内した。十河は「仙石大臣からお話があると思います」と断って、〝私見〟を話した。「君の意見は正しい。そこまで緊縮することはない。仙石大臣には自分がちゃんと話すから、君から報告しなくてもよい」。浜口も友人である仙石が、無理をし過ぎているのではないかと心配していた。

数日後、十河は仙石に呼ばれた。「お前は使者の役目を心得ているのか」。仙石はいきなり言葉も荒く怒鳴りつけた。

「予算案の説明に大蔵省に行けと言った時、大蔵大臣にはわしが話すと言ったのに、お前は大臣にまで話したそうじゃないか。けしからん」

「私は大臣の命令のまま省議内容を詳しく説明し、ちゃんと役目を果たしました。次官が私の意見はどうか、輸送上支障はないかと聞かれたので、正直であれという大臣のかねてからのおさとしに基づき、省議はこうですが、私見はこうと説明したのです」

「それがいかんじゃないか」

「ではなぜ局長（である私）を使いに出されたのですか。蓄音機と同じような役目なら書記で事足りましょう。意見を聞かれた時、意見をいう必要があるから私を出されたのでしょう」

「大臣には、わしから話すといったではないか」

「それは伺っていましたが、次官がぜひ大臣に説明して欲しいといわれたので説明したわけです。それも省議と私見とことを分けてお話しいたしました。蔵相がそのどちらに賛成しても私に責任はありません。それでも私が不都合だといわれるなら、これから大臣のお使い役は辞退させていただきます」

　仙石に負けず強情な十河が、こう言って開き直ると、仙石はようやく表情を和らげ「わかった。わかった」。仙石はこれまで以上に十河に目をかけ、信頼感を強めていく。十河が仙石を〝純情無比〟と評するなら、十河もまた少年のような純情な一面を持っており、それが互いに共鳴し合ったとも言えるだろう。

　この年の予算編成は浜口の英断もあり、結局総額で前年の一億円減だけに留まり、鉄道改良費も大幅に復活する。仙石は鉄道大臣を辞める際、後任の井上匡四郎《ただしろう》のため、すでに使った機密費を自分のポケットマネーで埋め合わせ、予算同額にして引き継いだ。また後の満鉄総裁時代も、在任中の報酬、ボーナスには一度も手をつけず、「それを悉く浜口雄幸氏のところへ届け、自らは家屋敷や株を担保に銀行から借金して」[*9]いたという。

後藤新平・森恪連携の模索

「私の鉄道人生で最も長期間仕えたのは後藤新平と仙石貢である。二人は生涯を通じて私が最も影響を受け、教えられた師であった」

　こう言い切る十河信二は、鉄道省経理局長としての日々の業務をこなしつつも、迷っていた。後藤の帝都復興にかける純粋な理想が、「政治」という大きなカベに打ち砕かれていくのを目の前にして、結局、理想は現実の力の前に勝てないのではないか、という思いである。理想実現には力が必要だ。力とは何か、それは物事を実現する実行力だ。きれい事だけでは済まないのではないか。

「医師から政治家となった後藤新平は天才的なアイデアリストであり、いろいろなアイデアが頭のなかに縦横にひらめいた。純粋な理想を持ち、創造力に富む天才的な人であるが、惜しむらくは政治家に必要な一つのことに拘る執着心が足りないのではないか。無数のアイデアの持ち主であることが、彼の実行力を弱めており、それが彼の長所であるとともに短所になっている」

「後藤新平は何かを計画しても、反対者が出るとそれを取り止め、新たなアイデアに乗り換えて、こちらを実行しようと方向を変える。なにか障害にぶつかると、別の計画に変えようと比較的簡単に転換する。実行が伴わなければ絵に描いた餅である。すばらしい見識をもった帝都復興計画が日の目を見なかったのは、粘り強い努力を積み重ね、反対党を説得する人物が彼の周辺にいなかったためだ」

　後藤新平の欠点を克服し、彼の理想を実現するには強力なパートナーが必要ではないのか。

「私は後藤の見識を生かした国家百年の計のためには、実行力のある政治家を後藤と結びつけることが必要であり、それが国家百年の計のため私が邁進すべき任務であると決断した」

十河が白羽の矢を立てたのが、当時、政友会のなかでめきめきと実力をつけていた森恪であった。三井物産の商社マンから政治家に転進した彼を、米国留学中に中国問題に関心を抱いた十河は帰国後、毎日のように訪ね、教えを受けていた。孫文ら中国の革命家たちとも対等に渡り合ってきた森は、豪胆な気質の上に権謀術数にも長けた策士である。

「後藤新平の側近にふさわしい実行力ある政治家は森恪しかいない」

そう確信した十河は「帝都の復興は日本の復興である。そのためには後藤新平を党首に担ぎ、彼を支える側近に森を配した新党を結成し、政友会も憲政会もたたき潰すしか道はない」と決意し、後藤・森連携工作に動き始めた。「親父の遺言なんか守っていられない。俺も政界に飛び込んで新党をつくる」と十河自身〝親不孝な決意〟をしたのである。

十河の父、鍋作は大正九（一九二〇）年九月、七十二歳で病死する。その時、十河に「政治家だけにはなるな」と遺言していた。激しい政争に明け暮れる当時の政党政治家の姿をみて鍋作は、息子にだけは無様な政治家になって欲しくないと思ったのだろう。十河は密かにそんな父親の願いさえ破る覚悟をしたのである。

十河は鉄道省経理局長としての業務を終えると、せっせと後藤邸、森邸に通い始める。後藤新平と森恪の連携――「私の最大の仕事はこれだ」。当時の十河はこう思うようになっていた。しかし、これを実現することは容易なことではない。鉄道大臣の仙石貢は憲政会の党員であり、後藤も離党したとはいえ、憲政会に籍をおいたことがある。森は憲政会とことごとく対立し、激しい政争を繰り返している政友会の幹部である。鉄道の広軌か狭軌かを巡っても、憲政会と政友会は水と油であった。全く意識の異なる後藤―森を握手させて協力関係をつくり、新党を結成しようというのである。常識的に考えれば不可能に近い。しかし、十河は「後藤邸、森邸を頻々と訪問し、二人の融和提携を働きかけた」のである。

大正十四年八月、第二次加藤高明内閣が発足、仙石貢は鉄道大臣として留任する。この組閣で新たに法務大臣に就任したのが、それまで内閣書記官長を務めていた憲政会幹部、江木翼《たすく》である。江木の養父である貴族院議員江木千之《かずゆき》が、帝都復興審議会の有力メンバーとして後藤新平の復興計画を激しく批判したことは前述した。江木翼も、土地区画整理事業で地主に一割の土地を無償で提供させる後藤たちの復興計画は、私有権を無視した共産主義ではないか、との疑念を強めていた。彼は貴族院での反対演説で「区画整理による土地収用法」を、革命が成ったばかりのソ連を引き合いに出して、概略、次のように強く批判していた。

「(土地区画整理は)一割まで無償でこれ等の土地というものを国有に編入する、いわば没収する、という趣旨の法案になっている。この点であります。私がお尋ね致さんとする点は……いわゆる民有の土地所有権を無償で国庫に没収するというが如きことは如何なる根拠でなさるのか。申し上げるまでもなく、所有権の規定は憲法に掲げられていると思うのであります。所有権を徴収するに当たっては、必ず代償を与えねばならないことになっている。未だかつて代償なしに所有権を没収した例というものは、犯罪の為に所有権を没収する場合の外はないと思います」

「この法案は実に恐ろしき法律ではないかと考えるのであります。所有権に対する憲法の保障が全くなくなったような感がするのであります。ロシアの『ボルシェヴィーキ』の憲法に至りますと、いきなり所有権というものを強奪しすべて無償である。未だかつて無償で仕事をするものはないと思いますが、ロシアに限って無償である。総ての農地なり、工場なり、会社なり、銀行なりを国家に没収した。たとえ一割でありましょうとも、五分でありましょうとも、無償でこれを没収するとは私には理解が出来ないのであります[*43]」

区画整理を伴う復興計画に強い危機意識を持つ江木は法務大臣として、後藤と森の間を夜ごとに往復する十河の行動に疑いを強め､検察当局に命じて監視を続けていた。当時「三権分立」の思想はまだない。検察は完全に法務大臣の指揮下にあった。江木を中心とする憲政会主流にとって森恪は、彼が政界入りした当初から火花を散らして戦ってきた強力な政敵であり、強い警戒感を抱いていた。ある日、十河が森邸を訪問すると、森は「我が家を取り巻くこわい目の男たちを見なかったか。君は憲政会内閣の官吏じゃないか。いつ捕まるかも知れん。注意しろよ」と十河に警告した。政治の世界の怖さを十河はまだ理解していなかった。森の憂慮が的中することを、彼は想像さえしなかったのである。

森恪が三井物産を辞め政治家に転身しようと政友会に入党したのは大正七（一九一八）年である。この頃、森は三井物産天津支店長を辞め、日中合弁の中日実業を始め、中国各地の鉱山、製鉄などの事業の創立に参画していた。政友会を選んだのは、当時総裁だった原敬の「政治は力なり」という強権政治にあこがれ、同党の大陸積極策が彼の思想や行動と一致していたためである。十河信二は師である後藤新平に欠けた実行力や、政治家に必要な権謀術数の才を森恪に期待した。しかし、それは政治という泥沼に自らが足を踏み入れることを意味していた。正直者で純粋さを持つ十河が、権謀術数の世界を学び策士たらんとすれば、阿部真之助が指摘したように、「性格喜劇と悲劇を演じる」ほかはない。

政友会入りに当たって、森は多額の献金をした。その額は一説によると五万円だったと言われる。現在の金額にすれば二億円近い。この献金が功を奏したのか、彼は大正九年の衆院議員選挙で、神奈川県足柄郡に地盤を築いていた有力候補者を押しのけて公認され、当選する。憲政会は当初から「金権政治家」と森批判を繰り返していたが、当選翌年の大正十年二月、衆議院予算委員会で森の献金の出所を厳しく追及した。いわゆる「満鉄事件」である。以後、森恪と憲政会の間には、怨念に近い暗闘が繰り返されてきた。そんな中で、森に近づいていった十河信二もまた、憲政会の恰好の〝標的〟となるのである。

「満鉄事件」と「朴烈事件」

「満鉄事件」とは何か。大正八年、原敬首相の推挙で満鉄副社長に就任した中西清一の社内改革に反発した庶務課長山田潤二が、手記「赤心録」を「大阪毎日新聞」に売り込み、それが同紙に掲載された。逓信省の官僚だった中西は大隈内閣の政策に反対、逓信省を辞したが、原敬が首相となると同省次官として復活、半年後には満鉄副社長として送り込まれた。彼は就任早々に職制改正に乗り出し、社員の大更迭を行った。「政友会色の強い中西に対し、政党の関与を嫌う満鉄社員の間に強い反発が起きた」のである。

大正十年二月の衆院予算委員会で憲政会の早速整爾《はやみせいじ》がこの記事を材料として、原内閣を攻撃、政治問題化する。早速は「満鉄の内部は伏魔殿であり。これが権力と結託すれば大醜態が起きる」と指摘し、森恪が当時、専務を務めていた「搭連炭鉱」の買収問題を最大の問題として追及した。

「搭連炭鉱は坑層も薄く、命脈幾何《いくばく》もないのにこの採掘権を同炭鉱専務、森恪と満鉄副社長中西清一との間で二百二十万円で売買する契約が成立した。こんな価値のない炭鉱を高価で引き受けた理由は何か。現に撫順炭鉱は出炭過剰で悩んでいるのに、どんな必要があって搭連炭鉱を買収したのか」

「わずか四十万円位の価値しかない搭連炭鉱を二百二十万円という高値で買収し、その差額百八十万円が政友会に提供されたのではないか。買収の時期は総選挙と重なっており、その時期から判断して森が選挙戦に出馬するためのものだったのではないか。この買収は満鉄の利益のためではなく、森個人の利益のためだったのではないか」

当時の百八十万円といえば、今の五十数億円に相当するだろう。その金額の膨大さは世間を驚愕させる。森は「金権政治家」のレッテルを張られ、非難の的となった。

それだけではない。憲政会院外団三人が満鉄株を買って株主となり、副社長中西を背任罪で告訴する。森恪は証人として喚問され長時間の訊問を受けた。中西は一審で懲役十か月の判決を受けるが、控訴審では証拠不十分で無罪となり事件は決着する。裁判の過程で森と中西との間に売買契約が結ばれたのは総選挙とは関係ない大正八年であり、森は最初に三百万円の売値

局この事件は党争の具に供されたに過ぎない」[*37]と書いている。
係という形式を備えてつき出されたため予断憶測を与え」、浮薄なる世論の犠牲になった。「結
らかになり、森の嫌疑は晴れた、という。山浦貫一はその著『森恪』で「満鉄と政友会の醜関
を提示したが、中西は二百万円に固執し、交渉の結果二百二十万円の価格が成立したことが明

「金権政治家」と攻撃にさらされ、一時は〝政友会除名〟まで囁かれた森恪だが、彼は委縮するどころか、これをきっかけに懸命に法律を勉強する。自分の身を守るためには法律で武装する必要がある、と考えたためである。憲政会に敵意を燃やし続ける森は、すぐに反撃に出た。関東大震災後から昭和にかけて一大政治問題になった「朴烈事件」である。「この事件の発生進展に就いては森が深い関係を持っている。否、森が構成した政治問題である」と山浦貫一は言い切る。事件の概要はこうである。

関東大震災直前の大正十三年八月に保護検束された朝鮮人、朴烈と内妻の金子文子が、その年の秋に予定されていた皇太子（昭和天皇）の婚儀に際し、皇太子の車に爆弾を投げ込む計画をしていた、と自供した。二人を検挙したのは、無政府主義者大杉栄と内妻の伊藤野枝を虐殺した渋谷憲兵分隊長時代の甘粕正彦だった。二人は大逆罪で起訴され、大正十五年三月、大審院で死刑判決が出た。ところが四月になると、検事総長の恩赦を求める上奏によって、二人とも無期懲役に減刑される。事件はもともと具体性のないお粗末なものだったが、朝鮮人の中にこんな危険分子がいる、という政治的意図があったといわれている。

大逆罪で死刑判決を受けた二人の恩赦は、皇室の尊厳を冒すものだ、と右翼団体などが騒ぎ

出す。そんな最中に「朴烈並びに文子が予審調室に於いて、相擁して狂態を尽した醜怪な写真を印刷した怪文書（冊子）が各関係方面並びに各新聞社に突如として撒布され」[*37]たのである。写真は予審判事が市ヶ谷刑務所内で撮影したもので、朴の膝に文子が乗り、朴が文子の肩から胸に手を回したポーズである。朴烈は、同じ刑務所にいた男が出所する際、この写真を手渡し、所外に持ち出されたものだった。この写真が「大化会」の岩田富美夫《ふみお》に渡り、さらに政友会の森恪のところに持ち込まれたのである。岩田らは都内で政府糾弾集会を開き、その写真を公開、「司法の腐敗」を糾弾した。

森は政友会本部に綱紀粛清調査会を設けて真相究明と政府攻撃に乗り出す。法相の江木翼は「怪文書は何者かの偽作」と断言するが、森は「予審判事が撮影したことを隠蔽し、その判事を病気を理由に退職させ、責任を糊塗しようとした」と激しく糾弾した。騒ぎの最中に市谷《いちがや》刑務所の看守二人が「刑務所内における朴烈優遇の事実」などを暴露した「摘発文」を、西園寺公望など元老や有力政治家に送りつける。「この事件も詮ずる所、森の仕事であった」[*37]。二人の看守は森らの立ち会いのもとに日比谷・松本楼で記者会見し、摘発書を公表する。朴烈事件は本格的な政治問題となり、政友会と政友本党は一体となって憲政会内閣を批判した。泥沼化した事件は、憲政会の若槻礼次郎（首相）、政友会の田中義一、政友本党の床次竹二郎の三人が協議して「政治休戦」に持ち込み、漸く決着をつけた。森恪はこの事件について「朴烈事件と国家」と題した演説草稿でこう述べている。

〈朴烈、文子は強烈なる虚無思想の持主であり、この思想を実行する第一歩として、我が皇室に危害を加え奉らんとしたのであります。しかもこの犯人は強き意志の所有者であって、初めから終りまで、我に死を与えよ、然らざれば無罪として世の中に出せ、世の中に出たら幾度でもこの思想の実行を繰り返してみせると豪語しておった。（略）かくの如き犯罪人に対して政府は何故に減刑の奏請をなしたか。これ明らかに上聖明（天皇陛下のこと）を蔽い奉りたる政治上重大なる失態である。（略）かくの如きは君徳を傷つけ、皇室の尊厳を冒瀆し大権を干犯したるも同一である*[37]〉

「満鉄事件」と「朴烈事件」は、憲政会幹部の江木翼と、遅れて政治の世界に参入し、政友会の実力者となりつつあった森恪との、おぞましいほどの政争劇だったともいえるだろう。政党間の「政治休戦」が成立しても、二人の確執はこれで終わったわけではない。法務大臣のポストにある江木翼が、後藤新平・森恪の連携を図ろうと森の下に日参している十河に、その〝照準〟を合わせていたとしても不思議ではない。

「謎のお役所――復興局」

話を本筋の帝都復興問題に戻そう。憲政会の加藤高明内閣が成立した直後から、在京のマスコミ各社は「復興局」に対する強い批判の声を上げ始めた。その先陣を切ったのが「読売新聞」である。同紙は大正十三（一九二四）年六月三十日付朝刊で、復興局の区画整理事業が早くも暗礁に乗り上げつつある実情を、「いつ迄もグズグズ　捗取らぬ区画整理　反対の陳情や抗議に　当局も閉口頓首の態」との見出しで概略、次のように報じた。

「帝都復興計画事業の中枢となっている土地区画整理は決定してから二か月余になるのに、目鼻がつきそうなのは神田駿河台だけで、他は思うように捗らず予定通り全部完了するのは困難になって来た。この困難を見越して、区画整理反対の運動を起こすものが多く、復興局や内務省に反対陳情がひっきりなしに来る有様で、当局も持て余している。反対運動をしている一部代議士の中には、選挙区の関係からご機嫌取り的に、区画整理に反対している者もいて前途に危惧を抱く者もいる」

十河信二に経理局長として鉄道省復帰の辞令が発令されたのが同年八月十四日。これにタイミングを合わせたように、本格的な復興局批判キャンペーンを始めたのは、「時事新報」だった。明治十五年、福沢諭吉が「中立公正」を旗印に創刊した新聞で、現在の「サンケイ新聞」の前身である。同紙は八月十三日付から三回にわたり、「謎のお役所―復興局[*45]」とのタイトルで厳しい復興局批判記事を掲載する。第一回は「内務、鉄道、大蔵三系統の寄合い世帯　事務はそっちのけ自派の勢力扶殖に　啀《いが》み合うのが其日の仕事」との大見出し。十河信二らも実名で登場する厳しい指弾記事で、その後の「復興局疑獄」の背景を示唆している。少し長くなるがその一部を引用しておきたい。

〈東京市民ばかりか、国民全体の頭に深く烙付《やきつ》けられた大震災もはや一周年に近づいたが、さて帝都の復興事業を司る大使命を有する復興局は一体何をしている、斯《こ》うした疑問が最近市民の頭にしかも時々思い出したように浮かぶのも不思議だ。それほど復興局は世間に忘れられ、市民に交渉が薄い存在であるに至っては誠に以て遺憾千万だ。復興局が復興院として一省に匹敵する大掛かりの組織を以て創立されて以来、内部に暗闘が絶えず、仕事はさっぱりしないで、世間の非難のまま今日に及んでいるというのは何としても珍しい役所だ〉
〈最近若槻内相は或る局長会議に於いて復興局の内情を具《つぶ》さに聞いて今更に驚きを新たにし「それは困ったものだ、早く何とかせねばなるまい」という深い決意の色を仄めかしたともいう。復興局の内部にゴタゴタが絶えず、仕事の成績が上がらぬというのも結局は人の問題で、現在の復興局は内務系、鉄道系、大蔵系の混雑した大きな寄合い世帯で、これ等の間の感情が融和せず、常に意見は衝突する、犬と猿のように啀み合う、連絡が少しも取れていない、事業の執行がすらすらと行かないというのは当然過ぎる位の結果だ。或る悪口家が言った――野犬を数十匹狭い部屋へ放り込んだ――それが復興局だと〉
〈そこで人の問題だが、（復興）院時代の内務系の頭目は現社会局長官の池田宏氏で、鉄道系は土木部長太田圓三氏、官房文書課長金井清氏、それに経理部長の十河信二氏が対抗して烈しく争っていたものだが、その系統の争いは愈々露骨になって来て、今では高等官ばかりではない一属官の進退にすら一々系統がつき纏って円満に行かぬ騒ぎなのだ。（略）内務系に云わせると鉄道系は親分後藤子（子爵）をカサに着て横暴到らざるはないという〉

翌十四日付の第二回の見出しは「後藤子の威をかりて歯をむくもの　技術を鼻にそり返るのが鉄道天狗　百鬼夜行の寄合い世帯」。その〝標的〟は実名入りで鉄道省出身者に向けられている。以下、内容を要約する。

生え抜きの鉄道系である文書課長の金井清は、洋行して間もなく復興院に入ったというチャキチャキ。後藤新平に認められたからで、それも後藤の女婿鶴見祐輔の親友だという関係から寵をほしいままにしている。感情家で官僚臭があり、手腕はあるのだろうが、それを認める人は少なく、内務省系の彼に対する感情は非常に悪く、部下からも嫌がられ、「俗称官房長」とか「案山子の長官」と呼ばれている。

土木部長の太田圓三は鉄道系の技術家で、金井と肝胆相照らし、復興院時代から後藤の袖に隠れて威を専らにした。怒りっぽく小心家で人心を掌握する才のない男だ。内務系の池田宏とは犬猿の間柄。どっちが猿でどっちが犬か。だが常に池田に圧迫されて手も足も出ない所をみると、犬に追われて樹に逃げたお猿ではないか。今は後藤新平が去り、内務省の采配のもとで青菜に塩の惨めさだ。

内務系整地部長の稲葉健之助は前の副総裁、宮尾舜治の唯一の子分。北海道土木部長から抜擢されて復興院に入った。稲葉夫人は、内務次官夫人の姉妹であることから省内に勢力を張っているものの、まことに温厚篤実で大所帯を切り回す柄ではない。とかく蔑まれ勝ちで、区画整理には経験と手腕があるといわれるが、区画整理と切っても切れぬ間柄の土木部長太田圓三とは仲が悪く、御殿女中式の陰気な争闘を続けている。

鉄道系でも十河信二は、太田圓三、金井清と提携していながら如才ない人物で、内務系からも非難されず誉める人さえある。鉄道省に戻り経理局長として立派なものだという評判があるが、「その看板に嘘なしや否や」。

最終回（同十五日付）は「自動車運転手までが怠業気分　局内に時々開かれる『官設待合』斧鉞《ふえつ》の必要ある伏魔殿」との見出しで復興局の仕事ぶりに切り込んでいる。それによると、区画整理も土木事業も遅々として進まず、部長連中の横暴さに、公用車の運転手たちは働かないことを申し合わせたという。三日にあげず開かれている部長会議は愚劣なムダ話ばかり。急用の面会人も半日も一日も待たされる。その挙句部長たちは面会者も無視して「飯でも食いに行こう」と公用車を使って料亭へ。そんな部長会議を局内では〝官設待合〟と呼んでいる。復興局は伏魔殿となっており、各自が真面目に働けば三分の一の人員で十分といわれ、真っ先に行政整理をする有力な対象が復興局と決めつけている。

新聞が実名まであげてここまで思い切って書くには、いずれ事件に発展するという相当な確信があるからに違いない。その裏には積極的にリークする意図的で、記者が信用するに足る高レベルの情報源があったと思われる。後藤新平の帝都復興計画が潰れていった過程から推測すれば、区画整理事業に強く反発していた政権与党である憲政会の江木翼（法相）や若槻礼次郎（内相）らが、政友会の森恪との連携を深める後藤新平一派を狙った先制攻撃だった、と見てもよい。

「復興局大疑獄」の序章

〈果然・復興局に疑獄　調度係長収賄して拘引さる〉〈購入係員も共謀した不正入札　家具商六名検挙さる〉

「時事新報」が二面トップでこう報じたのは、「謎のお役所―復興局」を連載してわずか一週間後の同年八月二十一日付朝刊。その後一年余にわたって世間を騒がせた「復興局大疑獄事件」の幕開けだった。前ぶれ企画が的中した形の同紙の記事を、以下に引用する。

〈震災後、市民が帝都復興に血汗を絞っている折柄、瀆職事件が帝都復興の策源地である復興局内に起り、遂に醜状を曝すに至った。復興局紊乱は先に数日間に亘って本紙の戒めた所であるが、今回の事件は復興院の設置さるる際、内務省都市計画課の会計係から、復興局経理部会計課属、調度係長に転じた府下西大久保四〇〇山本吉弘（五〇）と、同課購入係員属、四谷区坂町九二藤森護（二五）の両名が、御用商人と結託して不正入札を行い多額の金品を収受した事件で、贈賄した商人は四谷荒木町二七家具商佐藤英次（四一）を首魁に（略）六名で、彼等に復興局入札の家具類其他納入品に対する便宜を与え、報酬として山本は現金約二千円、藤森は約千円を収賄し、其他家具品等をも受け、同時に昨年暮から七月末日まで百余回に亘り、芝神明町待合《まちあい》、津《つ》の国家《くにや》松月《しょうげつ》梅吉（略）等で豪遊を極め、支払わした其遊興費のみで数万円に上る近来の大不正事件である。前記贈収賄八名は今二十日、一件書類と共に検事局に送致されたが、尚今後取調べの進行と共に更に拡大する模様である〉

さらに別稿で、「六名の御用商人は入札ごとに妥協して高価に落札し、その利鞘を以て遊興費もしくは贈賄費に当てたもので、復興局がこれら不正商人に落札した総額は六十万円に達し、（略）二十万円以上の不当利得を与え、商人らはいずれも妾を囲い、豪奢の生活を営んでいた。なお収贈者側の巨魁、山本は内務省に入る前、滋賀県及び兵庫県で警察署長を務めた男である」

と書き、「帝都復興のために市民の多数が生死を賭している際、かくのごとき不正事件の出たことは言語道断である。今後ともあくまで糾弾する決心だ」との警視庁刑事部長の談話を掲載している。

警視庁は事件の概要を発表したのだろう。この日の「東京朝日新聞」夕刊は一面トップで「復興局の大疑獄」と「時事新報」とほぼ同じ内容の記事を掲載、「事件はさらに拡大の見込みで警視庁は捜査の歩を進めている」とし、「読売新聞」も同様の記事を掲載している。この事件では山本が懲役七か月・追徴金千二百九十万円、執行猶予三年の有罪判決など被疑者全員が有罪となる。各紙が指摘したようにこの事件は復興局疑獄の始まりに過ぎなかった。

年が明けた大正十四（一九二五）年二月十五日、東京・神田橋の復興局に衝撃が走った。会計検査院の検査官六人が前ぶれもなく復興局に乗り込み、応接室に陣取って、経理、整地、土木、建築各部の帳簿提出を求め強制調査を始めたのである。調査期間は本局が十日間、市内四か所の出張所が各三日間、横浜出張所七日間に亘り、検査院は延べ百人を越す係官を動員する。

〈（会計検査院は）伏魔殿とも称せられる厖大な復興局の大掃除をする意気込みであるという。何しろとかくの噂もあれば現に疑獄事件を暴露しながら、一度も検査院の手の入らなかった復興局だけに、この不意打ちに局内は遽《にわか》に狼狽して、帳簿は山の如く検査官の卓上に積まれ、各部の部長、課長、係員は一々検査官に呼び込まれて質問応答に、局内は狼狽し切っている〉（同日付「時事新報」）

会計検査院が本格的に調査しようとしていたのは、二千五百万円に上る復興予算の使途だった。同紙によると、予算内総額のうち八割以上を占める二千百七十万円の土地買収費については「ブローカーの横行から、奇怪な事実が専ら伝えられている」。さらにもう一つの問題は、復興院が震災後に買い付けた木材百二十万石、金物二万六千トン、木炭二百十万貫などで、「うち木材二十万石は未だに売り切れず持ち腐れとなっている」。大損失を出しているのに、未だ確たる清算がついていないと指摘する。

「検査の結果は勿論、予測すべきでないが、とにかく職責として厖大な金の費消されている物資供給及び復興事業費について徹底的にその当否を吟味する。それには基本たる経理課から始めて全般に及ぼすつもりである」

「時事新報」は意欲的な検査官の談話で、この記事を締めくくっている。十河信二は復興院時代から復興局に至るまで経理部門の最高責任者である。検査院が指摘する木材の買い付けや売りさばきについては、復興院時代に総裁の水野錬太郎の「総裁命令」にも抵抗して、売却を拒否したことは前述した。検査院の調査の最終的な狙いは、十河信二に向けられていた、といっても過言ではない。

整地部長、稲葉健之助の逮捕

加藤高明内閣の内務大臣、若槻礼次郎も司法大臣、江木翼も当時、復興局疑獄の捜査状況を把握できる立場にあり、捜査対象がしだいに絞られつつあることを十分に認識していたとしても不思議ではない。同年九月八日、土地区画整理事業を担当してきた整地部長、稲葉健之助が突如、「健康上の理由」で辞職し、そのポストに文書課長（前東京市助役）の吉田茂が就任した。「読売新聞」（同九日付）は「首をすげ替えて　これから復興の本筋へ」「兎角《とかく》の批評があった稲葉部長が　責任を一人背負わされた形」との大見出しで報じた。

復興院発足時に総裁の後藤新平が、北海道土木部長だった稲葉を引き抜き、土地整理局長に据えたことは前述した。「読売新聞」は「（稲葉氏は）二年間、（整地部長の）職にあったが、兎角復興事業は遅々として進まないので復興局は四面楚歌に包まれ、稲葉氏はその責任を一人背負わされ、非難の中心人物となっていた」と書く。同紙はさらに稲葉辞職の背景を、「復興局の中心である整地部の内情に関し種々の噂や取沙汰があるが、なにぶん利権屋の暗中飛躍もあり、とかく復興事業の進捗が思うようにゆかぬ事情も認められているが、また一説には復興局には生抜きの内務省系と鉄道系が勢力の張り合いから事々にいがみ合い、復興事業が進まぬので先に鉄道畑の十河、金井両氏を鉄道へ追い出し、今度内務省生抜きの稲葉氏が争いの犠牲」になったと解説している。

稲葉の辞職は、表向きには「健康上の理由」だったが、捜査の進展をにらんで、彼の首を切った、というのが真の理由だったのだろう。内務省出身の稲葉が現職の復興局整地部長で逮捕されるのを、憲政会の江木や若槻は避けたのである。辞職から三か月余が過ぎた十二月十八日、捜査当局は「療養」と称して栃木県・那須温泉で静養していた稲葉健之助を収賄容疑で警視庁に連行する。「稲葉前整地部長　温泉から留置場へ」「復興局の疑獄事件愈々発展して　昨夜遂に警視庁へ勾留」と十九日付「読売新聞」は大見出しで報じている。

稲葉の取り調べは十九日から本格的に始まり、自宅の家宅捜索などの結果、「動かすべからざる証拠が挙がり罪状が明らかになった」。稲葉は同日、市谷刑務所に収監された。「収賄金額は当初数万円と見られていたが、品川の土地買収に関する件もあり十万円を超える」

翌大正十五年二月五日、稲葉への贈賄容疑で警視庁に逮捕され、取り調べを受けていた田園都市株式会社元支配人、河野通（四〇）が「峻烈なる調べに耐えかねて罪状の一部を自白した」（二月六日付「読売新聞」）。河野は「現兵庫県事務官で工場課長の元復興局庶務課長、宮原顕三の手を通じて稲葉に多額の金を贈っていた」と自供したという。

稲葉の収賄事件での起訴収監者は贈賄側を含めて十一人に達し「疑獄は恐るべき勢いで発展していった」（同）。

十河信二の収監

大正十五（一九二六）年一月二十六日午後、鉄道省経理局長の十河信二は、開会中の国会の政府委員として政府委員室で待機していた。この日の答弁に備えて、袖は擦り切れてはいたが、モーニング姿である。今の国会議事堂が完成するのは昭和十一年であり、当時の国会議事堂は現在の経産省の辺りにあった。政府委員室に前ぶれもなくいきなりドヤドヤと数人の警視庁捜査官が踏み込むと、十河に捜査令状を示し同行を求めた。他の政府委員が驚く中を、十河は議事堂から直接、車で東京地方裁判所検事局に護送されたのである。

「身になんの覚えもない私は、一体なんのために召喚せられるのか、さっぱり見当がつかず、驚きもし、腹もたったが、拒否するわけにもゆきませんので、検事局に参りました」[*9]

十河収監のきっかけは、一月十三日に贈賄容疑で召喚された東海土地株式会社の専務取締役、朽網宗一が二週間にわたって「峻烈な取調べ」をうけていたが、「二十五日深更になって意外にも現鉄道省経理局長十河信二（四三）氏がこの疑獄事件に連座しているという奇怪な事実を自白した」（同二十七日付「読売新聞」）のだという。

以後、保釈されるまでの九十七日間、十河は市谷刑務所の未決監に収容される。鉄道省のエリート官僚としての十河信二の人生は、突如暗転することになったのである。

二十七日付の「東京朝日新聞」は社会面のトップで以下のように報じた。

〈鉄道省経理局長　十河氏収容さる　今暁市ケ谷刑務所へ〉
〈前任復興局経理部長時代に　例の疑獄に連座か〉

〈復興局の疑獄事件はさきに東海土地会社社長朽網宗一（前掲の「読売新聞」では専務）が収容されて以来やや中休みの状態であったが、東京地方裁判所検事局では、これまで収容した多数の被告に就いて取調べを進めた結果、二十六日午後に至り急に活動を開始し午後二時、石郷岡検事は岩松次席と打合せ、警視庁の土屋警部はその部下数名を率いて（略）現鉄道省経理局長十河信二氏を地方裁判所検事局に拘引した〉
〈検事局では直ぐに同氏を調室に移して約一時間にわたって石郷岡検事が取調べた上更に予審廷に移し、夕刻六時から犬丸予審判事が長時間にわたり厳重な取調べを為した末、今暁零時五十分強制処分で刑事三名付添い市ケ谷刑務所に収容した。（略）復興局の事件は同氏の収容により更に発展を見、数日中には又々数名の検挙を見る模様である〉

さらに別稿として「早朝出たままの主人を案じて　家人は収容を知らず」との見出しでこう付け加えている。

〈小石川大塚坂下の十河氏宅では、「主人は今朝早く宅を出て一時（今晩）になってもまだ帰宅しません。議会があるので昨今は毎晩十時頃帰宅するのですが、何か事件でも起ったのかといろいろ心配しているところです」と語っている。十河氏は愛媛県の産で本年四十三歳、明治四十二年東京帝大政治科を出て、以来鉄道省に入り経理局に勤務、大いに認められて次第に昇進し、復興局創設に際し経理部長となり、昨年の異動で鉄道省経理局長に登用され今日に及んだものである。今度の収容は芝浦埋立地買収に関し収賄した事実が判明したものである〉

「東京朝日新聞」は事件を政治絡みと判断したのだろう、翌二十八日付は一面、二面、社会面ともトップの扱いで十河検挙問題を報じた。

一面の見出しは「十河局長の収容に　大面食らいの臨時閣議」「議会の問題となるを見越し仙石鉄相から詳細報告して　政府対策に奔走」。

二面の見出しは「十河局長邸を始め　家宅捜索六ケ所」「判検事、市の内外に活動して　更に検挙の手は拡大の模様」「十河氏の罪は重い」。

社会面の見出しは「十河氏の検挙収容は　金の行方取調べから」「犯罪事実は木材に関せず

土地による少額の収賄か」「稲葉と結ばれた因縁」となっている。

紙面の扱いからみるとまさに一大疑獄事件の発生である。

しかし、事件の内容については、「捜査当局は厳秘に付している」として、どの記事を読んでも十河がなぜ検挙勾留されたのか、その容疑事実は実に曖昧なのである。社会面の解説記事は「犯罪事実については検事局も警視庁も口を緘している」として概略次のように推測している。

震災当時、米国、カナダから百二十万石の材木購入の際に収賄したという噂もあるが、この材木購入は周到な手続きを経て行われ、不正事が行われる余地がないようになっていた。その払い下げも三井とか鈴木とかの大会社と大きく交渉して払い下げたもので、その間に贈収賄などのいまわしいことは出来なかった模様である。また土地の問題にしても何百万円というような大規模な土地交渉は、たいがい三井、三菱、安田などと折衝していたもので、不正な関係は起こっていなかったのが事実らしい。

ただその間、五千円とか一万円とかの目立たない小さな土地を沢山まとめて復興局に売り込むため、多数の土地ブローカーが整地部を中心に活躍していた。その際、先に収容された稲葉健之助整地部長がこれらのブローカーと結託して、品川の埋立地問題その他で多額の収賄を受けていた事実がある。十河が同郷の関係あるいはその他の関係で、ブローカーを稲葉に紹介した等のことから、稲葉と一種の因縁関係が生まれ、最初は簡単に依頼されるままに仲介の労をとっただけのものが、知らず知らずに関係が深くなり、贈賄を受けるようになったものらしい。

十河の逮捕容疑に箝口令を敷く捜査当局の裏に、政治的な動きがあるのではないか、と「東京朝日新聞」は疑っていた。同紙は「検挙の裏面に　政策や党争か」（二十八日付）との見出しで、こんな解説記事を掲載している。

〈十河氏瀆職の事実は既報のごとく数日前から明瞭になり、東京地方裁判所の吉益検事正は係り検事より事件の顚末を聴取するや事重大となし、直に小山検事総長を訪れ協議を遂げた結果、拘引のことに決し、小山総長は十河氏が勅任官であり議会開会中のため、これを更に法相（江木翼）に諮ったともいわれている。その結果、罪状及び拘引時期について法相と総長の間にかなり長時間にわたる意見の交換があり、互いにその主張するところがまちまちで司直としての態度がまとまらず、そのため立石刑事部長は更にその罪状書類を点検したが、その結果（略）十河氏の罪状はたいしたことでなく、あるいは無罪になるかも知れぬ程度のものであったともいわれている〉

〈然るに、天下の耳目を聳動《しょうどう》するに至る、かくの如き検挙を見るに至った裏面には、司法省内における党争あるいは政治的理由が多分に働いていると観測している向きが多い。それに依ると、江木法相は就任と同時に、在来省内に根を張っていたいわゆる平沼閥なるものを一掃する態度に着々として出たといわれ、その当然の結果として司法部内の幹部中に、氏に対して一種の反感を抱くもの多く、議会開会中十河氏が政府委員として重要な人物で、法相が氏の検挙をば政治的に喜ばざるを既知し、十河氏の罪状が明瞭になった今日、犬糞的にこれを摘発し、法相困らせをなしたものではないかともいわれている〉

「背後に政争がある」ということに迫った「東京朝日」だが、「江木法相を困らせるための犬糞的（卑劣な手段での復讐）摘発」というのは、明らかな事実誤認であり、〝読み違い〟だった。法相の江木は、彼の政敵である政友会の森恪と、加藤高明首相と犬猿の仲である後藤新平の連携を図ろうと画策する十河信二に、強い警戒の目を向けていた。毎晩のように自宅を訪れる十河に、捜査当局の目が注がれていることに気づいた森が、十河に「警戒せよ」と忠告していたことは前述した。森の懸念は十河信二の逮捕となって的中したのである。記事が指摘するように、たとえ法務省内部の派閥抗争で江木への反発があったとしても、事実は「江木を困らせるため」などという情緒的なものではなく、江木自らが「十河逮捕」を強く主張し、押し切ったものだったのである。

検事総長らは恐らく「十河逮捕には無理がある」と江木の〝無理押し〟を止めにかかったと見てもよい。十河の逮捕召喚を強く主張する江木に対し、検事総長や刑事部長は「十河の罪状はたいしたことはなく、無罪になるかもしれない程度」と長時間にわたって説明した、というのが事実だろう。江木は同じ加藤内閣の閣僚である鉄道相の仙石貢には事前に十河逮捕を伝えていた。

十河を信頼する仙石は「俺は十河を信じている。十河は善人である。十河に限ってそんなことをする男ではない。君がどうしても十河を逮捕するというのなら、君が一切の責任を負う覚悟をしなければならない」と激しく江木に迫った。江木は「十河が無罪なら責任をとる」と答えたという。十河は「後藤新平と森恪は江木ら憲政会にとっては政敵だった。それで江木は、二人の連携を進める俺を、新党が実現しないうちに監獄にぶち込んだのだ」と述べている。

この記事が掲載された一月二十八日、一週間前に貴族院の議場で倒れた首相の加藤高明が病死する。同三十日、十河を〝ごろつき〟呼ばわりした内務大臣の若槻礼次郎が首相に就任、江木法相ら加藤内閣の全閣僚が留任した。

勾留、九十七日間

十河信二の勾留に至る経緯を、新聞報道を中心に追ってきた。だが、事件の核心は検察当局が厳しい箝口令をしいていたこともあり、新聞記事は検事局に都合のよい一方的なリークか、未確認の推測記事にすぎない。十河はどんな容疑で逮捕勾留され、どんな取り調べを受けたのか。それは一切報道されていない。犯罪報道は今でも同じだが逮捕勾留された被疑者に新聞記者が直接、取材する手立てはなく、捜査当局の発表かリークに頼るしかない。

一月二十八日付「読売新聞」は「十河氏自殺の恐れ」との三段見出しで、「昨日は鉄道省経理局長の椅子に勅任官二等と時めいた身も、今日は哀れ鉄窓に繋がれた十河氏は二十七日はとうとう検事廷に引き出されなかった。未決の氏は収監後、煩悶懊悩の極《きわみ》、食事の箸もとらず僅か一夜で見違える程、憔悴しているというが、刑務所では氏が思いつめた結果、万一のことがあってはと周到な警戒をしている」と報じた。十河はこの記事が伝えているように、一夜で憔悴し、自殺の恐れがあるような状態に落ち込んでいたのか。

拘束された日から取り調べに当たったのは、当時、東京検察局の〝鬼検事〟と恐れられていた敏腕、石郷岡検事である。十河によると、まず訊問されたのは、親戚関係に始まって政界、財界などの交友関係、鉄道省の事業に関係する取引先などだった。その中で特に懇意にしている人とはいつ、どういうことから知り合ったか、などを詳細に訊かれた。検事が何を問題にしているのか判らない十河は、ありのままにいろいろの友人と親しくなった経緯を説明した。

「するとつづいて、それらの友人と最近どのようにして往来し、どういう交渉があったかといいますので、これまたありのままを答えました」

「政友会の森恪宅に頻繁に出入りしているのかとか、君の取引相手はことごとく君と交友関係のあるところじゃないかというように、なにか予断をもって決めつけるような質問ぶりでした」[*9]

そして検事は最後にこう決めつけたのである。

「およそ友人関係というものは利益をもって結ばれるものである。物質的利益なくして交友関係は成り立つものではない。今、君の交友関係を一通り尋ねただけで明瞭なことは、鉄道省の機械、物資の取引先や事業の関係先で友人関係のないものはない。君とこれら友人関係の闇が相互の利益で結ばれていることは疑いの余地がない。友人というものは結局、利害によって結ばれるものではないか。なにか弁明の余地があれば述べて見よ」

「何の予告も予感もなかった」十河は、この「突然の居丈高の〝宣告〟でもするような検事の態度」に、怒りを押さえ切れなくなり、「かんしゃく玉を破裂させて、なじるように」検事を怒鳴りつけた。恩師の後藤新平や大物政治家、若槻礼次郎などにも臆することなく、大声で怒鳴りつけた十河である。

「全く理解に苦しむ。只今の検事の発言、正気の沙汰とも思われず。友人というものは神仏の恵贈によるもので、断じて個人的な物質上の利害関係で出来るものではない。あなたの言うような利害で結ばれたものは、友人といわれるべきものではない。ハートとハートの結び付きのあるものが真の友人であって、利益で結ばれたものは朋党の類である。検事の一言一句ことごとく納得できない」

検事も負けてはいない。

「何をいうか。ここは神聖なる裁きの場である。神とか仏とか宗教的なことをいうことは許さない。ハートとハートの結び付きなど色恋のようなことを言ってごまかすな。ちゃんと調べはついているのだから、どうにもならぬよ」

「再び申し上げる。神聖なる裁きの場と思うからこそ、神仏の恵みの外に友人というものは得られないと申したのだ。これは人生観の相違からくるものだ。私と検事とは住んでいる世界が違う。あなたがどういう意図をもって調べているのかわからないが、公の立場に立って人の運命を決定しようとする役人の態度とは思えない。これ以上、あなたと通用しない問答は無用だ。検事には法律上、許された権限がある。通じない問答は止めにして、あなたの権限を行使して自由におやりなさい。私は検事の尋問に対して今後、一切お答えしません」

明治憲法下の刑事訴訟法では被告の黙秘権は認められておらず、基本的人権としてこれが保障されたのは戦後の新憲法になってからである。しかし十河は検事に対し「問答無用の宣言」をし、黙秘権を行使したのである。

「贈収賄」というのは、公務員などに「不正な意図」で金品を贈与し、「不正な意図」があることを承知で金品を受け取ることで成り立つ犯罪である。十河にとっても、それまでの人生で、友人同士で金品のやり取りがなかったか、と問われればそれを否定することは出来ないだろう。しかし、真の友人が困っている時に、お互い助け合うべく金品のやりとりがあったとしても、それは友人として当然のことであり、そこに「不正な意図」や「利害関係」など微塵も入り込む余地はない。それが十河の信念だった。

そうしたやり取りが続いている最中に、検事局の係官が一枚の名刺を石郷岡検事に「十河さんへの面会要求です」と届けに来た。十河の一高時代からの親友、弁護士の百﨑保太郎だった。百﨑は十河に所用があって国会の政府委員室を訪ねたが、検事局に召喚されたと知って、あわてて駆けつけて来たのである。十河に問答無用と言われた石郷岡は「面会は許さぬ」と名刺を突き返した。

「弁護士という商売柄、面会を許さぬというだけで黙って引き下がるわけにはいかない。面会を拒絶するにはそれなりの法的根拠があるはずだ、いかなる法律のいずれの条項により面会を許さないのか、お示し願いたい」。百﨑は強く抗議した。検事は理に詰まり、十河との面会を許したが、その日のうちに接見禁止処分にし、十河はそのまま牛込・市谷刑務所に放り込まれた。

十河収監の翌二十八日には、土地ブローカー松橋良平を十河への贈賄容疑で収監する。松橋は元鉄道省経理局員で十河の部下だった。三十日夕刻、検事局は「復興局の土地収用問題及び鉄道省の物品購入問題に際し、松橋良平の橋渡しで請負業者、御用商人らから約二万円の収賄を行った」として、十河と松崎を贈収賄罪で起訴した。十河は同二十九日に鉄道省を「一身上の都合による依願免」の扱いとなる。事実上の解雇であり、「退職金は出なかった」。十七年間にわたる鉄道省エリート官僚としての生活は、世間の非難を浴びる中、突如終止符を打ったのである。

その後の二か月はなんの取り調べもなく、時々検事局の被告控室まで連れ出されただけだった。この間、警視庁は十河の収賄を立証しようと、市内の料亭や料理屋を片っ端から回り、ブローカーや業者と会食した事実などを徹底的に調べた。また、整地部長稲葉健之助への贈賄容疑で逮捕した業者らを厳しく追及した。しかし決定的な証拠を摑めなかった。三か月目に入って前後六回の取り調べを受けたが、「検事には先入観があるらしく、私の説明には耳を貸そうとせず、一方的に押し付ける奇怪千万な取り調べであった」。保釈されるまでの九十七日間、十河は外界との接触も絶たれる。彼が起訴事実の全容を知るのは、公判が始まってからの事である。

兄、虎之助の召喚と太田圓三の自殺

十河信二が「問答無用」と黙秘を貫くことになると、検察当局は彼の周辺を追及し、容疑を固めるしかない。まず狙いを定めたのが、収監された弟を心配して四国から急遽、上京してきた実兄の十河虎之助である。虎之助は弟信二の進学のため、自らの勉学をあきらめ、故郷で農業を営みながら、弟に学費の仕送りを続けた。その恩義に報いるため、十河は鉄道省に就職して以来、事あるごとに虎之助への送金を怠らなかった。検察は虎之助への送金の背後に収賄があるのではないか、と疑ったのである。二月四日付「東京朝日新聞」社会面トップに次のような派手な見出しが躍った。同紙の特ダネだった。

〈犯罪のカギを握る　十河氏の兄召喚〉
〈事業に失敗したその実兄と　同郷の請負師がなぞの関係〉
〈命の瀬戸の新事実〉〈兄思いから苦しい金の調達〉
〈その弱点をつけ込まれて　まず馬から打たれた形　知らず知らず深みへ〉

いつの時代でもそうだが、新聞がこう大々的に報じると読者の多くは〝十河有罪〟を信じるだろう。以下、記事の要約である。

十河元鉄道省経理局長のからまる疑獄事件を捜査中の検事局、警視庁は今回の事件と最も深い関係のある同氏の実兄虎之助氏が、弟の身を心配して先月二十九日、折よく上京してきたのを三十日早朝、極秘裏に参考人として召喚、昼夜兼行で取り調べを行った。その陳述により、刑事は各方面に飛び、捜査を進めているが、今回の事件の発端は虎之助氏から起こったことで、実兄の証言、陳述は十河氏の身辺に重大な影響を持つとみられる。

虎之助氏は極めて純朴な農夫だが、数年前から事業に手を出し、果樹園や陶器工場などを計画した。不慣れなためことごとく失敗に終わり、その都度、金に切羽詰まった結果、実弟の十河氏に金の無心をした。十河氏はその度ごとに月給やボーナスなどから工面して送金していた。ところがその当時、十河氏の部下で、十河氏にこの上なく心酔し同家にも出入りしていた元鉄道省経理局員、松橋良平（目下この事件で収監中）はこの事情をよく知っていた。松橋は何か事業を起こすとの理由で鉄道省を退職したが、その後も十河氏のためなら命も投げ出すと言っており、そのうち株で金を儲けるや金のことで十河氏を苦しめるのは忍びないと、最初は十河氏には内密に直接、実兄に金を渡していたという。

一方、これも同郷のつてで十河氏に接近しようとしていた請負師武川（今回の事件で収監中）も十河氏が実兄の問題で悩んでいることを知り、からめ手から取り入ろうとしたのか、松橋と同様に虎之助氏に金を調達したことがあるという。虎之助氏はその後、これらの人と次第に密接になり、十河氏もその実情を知ることになったが、既に遅く如何ともすることができなかったらしい。実兄の方も田舎者で何事も知らないので、弟が世話になっている人が好意的に援助してくれている位の軽い考えから、金を受け取ったものらしい。十河氏は兄を思う心と、抜き差しならぬ人情から、直接金銭授受やその他の不正はなかったが、ある点までの納入品やその他のことで請負師を採用した形跡があるらしい。

続いて二月七日には東京・芝浦製作所、販売主任の大竹武吉が召喚され、十河が経理局長だったころ購入した信濃川発電所工事をめぐる機材購入に捜査の目が向いていることも予感させるなど、十河が関係した各方面の関係者が呼ばれ、事情を聞かれる。もちろん、十河は実兄、虎之助までが召喚されていることなど、思いもよらない。

そうした中で、さらに悲劇的な事件が起きた。十河にとっては親友中の親友、復興局土木部長の太田圓三が三月二十一日、心臓をナイフで一突きし、自殺したのである。同二十三日付「東京朝日新聞」夕刊は一面トップでこれを報じた。以下は記事の見出しである。

〈復興局疑獄の中に　太田土木部長自殺す〉
〈廿一日夕　家人を外出させた後　ナイフで心臓を貫く〉
〈苦悩していた一切を　死に依って解決の為か〉
〈遠からず召喚される運命を　早くも察していたらしい　検事等遺書を探す〉

長文の記事なので、以下はその要約である。

復興局疑獄事件にからみ、内務省復興局土木部長、太田圓三氏は二十一日午後五時すぎ小石川区白山の自宅で自殺を遂げた。氏は疑獄事件の発生以来、日夜苦悩の状態で心身疲労の有様であることを周囲は気付いていたが、土曜日の二十日までは普段通りに出勤していた。日曜日は常の日より更に打ち沈み、午後、夫人を子供同伴で外出させ、女中が気付かないのを見すまし、寝室で鋭利なナイフで心臓部を一突きし、覚悟の自殺を遂げた。外出先から帰宅した夫人が発見し、付近の医師を呼び手当したが、その時はこと切れていた。

自殺原因はまだナゾだが、復興局疑獄で稲葉整地部長が拘引され、続いて親友であった十河鉄道省経理局長が収容されるなど、事件は複雑になり、太田氏の身辺危うし、と噂されるようになった。その関係した事件として上げられたのは区画整理の際、不正が行われたということで、稲葉氏が太田氏の醜状の一部を自白したとも伝えられていた。また復興局が「あかじが原」

に二万坪を材料置き場として買い入れたが、その際不正があったことまで捜査の手が延び、遠からず太田氏の召喚は免れない状態にあったと言われる。

本社の記者に対しても「私が怪しいように世間で言い伝えているが、十河までああして引っ張られてみると、官吏はもとより全く世の中が嫌になりました」と語り、深く悩んでいるようだった。死によって一切を解決しようと決心したものと見られる。復興局疑獄事件の石郷岡検事は知らせを受け、臨検のため太田氏の自宅に出動した。検事局の筋書き中では、事件発生当初から今日まで太田氏に疑惑の目を向け、取り調べるべき最後の一人として予定していたという。

遺書は自室から発見されたが家族宛てのもので「疑獄事件には触れず、遺骸は吉祥

東京朝日新聞
夕刊
THE TOKYO ASAHI SHIMBUN
復興局疑獄の中に
太田土木部長自殺す
廿一日夕家人を外出させた後
ナイフで心臓を貫く
苦惱してゐた一切を
死に依つて解決の爲か
遠からず召喚される運命を
早くも察してゐたらしい
検事等遺書を探す
石郷岡検事
臨検のため急行
疑獄の中の一人として
にらまれてゐた人
自殺した太田圓三氏
自殺を秘密に
騒ぎを他所に
空とぼけの清野長官
召喚された
女中さん語る
飛行機海中に落ち
乗組の四名慘死

太田圓三の自殺を報じた「東京朝日新聞」大正15（1926）年3月23日夕刊

寺に葬れと認《したた》めてあった」（二十三日付「読売新聞」）。告別式は二十四日、自宅で行われた。しかし、勾留中の十河には太田が自殺したことも全く知らされなかった。十河が知るのは、五月三日に保釈された後である。彼を死に追いやったのは何だったのか。太田は彼が関与した問題で十河が疑われていることを知り、「十河に申し訳ない」と深く悩んでいたという。凄惨な自殺事件を伝えるこの日の「東京朝日」で、唯一の救いは、以下の鉄道省運輸局長、種田虎雄の談話である。

〈（太田氏は）実に天才はだの人で、方面違いの音楽も文芸も判り、吾々仲間では趣味の人間としていました。専門に属する橋梁方面に関しては、三十七年来復興局に行くまで建設局にいましたが、日本でもまず稀に見る技術家で腕のシッカリしていた人です。性質は江戸ッ子気質で、血もあり涙もある情人でした。しかし非常に責任観の強い男で、とにかく、復興局に行ってからあれだけの難事業をやってのけたのも、氏にして初めてあそこまで進んだともいえましょう。もともと復興局に行く時も本人は非常に進まなかったのですが、どちらかといえば無理矢理に引っ張られたようなものです。いろいろ今回の疑獄事件についても取沙汰がありましたが、氏は他人から頼まれるといやということの出来ない男だったので、他人が氏を過《あやま》ったかも知れませんが、そんなことをする性格ではなかったと私は信じています〉

第八章　「友情」の無罪判決

起訴事実と特別弁護人

十河信二が検察の「起訴事実」を知るのは予審法廷が始まった大正十五年五月中旬のことである。検事の論告は「第一、東京の区画整理の用地買収に関し、第二、鉄道省の発電所用機械購入に関し、第三、静岡県伊東市の鉄道療養所の土地買収に関し、第四、アメリカ、カナダ、南洋からの木材購入に関し、十数万円の収賄をした」というものだった。「すべてデッチあげである」と十河は憤る。検察当局は、この四項目で具体的に何を問題として、十河を追及したのか。彼が「デッチあげだ」という起訴事実について、「備忘録」などから、十河の〝弁明〟も含めてまず要約しておこう。

第一の区画整理の用地買収に関して。帝都復興院の経理局長時代、復興院で道路用地を買い上げていた。当該責任者である稲葉健之助整地部長は収賄容疑で収監されていたが、不幸にして十河の友人の松橋良平が下町に土地を持っており、その一部が復興院に買収された価格が不当に高かった、というのが検事の見解だった。

松橋は鉄道省で十河の部下だったが、退職して証券界に入り成功して巨富を得た。彼は鉄道省で精神的、物質的に十河の世話になったことに感謝し、郷里の後輩のために舎監を務める西条学舎の所要資金を時々、提供してくれた。「松橋が株で得た利益を割いて、育英事業に提供する奇特な志がうれしく、喜んで受け入れた。彼が下町に土地を持っていたこともその土地が買収されたことも全く知らなかった」

第二の問題は鉄道省経理局長時代、信濃川発電所の拡張のためタービン、ボイラー等を購入することになり、芝浦、三菱、日立の三社から見積書をとった。一番札は三菱、二番が芝浦だった。三菱に発注するのが常道だが、関係局幹部が協議し、「価格だけでなく、品質も考慮して」芝浦から購入することになった。検察はこの入札の際、「松橋良平が芝浦の関係者から十河を紹介する報酬を受け取り、その一部を十河に渡し、芝浦製に決めるよう請託した」と決めつけた。「鉄道省の物品購入のシステムでそんなことは起こり得ない」

さらに芝浦製作所では、販売部長に十万円を渡し、謝礼として十河に贈ったという。「私はその販売部長に一度か二度、会ったことはあるが、会食したこともなく、いわんや金銭の授受など思いもよらぬことだった」。法廷でその販売部長と対決したいという十河の証人申請を、検察は却下した。検事にその理由を問い質したが、「必要なし」と取り上げなかった。

第三の静岡県伊東市の鉄道療養所の土地買収問題には、自殺した太田圓三が関係してくる。

大正十三年の暮れ、年末休暇をとった十河や太田圓三、種田虎雄など鉄道省の同僚友人約十人で伊東温泉に遊びに出かけた。幹事役は地元の伊東出身の太田圓三であり、宿泊した温泉宿も太田の実家の目と鼻の先。太田の兄賢治郎は伊東町の町会議長だった。

賢治郎を始め伊東町長、町会議員らがやってきて、「鉄道省は熱海に療養所建設用地を物色しているようだが、伊東の方が土地も広く空き地も多いから是非、伊東に療養所を建設して欲しい、伊東町としては時価の半分程度で用地を世話したい」との話があった。一行はいい機会だからと候補地を視察。熱海の療養所建設は変更され、伊東町長らの尽力で約一万坪を坪三十円足らずで購入、十河は経理局長として買収に必要な予算措置をした。伊東町はこの運動費として五千円を支出しており、この運動費が十河や太田圓三に渡ったのではないか、と検察は疑った。「太田はこの金が私の収賄とされたことに憤慨し、同時に私に申し訳ないことをしたとして自殺してしまった。この金は町長らの選挙資金に使われたものだった」

第四は米国などからの輸入材の購入疑惑である。輸入材の処分をめぐって十河が二代復興院総裁、水野錬太郎と衝突したことは前章で述べた。輸入した材木を早くブローカーなどに安価に放出せよ、と命令する水野に対し、十河は、安価な放出は木材市場を攪乱し、パニックを起こすと強く反対し、三井、三菱など大手に限って払い下げた。検察はこの外材輸入と払い下げでも、松橋が木材ブローカーを十河に紹介しており、彼から十河へ渡った金には、その見返りが含まれていたのではないか、との疑惑をもって調べていたのである。

検察当局はこの四項目のうち、自殺した太田圓三の関与を疑った鉄道療養所問題を除いて、区画整理の用地買収問題、信濃川発電所の物品購入問題、輸入外材の処分のいずれの件にも、十河の元部下で友人の松橋良平が、キーマンとして関わっていることを注視していた。松橋が高額な金を十河や実兄の虎之助に渡していたことは、十河も松橋もためらうことなく認めている。松橋の金の出所と、十河に渡した金の意図を究明し、二人の〝醜い関係〟を明らかにすれば、贈収賄事件として容易に立件できる、と検察が考えたとしてもそう不思議なことではない。

松橋が十河に渡した金は、十河から便宜供与を受けた見返りであり、十河は彼の請託を受け、彼の意図を十分に承知して便宜を与えたはずだ。「純粋な善意や友情だけによって、多額な金のやりとりがなされることなど、あるはずはない。そこには必ず双方が見返りを求める下心がある」。百戦錬磨の石郷岡検事はこう考え、自信満々だったはずである。

予審法廷が始まると、十河の特別弁護人として名乗りを上げたのが、鉄道省運輸局長、種田虎雄《おいた》である。起訴事実が明らかになると、事件は「復興局疑獄」に留まらなかった。区画整理の用地買収問題や、外材輸入にまつわる問題は復興局の問題としても、信濃川発電所や鉄道療養所の用地問題まで十河逮捕の容疑に含まれるとなると、鉄道省の通常業務そのものが問われているのである。種田にとってこの疑獄事件は、十河との個人的な友人関係だけでなく、鉄道省の物品購入の仕組みが問われている問題でもあった。

現職の局長であり、次官候補と目されている種田が、大疑獄事件として世間の厳しい糾弾を浴びている十河信二の弁護に当たるというのである。鉄道省内だけでなく、法相の江木翼ら政府部内からも強い反対の声が上がった。江木は種田の特別弁護人を認めないという。種田は「許可がなくても友人の十河の弁護をする。それがいけないなら首を切れ」と開き直った。種田は十河逮捕の裏には、〝政治的謀略〟がある、と感じ取っていた。十河有罪となれば謀略に屈することになる。種田は、鉄道省を辞職することを公言し、特別弁護人を買って出たのである。

十河は検察局に拘束された翌日には「依願免」という形ではあったが、事実上、鉄道省を解雇され、退職金も出なかった。無収入となると十河家には蓄えもなく、たちまち生活に窮した。十河は盆暮れのボーナスまで西条学舎の寮生たちの年二回の一泊旅行につぎ込んでいたのである。妻キクはそのころ身籠っており、九月には二女恵子を出産する。鈴作（長男）、由子（長女）、林三（三男）、和平（四男）と生れたばかりの恵子。五人の子ども（次男健三は生後一週間で夭折）を抱え、さすがに気丈なキクも途方に暮れたことだろう。

逮捕された十河の〝罪状〟を新聞は推測も含めて書きまくり、十河に対する世間の指弾の声は高まった。いつの時代でもそうだが、「犯罪人の家族」は世間の冷たい目に晒される。ましてや十河は、鉄道省のエリート官僚として栄華を誇った男、という印象を持たれていた。しかし、十河の無実を信じるキクは、そうした世間の目をはじき返すように、つねに昂然と胸を張り、凛としてたじろがなかった。

鉄道院入省後から深い友情で結ばれていた種田は、給料日になると十河の留守宅を訪ね、キクに「十河の分です」と給料袋の半分を置いて帰った。十河が保釈になり、無罪を勝ち取るまでの二年余、種田は給与の半分を十河に「君の分だよ」と渡し続ける。「十河もまた、なんのこだわりもなくこれを受け取った。二人はそういう友人だった」。鶴見祐輔は特別弁護人を買って出た種田と十河の心情を『種田虎雄伝』*18でこう表現している。

〈彼は親友の潔白について、寸毫も疑いをはさまなかった。しかし一たん監禁されると、未決であっても罪人のごとく取扱う世間の慣習に対し、彼は痛憤やむことをえなかった。しかも、前途洋々として発展とどまるところなく見えたる親友の上に、かくのごとき非常なる処断を加えることに対し、彼は憤懣骨に徹するをおぼえた。彼は一身を賭してたたかおうと決心した。獄中の十河は、泰然として動じなかった。彼は検事の苛烈なる訊問に対し、一歩も譲らなかった。そして彼はたたかい勝ってついに青天白日の身になったけれども、それには二年を越える永い苦闘の日夜があった。

何ゆえに罪なき公人十河がかくのごとき苦境におちいらなければならなかったのか（略）。はたしてたれびとの卑怯なる陰謀詭計によって、前途有為の官吏がその輝ける公生涯を中断されなければならなかったか。（略）種田が切歯してこの不正不義を憤りたる、ただに友人十河にたいする私情のみではなかったのである〉

十河と松橋良平の友情

「十河から便宜供与を受け、見返りに多額の金銭を贈与していた」と検察が告発する松橋良平とは、どんな男だったのか。「十河君と松橋君の関係は、本件を判断する上において最も重要である」として、種田特別弁護人は二人の関係を法廷で詳しく説明している。彼が法廷で陳述した二人の関係を、以下に要約しておこう（引用は注記のないかぎり「種田虎雄弁護資料」に拠る。巻末の資料6を参照）。

十河信二は東大政治科を卒業後、直ぐに鉄道院に入り経理局会計課の見習となった。その頃は何処の役所も同じだが、高等教育を受けたエリート官僚が新参者として官庁に入ると、古参の役人に敬遠され親切に教えてくれない。教えてくれてもその真髄に触れさせないようにする。これが役人根性であり、官庁の因習的通弊である。十河は実務習得のため彼ら古参者に辞を低くして教えを乞うことに努めた。しかし、彼らは鼻の先であしらい、取りつく島もほとんどなかった。四面楚歌の中で、独り松橋良平のみが十河の親切な指導者となり、細かなことまで十河に教えた。十河は「闇夜の燈火を得たように」松橋の厚意に感動した。

早稲田大学を中退して鉄道省に入った松橋は、硬骨で俗世間的な妥協性に乏しかったために、相当の才能もあり手腕もあったにも拘らず上司や同僚に誤解され、碌な仕事も与えられず、常に不遇の地位に置かれていた。そのため彼は自暴自棄となり、いつも遅参早退、勤務にもあまり身を入れなかった。そんな松橋が、新入りの十河に暖かく親切に経理事務を教えたのである。しかし普段の勤務態度は少しも変わらない。十河は松橋の教えに学ぶところが多く、同時に彼の非凡な才能を見抜いた。

一年後にはキャリア官僚の十河は高等官に昇格し、松橋はその部下の立場になる。十河は最初の親切な〝指導者〟だった松橋の才能を認めており、「松橋の才気大いに用うべし」と信じていた。彼は松橋を自宅に招いて、心の底から懇々と諭した。十河の熱誠に動かされた松橋は、職務に精励することを誓った。以後、松橋は生まれ変わったように真面目に仕事に取り組み、気持ちのよいほどテキパキと事務を片付け、その才能を生かして、手腕を発揮するようになる。

喜んだ十河は彼を抜擢し、重用するようになった。皆が煙たがっている松橋を優遇する十河に、同僚たちの中には、苦情をいうものもいた。しかし十河は「勤勉にして手腕あるものを重用して何の不都合があるか」と一切、受け付けなかった。

当時、十河は会計課で会計事務の監査を担当しており、巡察のため各地に出張する機会が多かった。そんな時、松橋をいつも同行させた。そのころの松橋はいつも旅費の不足に苦しんでいたので、十河はその都度、これを補塡してやったり、平素でも時々、小遣いを渡し、彼の経済生活を助けてやった。松橋は「十河の恩顧に感銘し、彼を尊崇、追慕し、十河のためなら水火も猶辞せないと考えるようになっていた」。

大正六年二月、十河は米国に留学を命じられた。彼が横浜を出帆すると、役所の空気は昔に戻り、十河に重用されてきた松橋に対し、同僚たちの「耐えがたき圧迫と冷ややかな嘲笑が加えられた」。松橋は最初は一年半の辛抱と思っていたが、松橋への反感が、十河への悪評となってきた。松橋は自分に対する排斥なら我慢もできるが、恩義ある十河を傷つける結果になることは忍び難かった。「十河に迷惑をかけないために、自分は鉄道省を辞めるしかない」。彼はそう決心した。

松橋はかねてから勉強してきた株式売買の世界に身を転じようと、試みに砂糖株に手を出した。ところがこれが見事に的中し、思いがけず巨利を博したのである。彼は米国留学中の十河に「自分は株売買で相当の産をなしたので役人生活を辞めさせてもらいたい」と手紙を書いた。しかし、十河の不在中に逃げ出すわけにはいかない。大正七年八月、十河が帰国する日、鉄道生活の最後を飾るため、松橋は制服制帽をつけて、横浜港に十河を出迎え、その足で湯島の料亭で一夕の宴を張った。

その席で松橋は十河不在中のことを逐一報告、「自分が鉄道省に厄介になることは、恩義あるあなたを苦しめることになる。この際、辞職を認めてほしい。自分は将来、株式界で独自の地歩を築く確信があり、大いに儲けてあなたの育英事業（西条学舎）の援助をしたい」と決意を伝えた。十河は松橋の決意の固いことを知り、彼を励まし祝福し、直ぐに退官の手続きをとった。

以来、松橋の株式売買は幸運に恵まれ、大正九年の大恐慌まで大きな利益を出し、三十万円（現在の貨幣価値では十億円を越す）以上の富をなした。彼は儲けた金を十河に提供し、彼が舎監を務める西条学舎に常に出入りして学生たちと接し、十河の事業を援けることを念じ続けた。十河は鉄道省の給料の大部分を西条学舎の学生たちのために使っていたので、彼自身の生活は質素で、いつも見すぼらしい帽子や下駄、時計などを身に着けていた。松橋は自分の身に着けている高級品と取り換えて帰ったり、時々鉄道省の十河の部屋を訪ねて、小遣いとして百円や二百円を置いていくようなこともした。

「世間には蓄財するために蓄財をして、これを有効に使うことを知らない者も多いが、松橋は大いに儲けて、十河にこれを有益に使ってもらうことを無常の栄誉とした」。財力的に恵まれない十河は、かつて恩顧を与えた旧部下が彼の奉仕的生活を理解して、財力的援助をしてくれることに、いつも心から感謝していた。二人は財に対し私心なく極めて恬淡《てんたん》であり、その授受がお互いに平気で行われたということも、二人の久しい友誼関係を辿って見れば、容易に理解できることである。「水魚の交わりとも言うべき二人の友情は、世間一般の常識では容易に想像できない特別例外的なもので、羨望に堪えぬ美しさである」

贈収賄疑惑への松橋の関与

「十河と松橋の間には、世間の常識では想像できないほどの特別例外的な友情があった」。特別弁護人の種田虎雄はそう主張するのだが、それだけで二人の贈収賄容疑が晴れるとは、彼も考えてはいなかった。松橋は、十河の復興局経理局長時代に木材の買い上げや相模川砂利採取場の買収、両国の武術倶楽部跡地の買収などで、ブローカーを彼に紹介している。鉄道省経理局長に就任後も、芝浦製作所の製品売り込みを口添えし、関係者からその報酬をもらっている。十河の実兄、虎之助が次々と事業に失敗し、借金返済に困っていた時には、十河の依頼に応じて多額の融資もしていた。

これらの事実を検察当局は確実に把握し、大筋で十河も松橋もこれらの事実を認めている。常識的に言えば、二人の間に贈収賄罪が成立すると見られても仕方がない。「問題はこれらの金銭の授受が十河の職務に関して行われたものかどうか、十河が職務に関して収賄の意図をもってこの金銭を受けたものかどうか」である。種田はこれ等の事実をどう説明し、二人を弁護したのか。以下は種田の陳述の概略である。

十河は清廉潔白の士で、常に清貧に甘んじてきた。これは正邪曲直の判断を最も厳正にし、公私の別を明らかにして一身一家を社会事業に捧げていたためである。松橋は十河のこんな性向を百も承知していた。従って、松橋がブローカーを十河に紹介したことなどで報酬を受けていたことを彼に話せば、彼は色をなしてその不浄な金を叩きつけ、涙をもって松橋を叱責することは目に見えている。これを知っている松橋は、何時も株で巨利を得たと言って、十河に金を贈っていた。十河もそう信じていたから、これを受け取っていた。松橋は公判廷でも裁判長の訊問に対し、「こういう事を十河氏に言うことは出来ず、一切隠していたと陳述している」。

一方、十河は一旦、自分が信じて交友を結んだ人に対して絶大の信頼を寄せる。その人が裏面で如何なる事をしているだろうなどとは一切考えない。そうした猜疑心を持たぬという大度量を持っていた。これは十河の長所として誰もが敬服するが、一面これが短所となって彼に禍をもたらしたのだ。松橋を絶大に信じていた十河は、松橋の裏面の行動は想像もしなかった。外材の売り込みで松橋が十河に紹介した男は、かつて鉄道省に勤めた親しい仲であり、芝浦製作所の件で紹介された男も、松橋の中学時代の友人であり、十河は友人関係からの好意にすぎないと考えていた。十河はこの口添えによって、松橋が多額の報酬を得ていたなどと夢にも思わなかったのである。

種田の陳述書によると、十河は大正十三年六月から一年半の間に松橋から一万二千二百円を受け取っている。このうち八千五百円は十河の実兄、虎之助への融資であり、残りは十河が西条学舎の増築工事などに使った。検察は十河を経由して虎之助に渡った八千五百円も、松橋の融資ではなく贈賄ではないか、と追及した。これについて種田は、十河をこう弁護している。

十河が一高に進学する時、虎之助は自己を犠牲にして弟を東京に遊学させた。十河は常に自分の今日あるは、兄の恩誼によるものと考え、報恩に意を砕いていた。十河は稀に見る親孝行、兄姉思いであり、経理局長の重職にあっても、老いたる母親の枕辺に座って新聞や書籍を読み聞かせるなどしていた。特に虎之助に対しては報恩のためにあらん限りの尽力を惜しまなかった。しかし、虎之助はいろんな事業に手を出して失敗、十河に金の無心をしてくることは珍しくなかった。十河は兄の求めに出来る限り応えようとした。

局長に昇進したとはいえ、官僚の収入は極めて少なく、身を持する事に厳正で、全く融通の利かぬ十河は、俸給以外びた一文の収入もなかった。その上、西条学舎では多数の学生の世話をしており、目に見えぬ出費も多い。人に融通するどころか自ら常に逼迫していた。このため恩義ある兄からの無心も思うようにいかず、松橋に相談、彼から一時、融通してもらったのである。

この際、借用書も交わしていないが、弁済方法については、十河の従弟で三菱商事のベルリン支店長、野間恭一郎と相談し、彼が進んで肩代わりしようと申し出ていた。しかし、十河も虎之助も、野間に迷惑をかけるわけには行かないと躊躇し、まだ決めていなかった。野間もそのことを証言しており、十河には明らかに弁済の意志があり、松橋から贈与されたものだとは、全く思っていなかった。

松橋にしてみれば、恩顧を蒙った十河の窮状を救うのは、当然自分の責任であると信じ、これを快としていたので、虎之助への融通に対しては、弁済の期間も利息も取り決めなかった。松橋はむしろ弁済は受けなくてもよいと考えていた。もしこれが仮に不正な金銭の授受で、後難に備えて貸借関係の形式を備える必要があったとすれば、借用書も利息も取り決めていただろうが、二人の友情はそんな他人行儀をとる必要など全くないほど親密なものだった。「こうした事は、薄っぺらな当代根性では想像できないことかも知れないが、そこに友情の真骨頂がある」

鉄道省の物品購入疑惑

特別弁護人の種田虎雄にとって最も許せなかったのは、鉄道省の信濃川発電所建設のロータリーコンバーター（回転変流器）やこれに付属する変圧器の購入に関し、松橋が十河に芝浦製作所の担当者を紹介、「芝浦製を購入するよう請託した」という検察の断定だったのかも知れない。彼は、鉄道省における物品購入の過程を詳しく説明し、芝浦製決定に松橋が介在する余地など全くなかった、と概略以下のように陳述している。

鉄道省の物品購入は経理局長である十河の権限ではあるが、電気機械類の購入に関しては、その種類、品質、価格、納入者の選定などその機械を使用する専門技術者の要求と計画に基づいて慎重審議の上、決定するもので、経理局長の意志によって専行することは事実上できない。「このことは鉄道省の購買事務を知る人には直ぐに理解されることだ」。値段の安い日立の製品より、高い芝浦の製品を購入したという事実に疑いをもっているようだが、これには正当な論拠があり、この決定は当時の鉄道次官青木周三の意見によるものだった。

ロータリーコンバーターの購入に関しては、国内および世界各国の電機製作所から見積もりを取って、省内の幹部、電気技術者の会議にかけ、第一に外国製にするか国内品を買うべきか、第二に内地品を購入する場合、品質に重点を置くか価格を重視するか、の基本方針を決めた。当時、まだ我が国の技術は外国に比して遜色があった。青木次官は「日本の技術力発展を促進するという見地から国内品を購入し、今は価格というより品質に重きを置いて、日本の技術力を育てるべきだ」という意見だった。

国内の製作所で見積書を提出したのは日立、芝浦、三菱の三製作所だった。ロータリーコンバーターと付属の変圧器を合わせた見積もり金額は日立が五十三万九千円、芝浦が五十六万円、三菱が六十六万三千円で、日立が最も安く、三菱が一番高かった。しかし、この種の機械は工場の設備や技師、職工の技量も十分に考慮しなければならない。この点から考えれば技術、設備、経験からみて芝浦製作所が最も水準が高い、というのが技術者の意見だった。芝浦の見積もり金額をそのまま認めたのは、当時、各製作所は極度の値引き競争をしており、さらに値引きさせるのは精巧な機械購入という点から不得策で、むしろ値段はそのままにして、製作所の特長を十分に発揮させようということになり、芝浦に決定した。

十河は経理局長としてこの決定を執行したに過ぎず、この点は次官の青木周三を証人として呼べばすぐに明白になることである。芝浦製作所はこの種の機械製作に関しては国内では押しも押されもせぬ熟練工場で、「松橋が十河に依頼しようとしまいと、鉄道省が同工場を指定したのは当然のことである」。この件に関し、十河が松橋の依頼を受けたために、特に法規や規則を曲げ、松橋の請託を受けて便宜を与えたという事実は、毛頭認められない。鉄道省での物品購入の任に当たる者は「何人の依頼があっても、合法かつ正当な手続きにより、適当なる物品を適当な値段で購入しており、いささかも不正の乗ずべき余地はない仕組みになっている」。

厳しい求刑と種田の辞職

十河信二が逮捕起訴され、裁判が続いていた大正十五年八月中旬から葉山御用邸で療養中だった大正天皇の御容態は暮れになって急変する。十二月二十五日午前一時二十五分、肺炎を起こし崩御された。四十七歳だった。崩御と同時に摂政宮だった皇太子裕仁親王が即位し、元号は「昭和」となる。二十五歳の若き天皇の誕生であり、苦難の昭和時代の幕開きだった。昭和元年はわずか六日間。年が明けてすぐに昭和二年となる。大正天皇崩御の服喪期間は一年間で、宮中だけでなく全国民が喪に服した。

この年の日本経済は、三月ごろから関東大震災で決済不能となった震災手形の処理を巡って、多くの銀行の不良貸し付けが表面化し、取り付け騒ぎが頻発していた。第一次世界大戦中に急成長した台湾銀行は、倒産寸前の鈴木商店に対する多額の不良債権を抱えていた。若槻内閣はこれを救済するために緊急勅令案を議会に提出したが、枢密院に否決され、四月にはその責任を取って総辞職する。同月二十日、憲政会に代わって成立した政友会の田中義一内閣は三週間のモラトリアム（支払猶予）と日本銀行の非常貸出によって、この金融恐慌を鎮めた。

田中義一内閣では二年生議員の鳩山一郎が内閣書記官長に、森恪が外務政務次官に抜擢される。外務省では専任外相が置かれず、田中首相の兼任となり、事実上の外相役を務めたのが政務次官の森恪である。朴烈事件などで、憲政会批判の先頭に立って戦ってきた森の力は、政友会内でも大きくなり、中国問題など外交政策では、森の考え方が色濃く反映されるようになっていた。森は自分に接近してきた十河信二が、森の政敵である憲政会の江木翼に〝狙い撃ち〟されたと考えており、十河逮捕以降、十河や家族への支援を惜しまなかった。田中内閣では鉄道相も仙石貢から政友会の小川平吉に代わり、鉄道省内の人事も政友会色が一気に強まっていた。

日本の政治も経済も大混乱に陥っていた最中の昭和二年五月十六日、東京地裁で「復興局疑獄事件」の被告十四人に対する求刑公判が開かれた。社会面トップでこれを報じた翌十七日付「読売新聞」は、「（この日の法廷は）傍聴人には余暇をえた判検事も立ち交って、爪も立たぬ大入満員の盛況さ、被告等が棒立になっているのを、石郷岡検事は裁判長を通じて『椅子に掛けたままで宜しい』と被告等に腰を下ろさせ、かねて用意のコップの水を飲んで、咳一咳《がいいちがい》して荘重なる口調で三時間半に亘って一世一代の論告を試みた」と記している。

求刑は収賄側七名では、前復興局整地部長、稲葉健之助が「収賄及び瀆職罪」で懲役二年六月、前鉄道省経理局長、十河信二は「収賄罪」で同一年、前兵庫県事務官、宮原顕三が同一年六月など全員が懲役を求刑される。贈賄側も前鉄道省職員、松橋良平が懲役八月、田園都市支配人、河野通が懲役十月などの外、ブローカーら五人にいずれも十ヶ月—三ヶ月の懲役が求刑された。

「読売新聞」によると、論告求刑をする石郷岡検事は、「冠を正し厖大な草稿を手にしてやおら起ち上がり」、「破壊さるる国家機能の公正　これを如何にするや」と十河や稲葉に対し「完膚なきまで突っ込んだ」という。「検事論告」の要旨を同紙は以下のように伝えている。

「一国の治乱興亡は国権発動の消長に関係し、その消長は官公吏の風紀を重んずると否とに関する。若《も》し大官公吏にして廉直の風を欠かば国家機能の公正を破壊する。いわんや請託を容るるが如きはその多寡を問わず、公職の本義にもとるものである。稲葉、宮原らは官吏の身でありながら、賄賂を要請し、十河の如きは表面清廉を装いながら、腹心の輩を使って私腹を肥やし、しかも稲葉、十河の両人とも官庁には機密費少なきの故をもって当然なるが如き口吻を漏らすに至っては、弊風の浸潤する所、良心は漸く麻痺していると言わざるを得ない」

「稲葉健之助の事犯は極めて多く、大半に関係があって首魁と目すべきである。しかも当時より犯罪を自覚してこれを隠さんとした跡が歴々としている。十河と松橋の関係は単純で在職中の交誼は是認するが、松橋が退職した後もかく交情に変わりなかったのは特殊の利害関係の為だろう。当廷で二人が口を合わせて申し立てをなしていることは明白である。十河は生活に困って松橋の補助を受けたように言うが、勅任官として年俸五千円、賞与を合算すれば七、八千円に上ろう。それで困窮とは我々凡夫の常識では想像できない。兄、虎之助には度々貸金の督促をしながら、他人の松橋から幾年かに亘って理由なく援助を受けていたとは矛盾も甚だしい」

「友」や「友情」は十河や種田にとっては、「国家」や「家族」にも相当する行動原理であり美意識でもあった。しかし、石郷岡検事は、特別弁護人種田虎雄が懸命に訴えた「十河と松橋の極めて特殊な友情」を全く理解しようとせず無視したのである。十河が拘束された初日に「友情とは何か」を巡って激論になり、「利害関係のない友情などあり得ない」という石郷岡を怒鳴りつけ、「問答無用」と〝黙秘権〟を使ったことは前述した。「無私の友情」を信じる種田や十河らの友情論は当時でも、旧制高校の全寮制経験者だけに限られた美風だったのかも知れない。検察に「国家機能の公正さの破壊」とまで糾弾され、十河や彼を弁護する種田に対する世論の風当たりは一挙に強まった。

厳しい求刑が出た同じ日、新しく鉄道大臣に就任した小川平吉による鉄道省の大異動が行われた。その前日、種田は辞表を出していた。彼は鉄道省内では憲政会系と見られており、「結局は政党の派閥争いの犠牲になった」[*18]のである。種田は、政友会や世論の非難を浴びる中で十河の特別弁護人を引き受けた時から、辞職を覚悟していた。一審での十河有罪を予想し、控訴審で特別弁護人として専念するため、辞職のタイミングも計っていたのだろう。十七日付「東京日日新聞」は、次のような記事を掲載している。

〈鉄道省の種田か、種田の鉄道省かとまで云われた鉄道省運輸局長種田虎雄氏は、遂にその思出多い鉄道を去ることになった。種田氏は六年前旅客課長時代から、種田閥と云われるほど沢山の人材を抜擢して、種田氏の息のかからぬ者は無い有様で、その絶大な勢力は、氏に反抗する者は悉く監督局の如き圏外に追い出されてしまい、氏の一挙一動を気にしない局長は無いといった風であった。種田去ることは、少なくとも一万以上の現業員中の主任級の首の有無、栄転、左遷に関係するので、その馘首の報伝わるや、一大動揺を来《きた》し、遂に退職決定した今日、鉄道部内は動揺、大波乱を来している〉

十河は、種田虎雄がいずれ鉄道省次官に就任すると期待し、またその運動を続けてきた。種田もまた、十河こそ次官のポストにふさわしい人材だと思い続けてきた。その十河が「復興局疑獄」という思いもよらぬ事件に巻き込まれて厳しい求刑が出たその日、種田もまた鉄道省を去ったのである。しかし、「鉄道省の種田」を鉄道業界は放ってはおかなかった。種田は暫く浪人生活を送った後、大阪電気軌道株式会社（後の近畿日本鉄道）の専務取締役に就任する。それは十河の無罪を勝ち取るための新しい戦いへの出発でもあった。

種田虎雄

一審の有罪判決

「被告がかつて重職にあったものが多く、その内容は帝都の重大なる復興事業に関係し、世上の注目を集めていた」裁判だけに、東京地裁の公判は慎重を極め、論告求刑後一日おきに開廷、六月十六日に結審し、判決言い渡しが行われたのは同月二十九日である。「十河氏のために特別弁護人の大役を引き受けた種田元鉄道省運輸局長の顔も見えた。被告一同を立たせて小林裁判長は、おもむろに各被告に対し判決を言い渡した」（同二十九日付「読売新聞」夕刊）。

判決は最も重かったのが、前復興局整地部長、稲葉健之助の収賄罪で、懲役一年六ヶ月、追徴金七万二千百三十三円三十三銭三厘の実刑判決。十河信二も収賄罪で懲役六ヶ月（三年間執行猶予）追徴金一万二千二百円。松橋良平は贈賄罪で懲役四ヶ月（三年間執行猶予）など、十四被告全員が求刑より軽かったとはいえ有罪判決を受けた。有罪判決を受けた十四被告のうち十河ら十一被告がこの判決を不服とし、直ちに控訴した。

判決を聞いた種田虎雄は「十河君の人格、性格を熟知する点において、何人にも劣らない、という確信の下に一審で極めて詳細に弁護に努めたが、私の熱誠は天に通じなかった。私の説明は意余って言葉足らずというためか、裁判官の理解を得られず、有罪判決になった」と強く反省する。一審の裁判で問われたのは、「金銭の授受において何等の代償を求めず、純粋に相手の気持ちを思いやる友人関係がこの世知辛い世の中に存在するのか」ということである。十河は一旦、友人を信じれば、全幅の信頼を寄せ、疑うことを知らない。十河の無罪を勝ち取るには、そうした彼の人格を証明しなければならない。

一審で検察当局はこう主張した。

「十河、松橋両人が鉄道院在職以来、非常に親密な間柄であったとしても、その事実は決して十河が松橋に対して金銭を融通せしめる理由とはならない。必ずや十河が松橋に利益を得さしめたる関係があるが故に、十河が度々、松橋に金融を頼んだのである。両人は私的関係において非常に懇意であったとすれば、十河は松橋が〝ブローカー〟であることを知らないという弁明は、一種の弁解にすぎない。松橋も予審で以心伝心自分の利益をえていることを十河は知っているであろうと述べているではないか」

裁判官も同じように考えたから、有罪判決を下したのである。十河の人格と性格を熟知する種田には「それが如何にも情けなく天の明察も怨めしいという感情が胸一杯にこみ上げた」。

控訴審の友情裁判

種田の控訴審での弁護は専ら十河信二の人格証明に向けられた。「種田が十河の人物を活写し、その高潔なる品性を詳記し、彼が収賄というごときことにいかに対蹠的性格を有するやを立証した数百言の文字」と鶴見祐輔が『種田虎雄伝』[*18]でいう「第二審弁護要旨」を、一審段階と重複する部分もあり、少し長くなるが要約しておこう。十河の孫、光平宅に保存されている種田の弁護陳述書の原本には、何度も何度も書き直し、手を入れた跡が残っている。種田はこの弁護に全身全霊を打ち込んだのだろう。彼の十河に対する思いがひしひしと伝わる陳述書である。

「十河君は立志伝中の人である。生家が貧しかったため一高進学の熱望を抱いても、学資を得る途無く、兄虎之助氏は自分の遊学を中断し、その学費で弟を進学させた。兄からの仕送りも決して十分ではなかったが、兄の友愛によって高等教育を受ける機会を得たことを深く感謝し、自らも学資を稼ぐため、薄暗い灯火の下で筆耕などして働いていたことは今でも髣髴する」

「不屈不撓遂に素志を貫いた彼は、同じような境遇の郷里の学生を座視することは出来ず、指導と援助を与える決心をし、寄付金を集めに奔走して西条学舎を設立した。彼はその舎監に推され、十三年の長きに亘ってその任に当たり、多数の学生を指導し、卒業生は約二百名を数える。舎監としての彼は、学生と共に寄宿舎に起居し、朝夕の言動すべて実践躬行《きゆうこう》の徳を以って範を垂れた。夫人もまた親しく学生の衣服のことから食事まで全てに世話を焼かれ、一家をあげてこの育英事業に奉仕し、家庭生活を犠牲に供するまでに努力した」

「学生たちはその徳を感じ、十河夫妻を恰《あたか》も慈父慈母の如く敬慕し、西条学舎には常に春の如き駘蕩たる師弟愛が溢れていた。これは私ばかりではなく、西条地方の人は勿論、一度西条学舎を訪れた人のだれもが感動するところである。一度実地にみればそれが想像以上であることに驚かれることと信じる。この育英事業ばかりでなく彼は、他の多くの人々の相談相手となって、肉親も及ばぬ世話をすることは、決して珍しいことではなかった。故に彼は多くの知人からも郷党からも懇篤なる人、頼りがいある人として崇敬され、追慕されている。これは彼の任侠でも道楽でもなく、十河君の人生に対する心情なのである」

「十河君の私生活は奉仕そのものであるが、公人として権力の地位に立った場合も奉仕生活の信念に何等変わりはない。やはり奉仕的精神をもって親しく民衆に接し、その利便を図っていた。およそ人の為に働くものは必ずその報酬なり対価なりを求むるのが世の常である。しかし十河君は奉仕のための奉仕、犠牲のための犠牲を払うに過ぎないのであって、その間、何ら求むる処がないという特別例外的な性格を持っている。これが十河君の十河君たる所以である」

「彼は非常に親切な人ではあるが、一面、極めて厳正公平な人物である。長く経理会計の任に当たっていたが、公務に対しては如何に親密な友人先輩の依頼があっても、法規規則を枉《ま》げてまで便宜を与えるというような事は自ら固くこれを戒め、公私の別を厳守していた。そのため世間の一部から全く融通の利かない男であると笑われた程である。十河君と松橋との関係は利によって集まったものとは根本において違っており、十河君は松橋の才気を惜しんでこれを救い、肉親にも及ばぬ世話を焼いた。松橋はその恩顧に感銘して十河のためなら一死も辞せぬ決心をしていたのである」

「十河君が被疑者として市谷刑務所に収容されてから前後三年近い間、彼は一般世間から忍ぶべからざる疑惑の目で見られ、官界から失脚し前途を閉ざされたばかりでなく、如何なる方面でも社会の表面に立って活動が出来なくなったことは、国家としても重大な損失である。十河君に関する事件は、予審調書でも明らかなようにすこぶる簡単明瞭で、いわゆる復興局疑獄事件とは没交渉であり、この分は切り離して単独に処理することができる。復興局事件に関する限り、十河君は参考人として調べるのが至当で、決して被告の地位に立つべき関係ではない」

一審の公判で検察当局が明らかにしたように、松橋から十河や兄、虎之助に多額の金品が渡っていることは事実である。常識的に言えば、この金の受け渡しは、松橋が何らかの見返りを求めたものだ、と判断されても已むを得ない。特別弁護人、種田が主張するように、十河がいかに「高潔の士」であり、「純粋な友情」による金の受け渡しだった、と主張しても、この世に完璧な「無私、無欲の人間」が存在するはずはない。関東大震災直後の荒れ果てた世相が日本社会全体を覆っていた時代である。種田の「哲学的友情論」は検察当局にとって、古き良き明治時代の学生の、ロマンチシズムあふれる書生論ぐらいにしか聞こえなかったのだろう。

控訴審での論告（同年三月二十五日）で検察当局は、松橋から十河に渡った金は「弁護側が主張する純粋無垢なものであるはずはなく、一審判決で二人に執行猶予がついたことも納得できない。実刑を科すべきである」と現実的な視点からクールに、以下のように主張した。

「十河が鉄道省の官吏として同僚の松橋を引き立て、松橋はその恩義を深く感じていたというが、引き立てられた方は恩義を感じるかもしれないが、上司がそれを恩に着せて、やれ金が要る、兄貴が困っているから金を持って来い、これだけ欲しい、学校（西条学舎）を建てる金が不足しているからそれを貸してくれ、などと言えるはずはない。少なくとも言い出す方にも、言い出すだけの訳があり、出す方にも訳があるから、そんなことが言えるのではないか」

「金銭というものは、よほど親しい間柄でも、おいそれと頼むことは出来ないし、また出すこともできない。しかも鉄道省の役人として勅任官という相当の位置にある人物が、かつて自分の下僚たるものから、左様な金銭的援助を得るようなことは想像ができない。その金が西条学舎の学生のために使われたことがあったとしても、松橋のことを思うならば、彼の寄付として松橋を表彰し、学生にもそのことを知らせるような手続きを取ってしかるべきではないか」

「兄虎之助に対する貸借も松橋は決して返してもらうという気はなかった、提供したのだ、という。松橋がブローカーとして得たものを合計すると、十万円を超える。それを考えれば、虎之助へ渡った一万や二万円の金は、松橋にとってなんでもない金額である。十河の供述によれば、松橋がブローカーをしていたことを全く知らなかった、松橋が融通してくれた金は、自分の財産であるか、松橋の財産であるか、見分けのつかなかったほど二人は深い親友関係にあるという。それほどの親友の松橋が、何をしているのか知らぬということは、弁解としてはいいかもしれないが、事実の真相としては受け取れない。現に松橋は、ブローカーとして儲けた金であることを以心伝心で十河が知らぬはずはない、と供述している」

「こうした事実を考えれば、本件は、いずれも相互の職務に関して両者の間の金銭授受である。一審の判決によって、事実の認定はいずれも証拠十分であると信じる。十河、松橋の瀆職の金額から見て一審判決で執行猶予がついたのは、他の被告との釣り合いがとれない。鉄道省の幹部で部下を監督すべき地位の人物が巨額の収賄をなし、復興疑獄として天下の耳目を集め、官吏の体面を失墜すること甚だしい。執行猶予ということは、刑事政策上からも納得できない。二人の友情関係というのは本件にとって情状酌量すべき要因にはならない。ぜひ、執行猶予を取り消すよう切望する」

こうした検察側の厳しい論告に対し、種田は自分一人の「十河人物論」では客観性に欠けると思ったのだろう。十河をよく知る友人や関係者に呼びかけ、「交友の観たる十河信二君」と題した文書を作成、七十五人の嘆願書を添えて裁判所に提出した。十河の控訴審裁判は一面から言えば、「真の友情は存在するのか」という〝友情論裁判〟でもあった。

以下、「交友の観たる十河信二君」からいくつか拾い出し、要約しておこう。

岩永祐吉（一高で同期、後に同盟通信社長）

「彼の風貌が示す如くすこぶる堅実などっしりした意志の強固な人物であり、一面非常に情に厚い人物である。頭は鋭く働く方ではないが、すこぶる論理的で議論をするとなかなか強い。僕などは、正面から理論的な問題を彼と議論してはとても勝てる見込みはないと、常に思っていた。彼が復興院に入った時も、僕は非常な適任者を得たと国家のために喜んだ。彼ならば万難を排して復興の大事業を進める意志の強固さと堅実性を持っており、彼ならば一切不正のことはしないと確信していた。この僕の確信は今でもすこしも変わりはない」

真鍋嘉一郎（東大医学部教授、郷土の先輩で西条学舎の創設者）

「十河が鉄道省から帝都復興院入りをした時、『なぜ復興院入りを受けたのか』と尋ねた。その時、十河はこう言った。『震災の惨害を見た瞬間、この復興のためには何事も捨てて、献身的に努力して東京市を救わねばならんと思い、十数年来の鉄道官吏の経歴を顧みることなく復興院に入った』。それを聞いて十河君らしいと思い納得した。高等官でありながら、西条学舎のような書生合宿所に住み込み、書生相手に監督しながら重要な公務をこなすことなどなかなかできることではない。今度の事件は夢にも思わなかったことであり、早く青天白日の身になることを日夜祈っている」

中川正左（十河が復興院入りした時の鉄道省次官）

「十河は鉄道省を背負って立つ人材であり、当時の山之内大臣と共に極力、鉄道院入りを引留めようとしたが、その目的は達せられなかった。あの時、引留めておけば、こんな事件には遭わなかったわけで、残念至極である。十河君は職務に熱心忠実で、侃々諤々の議論を戦わした仲である。友情に富み、後輩を引き立て、清廉にして不義なることを為すことのない人である。

彼の平生を知る人は、今回の事件は何かの間違いだったのではないかと皆思っている」

永井柳太郎（友人の政友会代議士、のち拓務相、逓信相）

「十河信二君を一言でいえば剛毅廉直《れんちょく》の人、当代稀にみる人物と信じる。殊に熱血熱涙に富み、時に任侠身を殺すことも惜しまず。小生とは交友八年、かつて表裏あることなし。今なお、彼が事の公明正大を疑うこと能わず」

嘆願書に署名したのは、井上準之助、大河内正敏、小泉策太郎（三申）、鳩山一郎、森恪、後藤文夫、牧野良三、永井柳太郎、岩永祐吉、河田烈、宮尾舜治、松木幹一郎、青木周三、笠間杲雄、西田郁平、堀切善次郎、鶴見祐輔、山下亀三郎、勝田主計、仙石貢、八田嘉明、永田秀次郎、五島慶太ら当時の著名人や十河の学友、職場の先輩、同僚の名前がずらりとならぶ。政治家には政友会も民政党（昭和二年六月一日、憲政会、政友本党が合同して立憲民政党になる。総裁は浜口雄幸）もいた。十河の従弟、三菱商事ベルリン支店長（当時）の野間恭一郎も昭和四年二月、休暇を取って極寒のシベリア鉄道に揺られて帰国、十河の証人として法廷に立った。

一転、無罪判決

判決公判は昭和四年四月二十四日午前十一時から東京控訴院で開かれ、十河信二と松橋良平に「証拠不十分」で無罪判決を言い渡した。逮捕拘束から三年半の歳月が流れていた。元整地部長の稲葉健之助は懲役一年二ヶ月の実刑判決で追徴金七万二千百三十三円三十三銭三厘が科せられた。判決を伝える「東京朝日新聞」（同二十五日付夕刊）は「無罪の裏に友情　判決までの美しい物語」という見出しで次のように書いている。

〈問題の人十河信二氏がついに無罪の判決を受くるまでには、親友種田虎雄（元鉄道省運輸局長、現大阪電軌の重役）、青木周三（元鉄道次官）両氏の友愛があずかっている。十河氏は鉄道省経理局長時代、種田、青木氏と並んで三羽がらすといわれた程の仲よしであった。種田、青木の両氏は親友の潔白を信じ、一審の公判が東京地方裁判所で開廷された時、種田氏は特別弁護人を志願し、病体を運んで弁護をしたが、控訴公判となると再び真先にかけつけて弁論し、青木氏も控訴公判廷へ証人として喚ばれた時、極力、友の無実の罪に問われたものであることを述べたのであった。懲役六ヶ月（三年間執行猶予）追徴金一万二千二百円という一審の判決から、一転無罪となった裏には、正しくこの二人の力があったであろう〉

十河の無罪判決が出る二週間前の四月十日、恩師、後藤新平は遊説の途中の列車内で、脳溢血で倒れ、運び込まれた京都の病院で判決を知らずに逝った。十河はすぐに後藤が眠る東京・青山墓地に駆けつけ、号泣しながら「無罪」の報告をした。後藤は山本内閣が「虎ノ門事件」で総辞職した後は、政界の醜い争いに嫌気がさしたように、日本のボーイスカウト運動の育成や「政治倫理化運動」に取り組み、全国を遊説して回っていた。「十河無罪」を最も喜んだのは地下の師後藤新平であっただろう。

十河が逮捕拘束され、九十七日後に仮釈放されて帰宅した時、真っ先に電話してきたのは後藤新平だった。「良かった、悦べよ、これで君も一人前の男になる資格ができたぞ。悦べ、悦べ」。後藤も若き日、「相馬事件」と呼ばれる旧相馬藩のお家騒動に巻き込まれて逮捕収監され、控訴院で無罪になった体験者であった。

無罪判決を知った仙石貢は、すぐに祝いの電話を掛けて来て、こう言った。

「古来、落雷に打たれて生き延びた者は、必ず長寿を全うすると言われる。君の天寿は著しく延ばされた。これからうんと仕事ができるよ。でかした、でかした」

検察が大審院に上告せず無罪が確定した同年五月、東京では東京会館で、大阪では中之島公会堂で多くの友人、知人が参加して、十河の復活を祝う「雪冤会」が開かれた。種田虎雄は雪冤会の参加者に配布するために「十河君の復活を祝いて」と題する小冊子をまとめる。新聞など各メディアは「鉄道局復興疑獄事件」を、十河の逮捕拘束から始まってその途中経過まで、検察、警察のリークなどによって大々的に報じたが、「無罪確定」はごく小さな扱いでしかなかった。

〈高徳の十河君が、たとい一片の嫌疑にもせよ瀆職の汚名を蒙るという事は我々の社会通念よりして断じて承服し得ざる処である。（略）されど此の我々の血と涙とによる立証弁論も、第一審においては何らの反響なく、無残にも有罪の判決を受けたのである。第二審において遂に無罪の宣告を勝ち得たが、新聞紙などにも往々疑惑の文字が書き連ねられた為、真に十河君に同情を寄せらるる各位の中にも、その真相を御承知無き方もあろう〉

種田は冊子の「はしがき」にこう書き、第一審以来の特別弁護の草稿を編纂してこの冊子に掲載し、事件の真相を広く知ってもらおうと努力した。今でもそうだが、一度逮捕されると、メディアは推測も加えて大々的に書きまくる。たとえ無実の罪であっても一度逮捕されると、その名誉回復が一朝一夕にできないことは、当時も今も同じ状況である。一審で有罪判決を受けた十河の場合は、なおさらであった。

天然色映画への挑戦と失敗

十河信二は「復興局疑獄」事件で逮捕拘束された時、十七年間勤めた鉄道省を辞職すると同時に、郷土の後輩のために心血を注いできた「西条学舎」の舎監も辞めた。冤罪であると本人は確信していても、世間はそうは見ないし、収賄罪容疑で逮捕された男が教育者であるべき舎監を続けるわけにはいかない。十河一家は住み慣れた小石川坂下町の西条学舎を去り、小石川表町（現文京区小石川三丁目）にある従弟の野間恭一郎の親戚の持家を借りて引っ越した。

無罪判決から三か月後の昭和四（一九二九）年九月、十河家に新たに男児が誕生する。十河夫妻に息子四人、娘二人。八人の大家族になったのである。十河は生れてきた新しい命に「新作」と名づけた。心機一転、人生を新しく作り直す、という決意を込めての命名だった。一家の生活は困窮を極めたが、十河はそれにめげてはいなかった。

一審で有罪判決が出た時、十河は二度と官界に戻ることはできないと覚悟した。控訴審でも裁判官は十河たちの「友情」を理解しないかもしれない。給料の半分を「これは君の分だ」と毎月届けてくれた種田も、一審の求刑があった直後に鉄道省を辞め浪人生活に入ったのである。いつまでも種田の好意に甘えているわけにはいかない。官界にきっぱりと見切りをつけて、「新しい人生を自分で切り開くしかない」。彼がこの時、挑戦しようと決意したのが、官僚の世界とは全く正反対の、当時では〝裏社会〟ともみられていた活動写真（映画）への進出だった。

ちょうどその頃、「だれに紹介されたのかよく覚えていないが、亀井勝治郎という全くの特異の人物と知り合った。亀井は写真の技術に造詣が深く大変懇意となった」。当時、〝東洋のエジソン〟と呼ばれていた発明家、亀井勝治郎と協力して、十河は映画製作に乗り出す。〝硬派〟の十河と〝軟派〟の活動写真。一見、全く似つかわしくない取り合わせだが、十河の頭の中では、何の矛盾も迷いもない。

「西条学舎で学生の教育に取り組むうちに、青少年の教育に強い関心を持つようになった。学校教育は人間の教育のほんの一部分。大部分は家庭、社会で教育されるのだから、社会教育の方が人間を育てる上に大きな影響をあたえる。映画が社会教育に及ぼす影響は極めて大きい」。十河は映画界への進出の動機をこう説明する。後藤新平が鉄道院総裁時代、現場での職員教育に活動写真を持参して自ら説明し、「大臣の活動弁士」と大きな反響を呼んでいたことを思い出し、これを社会教育に応用しよう、と考えたに違いない。十河は好奇心旺盛な無類の〝新しがり屋〟だった。

当時の映画界で大きな話題になっていた映画の技術革新が三つあった。一つが「トーキー」である。それまでの映画は、「活弁」とよばれる弁士が画面の俳優を見ながら面白おかしく説明する無声映画である。映像と音声が一致した「発声映画」の実用化は技術的にはほぼ解決していた。まだ実用化の見通しが立っていないのが、カラーフィルムを使った天然色映画と立体写真（今でいう3D映画）を使った映画である。十河はこの天然色映画を実用化し、日本で普及できないか、と本気で考えていたのである。

十河が鉄道省の会計課長時代から、鉄道界に最新の技術を導入するため、米国人の専門技師を顧問として雇用し、彼と机を並べて新技術を研究し、鉄道の技術革新に取り組んだことは前に述べた。戦後の東海道新幹線建設もそうだが、彼は常に新しい技術に強い関心を持っていた。映画界への興味も「社会教育のため」というより、天然色映画や立体映画などの新技術により大きな関心があったのかも知れない。

当時、カラー写真と立体写真の研究で最も注目されていたのが亀井勝治郎である。兵庫県武庫郡生まれの亀井は伊丹中学四年の時、父親が病死する。父は多額の借金をしており、彼はその借財を背負うことになる。中学を中退した亀井は新聞社の印刷工となり写真の印刷技術を習得する。幾つかの印刷会社で原色版と製版印刷の実務についた亀井は、日活に招かれて初めて天然色映画の研究に着手、原色映画で日本最初の特許を受けていた。彼はこの他にも陶器にカラー写真を焼き付けた装飾皿や、「立体写真」の発明などで五十数種の特許を持っていた。

「当時の映画界における国際特許は約四千人が持っていたが、その中に日本人は一人もいない。国土の狭い日本では、産業技術を発展させ国民を養う外ないというのに、誠に情けない状況だ。この方面でも有益な発明をして先進国の仲間入りするために、天然色映画の開発をしよう」。十河は友人から借金をして資金を集め、昭和三年五月には「合資会社亀井研究所」を設立する。十河と亀井が「無限責任社員」だった。この研究所で天然色映画の研究をする一方で、実際の映画製作事業にも乗り出した。

当時の映画界は京都が中心。京都洛北周辺にスタジオが並んでいた。十河は岡崎公園近くの民家二階を借りて住み込み、裁判の合間をぬって弁当を持ち、東山から嵯峨にかけてスタジオ回りをした。映画製作の仕事は素人ではとうてい無理である。しかるべき専門家を捕まえて相棒にしなければならない。技術の研究と同時にパートナーとなるべき人物探しが必要だった。スタジオ回りをするうちに、スタジオ所有者の一人、牧野省三と意気投合、彼のスタジオへ日参するようになる。

京都出身の牧野省三は、言うまでもなく日本最初の職業的映画監督であり、「日本映画の父」とも呼ばれた日本映画草創期の大物である。阪東妻三郎、片岡千恵蔵、嵐寛寿郎ら多くのスター俳優や、息子のマキノ雅弘、衣笠貞之助、内田吐夢らの名監督を育てた。牧野の母は娘義太夫師の竹本弥奈吉。義太夫の出稽古をしながら省三ら三人の子供を育てたという。学生時代に娘義太夫に入れ込んだ十河とは、義太夫話で盛り上がったのかも知れない。牧野と十河、亀井の三人で話すうちに「なにかひとつ日本でカラー映画を撮影してみよう」ということになった。

三人が選んだのが「忠臣蔵」である。大石内蔵助が祇園で茶屋遊びをする。華麗な芸妓姿のお軽が出てくるが、それが白黒では味気ない。この部分を天然色にしたら受けるだろう。技術的にいけるかどうか試作品を作ってみることになった。試作品の撮影は東京の十河の留守邸に近い小石川植物園で行った。顔見知りの白山芸者が、安くモデルを引き受けてくれたからである。白山下の小さな映画館の上映終了後に、この試作品を映写してもらうと、十分に天然色映画が撮れるということがわかった。

これに自信を得て、牧野省三監督による「忠魂義烈・実録忠臣蔵」の撮影は、昭和二年六月にクランクインした。封切予定は翌三年三月一日である。映画全編がカラーというわけではなく、忠臣蔵の七段目「一力茶屋」を天然色にするという、いわゆる〝パートカラー〟映画である。肝心の大石内蔵助役の俳優決定にもたつくなど、撮影終了は予定より遅れ、やっとクランクアップしたのが封切予定をすぎた三月五日。牧野が徹夜で編集作業をしていた時、フィルムが近くの電灯の熱で発火する。火は瞬く間に燃え広がった。スタジオ兼用だった牧野の自宅もほぼ全焼し、十河が製作者となった日本で最初の天然色映画は灰燼に帰してしまった。十河は知人に金を借りこの映画に四十万円を投資していたが、借金だけが残った。

この浪人時代に十河がもう一つ引き受けた仕事が、阪神電鉄の顧問だった。政友会の代議士、小泉策太郎（三申）が阪神電鉄社長の島徳蔵と親しく、十河を顧問に推薦した。小泉は後藤新平の復興院予算に強く反対した政友会の〝仕掛け人〟だった。復興院時代、自殺した太田圓三が小泉と同郷で親しかったので、十河と太田は復興予算に賛成してくれるよう二人で日参して小泉を口説いた。「私は復興予算に反対だが君らの熱心には負けた。もう反対はしないので勘弁してくれ」。小泉は最後には復興予算賛成に回ってくれたのだった。

小泉は「復興局疑獄」で、太田が自殺し、十河も鉄道省を首になったことに心から同情していた。「十河を国鉄の給料より高い給料で、名義だけの顧問として遇してくれ」と頼み、島もこれを受け入れたのである。「阪神電鉄の島徳蔵は株屋の出身で、株の天才だが、鉄道のことなどなにも知らないから、よく教えてやってくれ。会社には毎日、出る必要はない」。小泉はそう言ったが、顧問料はけっこう良かったので何もしないというわけにはいかない。十河は映画界への進出をめざして京都に居を構えた時、再三、京都―大阪間を往復し、島に二つの提案をした。

一つは当時、阪神電鉄が計画していた「国道電車」という名の路面電車建設をやめて、ハイスピードの地下鉄建設に切り替えるべきだ、ということである。しかしこれは建設費の問題などもあり「路面電車」となった。もう一つが神戸—大阪—京都の三都市を高速で結び、神戸、大阪、京都しか停車駅のない新線をつくろうという計画である。十河が調べたところ、乗客のうちこの三駅だけで乗降する客が全体の五割に達する。この三駅をつなぐ直通特急電車を走らせれば、かなりのスピードアップになって乗客も助かる。神戸—京都間の「ミニ新幹線構想」であり、後に十河は「これが東海道新幹線のアイデアになった」と語っている。社長の島もこの計画実現に意欲を示した。

十河はこの計画実現に向けて極秘裏に鉄道省と交渉に入った。鉄道省を辞め、裁判継続中だったとはいえ、十河の古巣であり、次官は友人の青木周三である。「政府当局も大都市間の交通量が激増している折、時宜を得た計画として迅速に認可した」。この計画を察知して計画阻止に動いたのが阪急電鉄社長の小林一三である。阪神電鉄が神戸—大阪—京都の高速直通運転をすると、阪急の客の半分が奪われる恐れがある。小林は上京して次官室に「けしからん」と怒鳴り込んだ。この時、十河は慌ててやってきた小林と次官室前でバッタリと出会った。「私は小林社長が色をなして睥睨したかの様に感じた」[*46]

この阪神電鉄の特急計画も、思わぬ事件で日の目を見なかった。社長の島徳蔵がドル買い汚職で逮捕されたのである。昭和四年の浜口内閣の金解禁で、金の流失が激しく、不況は深刻化していた。金の輸出再禁止が噂され、資産のある者はその前にドルを買って資産の安全を図ろうと懸命になった。島徳蔵も裏ルートを使って大量のドル買いをしたことが明るみに出る。ドル買いに走った財閥なども右翼から国賊呼ばわりをされていた時代である。「かくの如き国賊に新路線の権利を与えるのはもってのほかだ」という小林一三の反対運動が功を奏し、この計画もまた潰れてしまったのである。

法務大臣として十河の逮捕勾留を命じた江木翼は、鉄道大臣の仙石貢に「無罪だったら責任をとれ」と迫られたことを、忘れてはいなかった。江木は裁判が進むにつれ、十河という人物を改めて見直し、彼を高く評価するようになっていた。十河の無罪が確定すると江木は、民政党が全面的に支援するので、民政党から代議士に立候補しないか、と十河に強く勧めたのである。「江木は僕に直接〝申し訳ない〟とはいわなかったが、無罪確定後はいろいろと優遇し、良くしてくれた」と十河は語る。

「親父の遺言で政治家にはならないことにしている」。十河はこう言って江木の勧めを断った。しかし江木は「親父さんは亡くなったのだから、母親に了解をもらってこい。どうしても了解が得られなければ、俺が口説きに行くから、まず自分で言ってこい」という。十河は無罪が確定したといっても、汚職の罪に問われたものが国会議員になることは遠慮すべきだと考え、江木の申し出を受けるつもりはなかった。しかし、「江木の気持ちはわかっていた」。彼があまりにも熱心に言うので「郷里の母親を説得に行ったということにして、一時四国に帰郷し」断ったのである。

第九章　動乱・満州の風雲児

満鉄理事就任

「復興局疑獄事件」の裁判が続いていた昭和三（一九二八）年六月四日、中国大陸では奉天（現瀋陽）郊外で満州軍閥の首領、張作霖の乗った列車が爆破され、死亡した。首相の田中義一は現地からの極秘情報で関東軍が仕掛けたことを知っていたが、事件の真相は一般国民には知らされなかった。事件に疑惑を抱いた民政党など野党は「満州某重大事件」として、田中内閣を厳しく追及した。

田中義一は軍法会議を開いて真相を究明し、犯人を処罰する決意を示し、その旨、天皇にも上奏した。しかし陸軍が軍法会議開催に強く反対、田中はこれを押さえることが出来ない。真相は明らかにされないまま事件から一年後の昭和四年七月一日、責任者の処分が行われた。しかし関東軍の事件関係者は、警備上の手落ちがあったとの理由で、軽い行政処分に付されただけだった。それまでの上奏との食い違いを天皇に指摘された田中は、これを天皇の不信任と受け取り、総辞職した。

張作霖爆殺事件の処理に失敗した田中内閣の後を受けて昭和四年七月二日、民政党の浜口雄幸が首相に就任する。この浜口内閣で江木翼は鉄道大臣に就任、仙石貢は十一代目の満鉄総裁に任命された。十河信二の無罪が確定した三か月後のことである。因みに仙石の前任である十代目の満鉄総裁は、三井物産出身で政友会幹事長を務めた山本条太郎、副総裁は外交官出身の松岡洋右だった。政変によって満鉄総裁、副総裁も政友会から民政党（旧憲政会）に切り替わったのである。

十河信二に政界入りを勧めて断られた江木は、仙石が満鉄総裁に就任したのを機に、無罪が確定した十河を「満鉄理事に」と強く推薦する。十河が無罪だったら責任を取る、との仙石との約束をこれで果たそうとしたのだろう。十河を高く買ってきた仙石に、もちろん異存があるはずはない。京都で映画製作に失敗し、後処理に走り回っていた十河に、鉄道大臣となった江木から満鉄理事就任の要請が届く。「汚職の嫌疑で起訴された〝前科者〟が、恩師仙石貢の下での理事就任は、恩師の眷顧《けんこ》（特別に目をかけること）に背く行為だ」と十河は鄭重に断った。

江木は「起訴した法務大臣は私だ。その私が頼むのだから心配は無用だ」と再三、十河を口説いた。断り続ける十河に、満鉄総裁の仙石からも「満鉄は君の協力を必要としており、曲げて就任を」と言ってきた。十河は「満鉄理事を受けるには、満州に骨を埋める覚悟がなければならない」と思っていたが、「その決断が付きかねた」。失敗した映画製作の後始末もまだついていない。同時に満鉄内で「理事は外部からでなく満鉄社員から選ぶべきだ」との声が上がっていることも知っていた。

「私はこの慈悲に背くことこそ、仙石総裁の恩義に応える所以である。外地の事情に疎く、黒い霧の疑惑を受けた私が、国策会社の理事者となることは、情義を重んずる者の取るべき道ではない。今、満州における仙石総裁は、むしろ不評をもって迎えられている折柄、自分が側近に加わらんか、益々総裁の名声を傷つけることとなる。熟慮の末、再度辞退を申し出て、直ぐに京都に赴き、教育映画製作の仕事に没頭した」

しかし仙石は諦めなかった。就任十か月後の昭和五（一九三〇）年六月、東京で開かれた満鉄株主総会に出席するため上京した仙石は、十河の親友、種田虎雄を呼び出し、説得してくれるよう頼んだのである。特別弁護人として十河無罪を勝ち取った種田が説得すれば、十河も受けざるを得ないだろう。仙石の意を受けた種田は、すぐに十河を京都から呼び戻す。種田はこう口説いた。

「満州の事態容易ならず。君の意中察するに余りあるも、この際は一切を顧慮せず、速やかに満州に赴任し、老総裁を支持して、問題の解決に献身することこそ、先輩の恩顧に報い、国家民人に奉仕する所以ではないのか。映画その他の後始末は、君に代わって種田が一切の責任を持つ。今は已《すで》に公の辞令も発せられた以上、寸時も躊躇すべきではない。直ちに任地に赴き、大陸問題の解決に渾身の努力を傾倒すべきである」

種田は「且つ泣き、且つ訴え、遂に私をして決意せしめずんば止まなかった」と十河は書く。十河が一旦こうと決めた時の頑固さを、種田は知り抜いていた。本人の了承を待っていれば、何時までかかるかわからない。種田は、十河の説得に行く前に、「昭和五年七月十日付で満鉄理事を命ず」という辞令を、政府から取り付けていたのである。辞令を手にしての「有無を言わせぬ説得」だった。満鉄理事就任を決意した十河は、帰国中の仙石を自宅に訪ね、夫人と秘書同席の上、こう返事した。

「私は仙石総裁一代の理事として就任させて頂きます。満州に留まられることが、総裁個人のため、また国家もしくは満鉄のため、よくないと私が信ずるに至った時には、無理でも内地にお帰り願います。また総裁が、万一健康上その他の理由により、退任せらるる場合には、私も理事を退任させてもらいます。その事をここで奥様もお立合いの上、御承認を得ておきたい」

仙石は満鉄総裁として大連に赴任する前から体調を崩し、入退院を繰り返していた。鉄道大臣時代から〝アルコール中毒〟気味で「仙石には糖尿病患者独特の徴候があらわれていた」（草柳大蔵『実録・満鉄調査部』下）[*49]。「仙石総裁はコップにウイスキーと湯をまぜたものをとらなければ気力が続かなかった。仙石総裁もそれを自覚していたに違いない」と、草柳は当時の文書課長山崎元幹（最後の満鉄総裁）の証言を同書で紹介している。

十河も仙石の病状をよく知っていた。大酒呑みの十河は満鉄理事就任と同時に酒を断つ。〝アル中〟と周囲に見られていた仙石を気遣ったのだろう。「病気が悪化すればすぐに東京に連れて戻るつもりだった」。十河は九月初旬、仙石と共に大連行の船に乗る。大連港で二人を出迎えたのは「汚職理事反対」の幟をもって押しかけた満鉄社員たちだった。この中には後に十河の腹心となり、戦後、『十河信二と大陸』[*46]を編纂した満鉄調査部の北条秀一（戦後、衆院議員）もいた。埠頭では記者会見も行われた。抱負を問われた十河は幟を打ち振る社員たちを見やりながら、「あの中に一人の知己を得ることが出来たなら、私の満鉄理事就任は成功だと信じる」と答えた。

森恪の東方会議

十河信二が満鉄理事に就任する前後の満州は、風雲急を告げていた。当時の日中関係、特に満州のおかれた状況を知るには、憲政会（当時）の若槻礼次郎に代わって政友会の田中義一が首相となり、十河の盟友、森恪が外務政務次官に就任した昭和二（一九二七）年四月ごろまで遡らなければならない。

十河はその頃、「復興局疑獄」の被告として裁判の渦中にあったが、森恪に教えを乞うた中国問題を忘れていたわけではない。十河逮捕のきっかけは、森恪邸に毎日のように出入りする十河に森の政敵、憲政会の江木翼が疑念を持ち、その政争に巻き込まれたものであることは、前に述べた。しかし、森を友人として信じる十河は、そんな政党間の争いは一切意に介さず、公判中も暇を見つけて森恪邸への訪問を続けていた。

三井物産から政界に転じた森恪は、最初の選挙は故郷の神奈川県足柄郡から立候補し初当選したが、二回目の選挙では「満鉄事件」での疑惑がたたって落選、選挙区を栃木県に移して立候補して代議士復活を果たす。政務次官になったのは代議士二回生の時であり、異例の抜擢であった。田中を政友会総裁に担ぐ推進役となった森への論功行賞だったと言われている。田中首相は組閣に当たって外相に日銀総裁の井上準之助を考えていたが、井上は金融恐慌の中、台湾銀行の処理に手一杯。やむなく外相を首相の兼務とした。実質的に外相不在であり、森が事実上の外相役を担うことになったのである。

中国大陸ではこの頃、もともと馬賊の頭目だった張作霖が奉天（現瀋陽）を拠点に「奉天軍」を手中に収め、北京制覇の野望を燃やしていた。大元帥となって「万里の長城」を越え、北京入りした張作霖の率いる奉天軍三十万人に対し、南京を拠点とする蔣介石の国民党軍が「北伐（北方軍閥打倒運動）」を開始する。一方、各地には諸軍閥が武力を保持して半独立状態を続け、軍閥の離合集散をめぐってあちこちで内戦が起きる。さらに共産党軍がこれに加わり、混沌とした状況が各地で続いていた。それだけに日本の軍部、官界、実業界も中国情勢に対処すべく、なんらかの意志統一を必要としていた。

外務政務次官に就任した森は、すぐに省内の幹部を集め、前外相幣原《しではら》喜重郎が満蒙の権益を守ることに消極的であったことを強く非難し、「東方会議」の開催を田中に建議し、実現する。対中国政策、特に満蒙政策を取り上げ、田中政友会内閣の中国積極政策の具体化を図ろうとしたのである。同会議は森が政務次官に就任した三か月後の同年六月二十一日から七月七日にかけて開かれ、外務省のほか陸海軍省からも対中国政策に関係ある部局の長が出席、出先機関の代表も一堂に会する会議となった。

会議は森が取り仕切り、議長、司会者、討論者と一人三役をこなし、さながら「森の東方会議」といわれた。森の腹底には、すでに「満州独立」の構想が描かれており、「満蒙の中国本土からの切り離し」は、事実上、この会議から動き出したのである。

主な出席者は外務省から外相兼務の田中義一（首相）、政務次官森恪、事務次官出淵《でぶち》勝次、亜細亜局長木村鋭市、在外公館から中華公使芳沢謙吉、奉天総領事吉田茂、上海総領事矢田七太郎。陸軍省から次官の畑英太郎、軍務局長阿部信行、参謀本部から参謀次長南次郎、第二部長松井石根《いわね》。海軍省から次官大角岑生、軍令部次長野村吉三郎、軍務局長左近司政三。さらに関東軍から司令官の武藤信義。戦前、戦中を通じて日本の政府、軍の指導者となる錚々たる顔ぶれである。「張作霖爆殺事件」の首謀者となる河本大作（当時関東軍高級参謀）も武藤信義の随員として会議に出席していた。

森恪

会議は議論百出し「政府部内の対満蒙政策の不一致を浮き彫りにした。唯一の決定といいうるものは、満州において敷設すべき鉄道の優先順位であった」（加藤陽子『満州事変から日中戦争へ』[*47]）。「鉄道敷設の優先順位」というのは、すでに張作霖との間で日本が敷設するとの協定が成立していた七路線の建設優先順位のことであり、これに従って張作霖との交渉を再開しようということである。この七路線の敷設は「満州独立論」にとって大きな意味を持っていた。

満鉄路線一本では南下するソ連への対応を考慮すれば、軍事的にも経済的にも極めて脆弱で、「満州独立」も机上の空論となる。一方で張作霖は「東北交通委員会」を設置し、満鉄路線を形骸化させる〝満鉄包囲路線〟の建設を着々と進め、日本政府はこれに抗議を繰り返していた。満蒙積極策を打ち出した田中内閣にとっては、満鉄線の増強実現は喫緊の課題だったのである。

会議は最終日に「対支政策要綱」を決めた。「全体的にみれば曖昧な表現が多い」と言われるが、森恪らにとってみれば、その後の満蒙政策を決定する重要な項目が含まれていた。その第五項と第八項である。

第五項「帝国の権利、利益、在留邦人の生命財産の侵害には断固として自衛の措置に出る。不逞分子の動き、排日、排日貨には進んで適宜の措置をとる」

第八項「満蒙に動乱が波及し、わが権益が侵迫される恐れがあれば、そのいずれの方面より来るを問わず、これを防護し、内外人安住発展の地として保持せられるよう機を逸せず適当な措置に出づるの覚悟あるを要す」

「権益が侵迫される場合は適当な措置に出る」ことについて森は、「満州の治安維持には日本が当たる。ここに障害が起これば国力を発動する。これが東方会議の要点だ」と述べており、中国との外交的トラブルにはいつでも軍事出動をするという意味が込められていた。「満蒙は日本の特別地域である」という森の「満蒙分離政策」が色濃く滲んだ中国政策綱領だったのである。

猪木正道の『評伝　吉田茂』[*48]や山浦貫一の『森恪』[*37]によると、森はこの「東方会議」に先立ち、参謀本部で本庄繁（当時中将、のち関東軍司令官）の紹介で参謀の鈴木貞一（当時大佐、近衛、東条内閣の企画院総裁）と会う。森はその時、「自分の東方会議に関する考えは、要するに満州の治安を日本が負担する。それを中心としてすべてやってゆく」ことだと説明した。鈴木は「おれの考えも同じだ。石原莞爾とか河本大作とか若い軍人たちにも会い、軍の下の方まで固まりうる案を持っている。その案は満州を支那本土から切り離して、別箇の土地区域にし、その土地に日本の政治勢力をいれるということだ」と答えた。森は直ちに同意する。

森は会議参加のため上京していた奉天総領事の吉田茂（戦後、首相）に、この鈴木の案を伝える。吉田が済南領事、森が三井物産上海支店員だった頃に知り合った二人の交友は、それまで十数年も続いていた。吉田は森の話を聞くと「これはどうしてもアメリカにグウの音もいわさないようにしなければならん。それにはちょうど斎藤（博、当時駐米公使）が東京に帰ってきているから、斎藤に相談しよう」と提案する。斎藤博は後に駐米大使となり、太平洋戦争回避に懸命に努力し、憔悴して客死する。

鈴木の考えを基に、斎藤が中心になり森、吉田の三人で書き上げた日本の対中政策の具体案が「満州を中国本土から切り離して、その土地地域に日本の政治勢力を入れ、東洋平和の基礎とする。これが日本のなすべき一切の内治、外交、軍備、その他庶政すべての中心とならなければならない」であった。「（この案に沿って）吉田が元老・重臣を、斎藤が外務省・アメリカを、森が内閣・政界を説得するよう、役割分担をきめた」（草柳大蔵[*49]）のである。

森邸通いを続けていた十河信二はこの時期、森邸で吉田茂と何度か顔を合わせ、親しい関係を結ぶようになる。森は吉田との会談の席にも、ためらわずに信頼する十河を同席させた。十河によると、森、吉田のこの時の関心は張作霖の動向にあった。

「張作霖は外国勢力と結び付き、外国勢力に利権を売ろうとしている。最近はソ連の援助を仰ごうとしており、これはアジアに災いをもたらす。これをどう阻止すればよいのか」

奉天総領事の吉田は、張作霖が蔣介石の北伐軍との戦費調達のため紙幣を乱発していることなどに反発、強硬な張作霖排除論者だった。同時に「満州切り離し」について森と意見は一致していた。

二人は東方会議開催中の合間をぬって京都にもやってきた。森の「東方会議」の裏には明らかに吉田茂の存在があった。映画製作に飛び回る十河を先斗町の料亭に呼び出す。二人は芸者連れでご機嫌である。ひとしきり宴会が終わると、森は十河に「お前はこのあとはいつもの宿に戻れ。明日何時に又来い」という。十河は京都の料亭やお茶屋でも酒をもくもくと飲むだけで、芸者を呼ぶでなし、〝無粋〟そのものの男である。森は十河を京都の料亭に引き留めるより、いつもの安い定宿の方が、十河の一番の息抜きであることをよく知っていた。

東方会議が終了した直後、田中首相は、政権与党である政友会幹事長の山本条太郎を満鉄総裁に、松岡洋右を副総裁に就任させる。「山本条太郎は田中義一首相の〝分身〟といわれるほど、首相から信頼されていた」（猪木正道[*48]）。三井物産出身の山本は、かつて上海支店長として森の上司だった。松岡も外交官としての初任地は上海であり、二人は当時からの飲み仲間だった。前年の三月まで五年にわたって満鉄理事のポストにあった松岡は、張作霖とは何度も交渉を繰り返してきており、彼とは〝アポなし〟で会える間柄だった。田中は山本―松岡コンビを送り込むことによって、張作霖との間で結ぶ新しい鉄道敷設交渉を有利に進めようとしたのである。

しかし、東方会議によって明らかになった田中内閣の満蒙政策は、中国国内に大きな衝撃を与えた。特に奉天では奉天総商会が「日本は主権を剝奪する侵略的野心を持っている」として排日大会を開くなど、排日運動が激化し、各地で抗日デモが頻発した。東方会議の決定に基づいて、奉天総領事の吉田は張作霖と交渉を進めるが、一向に進展せず決裂状態に陥った。吉田は張作霖に圧力をかけるため、北京―奉天間を走る京奉線列車の満鉄横断を差し止めるという強硬手段に出た。京奉線は中国が外国からの借款でつくった鉄道だが、奉天郊外で満鉄線と立体交差している。これが満鉄線を横断できないとなると、張作霖は奉天の兵器廠で作った武器を山海関以西の中国本土に送れなくなる。

張作霖はこの吉田の措置に頭をかかえたが、同時に日本の満州出先機関にも大きなショックを与えた。「吉田の措置は余りに強硬であり、中国側の反発を買うだけでかえって人心を煽動険悪ならしめる」。張作霖側の働きかけもあり、できるだけ穏便にと考える関東軍や関東庁、満鉄は「京奉線列車の満鉄線付属地の通過停止は、日本側の条約違反と責められかねない」と吉田の独走に強く反発した。吉田は猛反撃した。「付属地の行政権のある日本には中国側の軍隊、軍用品を通過させない権利がある」。だが、吉田への風当たりは強まるばかりで、奉天では排日歌を歌いながら連日、数万の現地人がデモ行進し未曾有の混乱に陥った。

当時、奉天には二万数千人の日本人がいた。連日のデモに在留日本人が悲鳴をあげる。奉天日本人商工会議所は田中首相に善処をもとめる要望書を提出した。四面楚歌の中で吉田は病気と称して静養のため帰京する。森恪は帰京した吉田茂を事務次官に迎えた。幣原前外相の腹心といわれた前任次官の出淵勝次は、米国駐在大使に転出させたのである。


「東方会議」には予期せぬ事後談があった。東方会議の内容を田中首相が天皇陛下に上奏したという「田中上奏文」なるものが、漢文、英文の二種類で中国各地に密かに出回ったのである。四万字に及ぶといわれる田中上奏文は中国語版だけで十種類以上あるといわれる。その骨子は「支那を征服せんとすれば、まず満蒙を征せざるべからず、世界を征服せんと欲すれば、必ず支那を征服せざるべからず、もし支那にして完全に我国のために征服せられんか、他の小アジア、インド、南洋の如き民族は我を畏敬して我に降伏すべく、世界をして我国の東洋たらしめ、永久にあえて我国を侵害することなからしむに至るべく、これ即ち明治大帝の偉業にして、また我が日本帝国の存立上必要事なり」というものである。

この上奏文が「偽せ物であることは、多少、物のわかる人には一見して見破ることが出来るような幼稚なもの」（有田八郎[*50]）だった。上奏は普通、内大臣を通じて行うことになっており、外部に漏れることなどありえず、また、内容にはいくつもの事実誤認があり、反日感情を煽るための謀略文書と見られている。しかし「まず満蒙を取り、次は中国を征服する」というその内容に、中国国民が受けた衝撃は大きく、反日の気運はさらに盛り上がった。この上奏文は、前述した鈴木貞一が書いて森恪に渡した原文か、斎藤博が修正したものが、「野党憲政会の〝某有力者〟の手を通じて蔣介石に届けられる途中で、中国共産党の手に入り、〝田中上奏文〟と呼ばれる偽文書のもととなった」と推測されている。

戦後の東京軍事裁判でもこれが日本の侵略意図の立証に使われようとしたが、日本側の説明で検事側もすぐ納得した。余談だが、筆者は昨年（平成二十四年）、瀋陽の「九・一八歴史博物館」（日本侵略の記録を留めるための記念館）を訪ねた。そこには侵略の元凶として、石原莞爾ら軍人と並んで、森恪の顔写真とこの田中上奏文の一部がその証拠品として展示され、「東方会議では『もし中国を征せんと欲せば、満蒙を征すべし、全世界を征するには、まず中国を征すべし』という対外侵略の綱領を確立した」との説明書が添えられていた。

満州某重大事件の発生

年が明けて昭和三（一九二八）年春になると、蔣介石の国民政府軍の北伐（北方軍閥打倒運動）は勢いを増してくる。目標は北京に進出している張作霖の奉天軍である。張には満州の権益をまもるために日本軍がついていた。しかし、「国民政府軍の北上がいよいよ急になるにつれて、日本軍は困惑せざるを得なくなる事態が起きた」（半藤一利『昭和史探索』[*51]）。張作霖が、蔣介石軍と決戦して勝利を得れば、中国全土の支配者になれると本気で考え出し、日本軍の意見を聞く耳をもたなくなってきたのである。張作霖が親日的な地方政権である場合はともかく、野心を持ち、日本軍の〝障害〟になってくるなら、これを排除しなければならない。関東軍の参謀たちは密かに策を練り始めていた。

そんな中で起きたのが同年五月三日の「済南事件」である。蔣介石軍の北上に伴って山東省一帯の治安は悪化、戦闘は青島や済南に及ぼうとしていた。山東省には日中合弁の鉱山など日本の権益があり、青島に約一万三千人、済南に約二千二百人の日本人居留民がいた。田中内閣は日本の権益と居留民の保護を名目に四月下旬、支那駐屯軍天津部隊や内地の第六師団の一部などから三千五百人の兵力を山東省に派遣する。いわゆる「第二次山東出兵」である。

蔣介石軍は済南に入るとき、日本軍に治安の維持を約束していたが五月三日、北伐軍兵士による日本人商店への掠奪暴行事件が発生、日本人十二人が虐殺され、被害者は四百人に及んだ。これをきっかけに日本軍と北伐軍が衝突、日本軍は死者二十六人、負傷者百六十七人、中国側にも多くの戦死者が出た。日本政府は緊急閣議を開いて、関東軍からの増派や内地から第三師団の山東派遣も決定する（第三次山東出兵）。衝突は間もなく収まり、北伐軍は夜陰に乗じて済南を撤退、北伐を続行する。北伐軍に惨殺凌辱された日本人の死体写真などが報じられると、日本国内では「中国膺懲論」が高まり、一方、日本軍の増派は中国側の排日感情を煽った。

済南で北伐の足を止められた北伐軍は、その矛先を天津に向けた。天津と北京は至近の距離にある。日本当局は張作霖に北京を放棄して奉天に引き揚げるよう勧告した。張作霖は渋ったが芳沢駐在公使が説得して、六月三日、張作霖は北京駅から京奉線の特別列車に乗り込み瀋陽駅（満鉄線奉天駅とは別）に向かった。この列車が同四日朝、奉天近くの皇古屯駅を過ぎ、満鉄線とクロスする地点で爆破されたのである。事件は翌五日、日本の新聞でも特派員電で大きく報じられた。五日付「東京朝日新聞」夕刊から引用する。

〈（奉天特派員四日発）四日午前五時半頃、張作霖氏の乗った特別列車が満鉄奉天駅を距る一キロの満鉄線の陸橋下の京奉線をばく進中、突然ごう然と爆弾が破裂し、満鉄の陸橋は爆破され、進行中の張氏の特別列車の貴賓車および客車三台破壊され、一台は火災を起し焼滅し、陸橋も目下燃えつつあり、我守備隊および警官出張中である〉

このリード部分に続く別稿を、以下見出しで拾って見よう。

〈張作霖氏顔面に微傷　一時は人事不省に陥る　同車の呉俊陞《ごしゅんしょう》氏も負傷〉

〈怖るべき破壊力を有する　強力なる爆薬を埋没　南軍便衣隊の仕業か　怪しき支那人捕わる〉

〈列車は無残に粉砕され　惨たんたる爆破の現場　満鉄、京奉両線不通〉

〈事件を日本の陰謀となし　奉天の日支間雲行険悪　城内の邦人引揚げ始む〉

重傷を負った張作霖は、トラックで奉天城内の元帥府に運びこまれ応急措置が取られたが、一時間後には絶命する。奉天軍は彼の死を二週間にわたって秘匿し、「元帥は漸次快方に向かわれ、今朝は粥食から普通食に変えられた」など虚偽の発表を続けた。事件発生の朝、報せは満鉄本社にももたらされた。重役会議の最中だったという。東方会議で決まった日本側の鉄道敷設を張作霖と交渉中だった山本条太郎は「もうこれで、自分が満州に来て、今日までに計画し、今後なさんとしたことは、全部水泡に帰した。田中内閣も近く土崩瓦解だ」と述べ、しばらく沈黙したという。

事件発生四日後、蔣介石の北伐軍は北京を占領、「北京」を「北平」と改める。張作霖の後継者となった息子の張学良は、日本への憎しみを募らせ、蔣介石の国民政府（中央政府）との政治的合流をはかり、満州（東北三省）を国民政府の地方政府として位置付けた。

この事件の詳報は日本でも伏せられ、「満州某重大事件」と呼ばれた。一年後の昭和四年七月、この事件処理を巡って田中義一内閣は崩壊、民政党の浜口雄幸内閣が成立したことは、この章の冒頭で述べた。今では関東軍高級参謀、河本大作が首謀者となって仕掛けたものであることは、日本人の多くが知っている。河本は戦後の昭和二十九年、「文藝春秋」（同年十二月号）に「私が張作霖を殺した」[*52]との手記を公表している。

河本は終戦直前に山西省の軍閥、閻錫山《えんしゃくざん》の顧問となり、終戦後、中国共産党に逮捕され、同二十八年、太原戦犯収容所で病死する。この手記は生前、彼が語ったものを義弟の作家平野零児がまとめたものだという。平野は昭和八（一九三三）年頃、文藝春秋社の特派員として満洲に渡り、この頃から作家活動を始める。終戦直前には山西省顧問を務めていた義兄の河本大作を頼り、同省太原に身を寄せる。戦後、彼もまた中国共産党に逮捕され、太原戦犯収容所で一時期を過ごした。この収容所内での河本への聞書きをもとにした口述原稿がこの手記といわれる。

河本は何故、張作霖を殺したのか。彼の手記には「東方会議」から、その後の満州事変や日中戦争に至る関東軍将校たちの考え方が、詳細に記されている。明治十六（一八八三）年、兵庫県佐用郡生まれの河本は陸軍士官学校卒業後、日露戦争ではシベリアに出兵、大正十五年三月、関東軍のナンバー3である高級参謀（大佐）として着任する。張作霖爆殺一年後には予備役となるが、その後、十河信二と同じ満鉄理事に就任している。十河が満鉄理事となって満州に渡ったころの雰囲気を理解するために、河本の手記の一部を要約しておこう。

満州に来て見ると張作霖が威を張り、排日は到る処で行われ、全満州にはびこっている。満鉄に対しては幾多の競争線を計画してこれを圧迫せんとしている。張作霖の周囲には、軍事顧問の名で日本人の取り巻きがいて、張の意を迎えるにもっぱらであり、日清、日露の役で将兵の血で贖われた満州は、奉天軍閥に蹂躙されていた。私はまったく茫然とした。

昭和三年の「東方会議」に、関東軍司令官の武藤信義に随従して上京し、この会議で私は、満鉄線に対する奉天軍閥の包囲態勢にはもはや外交的抗議などでは及ばなくなっていることを力説した。武藤司令官も、この会議で武力解決を強調した。大元帥を呼号している張作霖は、三十万の大兵を要し今は北京にいる。この三十万が北伐軍に敗けて満州に流れ込んだら、どんな乱暴をやるかわからない。張作霖の兵は武装解除してのみ入れるべきである。この献策に、特に森恪は非常に共鳴し、東方会議の議決となった。

蔣介石の北伐は開始され、勝ちに酔って済南城に入城し、昭和三年の済南事件が勃発した。一方、張作霖の奉天軍は予想通り敗走して、山海関に雪崩を打って殺到した。関東軍は治安維持のため奉天で待機したが、満鉄線付属地以外への出兵は奉勅命令がなければ出動できない。その奉勅命令が一向に下らない。田中首相は東方会議の主催者であるにもかかわらず、なぜか躊躇していた。出淵駐米大使の報告で米国の世論に気兼ねし、東方会議での既定の方針の敢行をためらったのである。

全満州に瀰漫する排日は、事あった際には燎原の火の如く燃えさかり、排日軍が一斉に蜂起する恐れがある。奉天ではすでに邦人小学生の通学など危険で出来ない状況にある。邦人は関東軍を頼りにしているが、その拱手傍観の態度に失望というよりむしろ怨んでいる。奉天軍の排日は張作霖の意図によるものである。張作霖が倒れれば奉天軍はバラバラになる。巨頭を斃《たお》す。これ以外に満州問題解決の鍵はないと思った。

張作霖爆殺を決意した河本は、部下の参謀に命じ、張作霖の奉天入りを探らせる。配置した諜報員から、張の京奉線（北京―奉天）の乗車予定を知らせてきた。列車を襲撃すれば日本軍が襲撃した証拠が歴然と残る、痕跡を残さないためには、爆弾を用いて列車を爆破するしかない。問題は列車の監視が自由に行える場所探しである。日本人がうろついても目立たない場所が必要だ。満鉄線と京奉線がクロスする媓古屯。満鉄線が上を走り京奉線はその下を通過しており、満鉄付属地であり日本人がいても不思議ではない。「ここに限るとの結論を得て、万端周到な用意はできた」

第一報では張作霖の乗車予定は六月一日だったが、四日になってやっと乗車したとの情報が入った。用意の爆破装置を取り付け、予備の装置も付けた。第一が仕損じた場合、直ぐに第二の爆破が続けられるようにした。その時間に満鉄線の列車がきたら大変である。秘密裏の計画であり、満鉄に知らせるわけにはいかない。万一に備え発電信号を装置して、満鉄線の危害は防止することにした。「何も知らぬ張作霖一行の乗った列車はクロス点にさしかかり、轟然たる爆音とともに黒煙は二百メートルも空へ舞い上がった」のである。

以上は、河本大作自らが語ったといわれる張作霖爆殺の動機と、経過の大要である。河本は事件を振り返って「日本の政界は満蒙問題解決の誠意を欠き、張作霖爆死問題をめぐってもこれに善処するどころか、かえってこれを倒閣の具に供さんとする一派も出た。政争はついに国策を誤って憚らない。政党政治の弊はここに極まり、もっとも顕著な悪例を我が憲政史上に残したのはこの時であった」と述べている。

この事件で停職処分になった河本はその後一年間、京都に住み、京都大学の学者を訪れ、京大図書館で満州問題を研究する。この間、河本を自分が経営する会社の嘱託とし、生活費の面倒を見たのは、「東方会議」で知己となった森恪である。河本は改めて「日本の将来に直面しているものは、満蒙問題に外ならないことは不動の事実である。新しい構想の下に満州問題を解決すべきであるという強固な決意を固めた」という。河本は昭和七年、満鉄の「理事」に就任して再び満州に登場、生涯を中国大陸で過ごす。河本の理事就任を後押ししたのは十河だった。その背後には森の強い推挙があったのだ

河本大作

ろう。河本はその後、関東軍司令官板垣征四郎、参謀の石原莞爾らと、森恪との間の連絡役を務めた。

十河自身は張作霖爆殺をどうみていたのか。彼は口述テープでこう語り、河本の考えと極めて近い認識をしていたことを示している。

「日本は日露戦争以後、満州に持っていた権益を継承するために張作霖という東三省の都督、統治者を援けていたわけですね。ところが張作霖自身の方針が違ってきた。最初は東三省を収めるという考えだったのが、だんだん成長していって、張作霖自身が東三省を根城にして中国全体を支配するという野望を持ってきた。それには日本が邪魔だということですね。育てたのが羊だと思っていたら狼の子だった。北京に立て籠ってあらゆることで日本の権益を侵害した。在満日本人は非常に憤慨し反撥し、反張作霖の空気が強くなった。その空気をいち早くキャッチしたのが関東軍ですね」

担当は購買と販売

話を十河信二が満鉄理事として大連に赴任した昭和五年九月に戻そう。前年に発足した浜口雄幸内閣は、井上準之助蔵相の下で緊縮財政と産業合理化によって物価引き下げと国際競争力の強化を図り、昭和五（一九三〇）年一月、懸案の金輸出解禁を実施した。しかし、前年十月二十四日、ニューヨーク株式市場の大暴落によって始まった世界恐慌の波は日本だけでなく、その余波は満州にまで及び、満鉄経営にも大きな影響を与えた。たとえば昭和五年度の大連港の輸出入貨物は、前年に比べ輸出は約二百万トン、輸入で約五十万トンも激減する。満鉄の輸送収入の九割は貨物で、その大半は撫順炭鉱の石炭と満州産大豆である。その撫順炭の需要は急激に落ち込み、満州特産の大豆三品（大豆、豆油、豆粕）の価格は暴落し、満鉄は大きな経営危機に直面していた。

山本条太郎に代わって総裁に就任した仙石貢は、就任早々から徹底的な合理化に乗り出す。理事の多くは官僚出身者であり「雷大臣」といわれた仙石とは肌が合わず、「お互いに敬遠して話し合う機会も少なかった」。加えて仙石は、山本前総裁時代の三井物産の商圏を次々と三菱に切り替え、社員間の反発が強まっていた。

赴任数日後のこと、十河は満鉄の中堅幹部である奥村慎次、内海治一、宮崎正義ら十数人から懇談の席に呼び出される。場所は大連・星が浦の料亭「星の家」である。後に十河が会長を務めた「満鉄経済調査会」の中心メンバーとなる面々である。彼らにしてみれば「復興局疑獄」で悪名高い十河信二という男の品定めの意味もあったのだろう。懇談はまず彼らの「仙石総裁批判」から始まった。

「仙石総裁は私たちの顔を見るたびに、いつも馬鹿だの阿呆だのと怒鳴りつける。如何なる意味でそんなに罵言されるのか。某理事は叱咤激励しておられるのだから、気にかけるなといわれた。それならそういってくれれば、なんでもないんだが、本当はどうなんですか」

仙石は「雷大臣」と呼ばれた鉄道省時代と少しも変わらず、部下を馬鹿、阿呆呼ばわりしていたのである。聞きなれた十河にはなんら問題にするに当たらない。「叱咤激励」と受け止めた某理事とは鉄道省出身で十河の親友、大蔵公望《きんもち》だろう。大蔵も仙石の「雷大臣」ぶりをよく知っている。十河自身もまた、部下や上司を事あるごとに馬鹿呼ばわりをして来たのである。「本当のことを聞きたいというのなら、言ってやろう。君らは馬鹿といわれ、阿呆といわれても理解しえない程度、馬鹿で阿呆なのだ。今、満州はいかなる状態にあると思っているのか。これに対して諸君はいかなる用意があるのか。満鉄の使命は何だ。理解できたか」。十河は仙石に負けず劣らずの大声で罵倒した。「彼らは反発もせず茫然としていた」

「社員から理事を登用すべきだ」という〝社員理事〟の要望も出た。

「満鉄は日本の海外発展のモデルケースだ。天下の人材を登用するのは当然のことだ。社員理事制など小さな殻に閉じこもるのは愚の骨頂である」

十河も、また彼らを「馬鹿もの」と怒鳴りつけたのである。仙石総裁の〝アル中〟説は、満鉄内に広がっていた。「感情が激しやすく、行為に倦きやすい糖尿病患者独特の徴候[*49]」が多少あったとしても、十河にとってはなんら驚くに当たらない。仙石貢の日常なのである。文書課長だった山崎元幹が、仙石に就任の挨拶を書いて持っていくと、仙石は「まだ会社の内情もよくわからんのにこんなものが読めるか」と空中高く放り投げ、原稿は社員の前にひらひらと舞い降りた、と草柳大蔵は仙石の奇行ぶりを紹介している。これもまた病気のせいというより、十河に言わせれば、仙石にとってはごく普通のことだった。

学生時代から大酒飲みだった十河は満州に赴任した時から酒を断った。「満州にはいい酒がない。満州で酒を飲んではダメだ、と言われピタリと禁酒した」と十河はいう。誰に言われたのかは語っていない。仙石の日常行為が〝アル中〟と非難されるなら、十河も全く同じである。禁酒することによって、あらぬ非難を避けたのかも知れない。

満鉄理事は、それぞれがいくつか部長を兼務していた。十河は仙石に、購買部長と販売部長を命じられた。経理出身の十河にとって購買部長は問題ないにしても、販売部長というのは〝商売〟である。「商売は最も不得意ですから、たとえ満州事情に疎くても私にできそうな仕事、適した部門を担当させてください」と申し出た。ところが仙石はにやりと笑って「君に出来そうな商売があるよ」という。「近頃珍しい商売ですね。なんですかそれは」。仙石はこう言ったのである。*46

「江木というバカな鉄道大臣がいるね。二十億の国幣《こくへい》（国家財政）を費やし、十万の尊い生命を犠牲にして勝ち得た満鉄の撫順炭を、外国炭だと称して、国産奨励の趣旨で国鉄が使用する石炭から除外する方針だ。直ちに全面禁止にしては満鉄も困るだろうから、差し当たり半減したいと言うから、そういう没分暁漢《ぼつぶんぎょうかん》（わからずや）には一屯も売らないと断ってこい、といっても誰も断ることが出来ない。君ならできるだろう」

「そういう商売なら出来るかも知れません。やってみましょう」。十河は引き受けた。すぐに上京し大臣室に江木を訪ねた。

「大臣、世の中には随分馬鹿者がいますね」

「そりゃいるさ、どんな馬鹿者だい」

「日露戦争で大きな犠牲を払ってやっと手に入れた満州の撫順炭を、外国炭だから輸入禁止にしようという馬鹿な役人が出て来たんですよ。驚きいった話じゃないですか」

江木は無言で微笑みながら十河の話を聞いていた。十河は、話は通じたと確信して部屋を出た。そのまま経理局長の部屋に寄り「これまで同様、三百万トン購入決済書を作り大臣に提出して欲しい。万一、大臣が文句をつけたら自分に電話してほしい」と頼んだ。江木の下で「撫順炭半減政策」を進めていた経理局長は、百五十万トン購入の決裁書を二枚作って大臣に提出した。江木が当然、一枚を却下すると思っていたのだろう、だが江木は「これは同じ案じゃないか。双方決済し、三百万トン買いたいというのか」と一言いっただけで、二枚とも判子を押した。撫順炭は従来通り国内産扱いになったのである。仙石は、十河が頼めば江木は拒めないことを織り込み済みだったのである。

満鉄本社には十河の部屋は二つあった。理事室と部長室である。部員たちには「君たちは思ったように自由に仕事をしてくれ。仕事はまかせる。責任はみんな私がとる。私は理事としてやらねばならない仕事が沢山あり、私は理事としてのみ働く」と宣言、部長室には判子だけをおいて近づかなかった。「同じように部長室には行かず、理事室に立て籠もったのは大蔵公望と二人だけだった」。大蔵公望は大正七年、鉄道院副総裁になった石丸重美に左遷されて鉄道院を辞めて満鉄に入り、大正十五年、理事となった十河の先輩でもあり、親友だった。後に十河が国鉄総裁になって東海道新幹線計画を推進する時、彼は十河の最大の支援者となる。

団琢磨との折衝

当時、満鉄の日本向け撫順炭輸出で最大のネックになっていたのが、前総裁山本条太郎が三井物産と結んだ「独占販売契約」である。三井物産以外の商社は物産を通さなければ撫順炭を取り扱うことは出来なくなっていた。一社独占の方が販売経費が安くて済む、というのがその理由だった。契約を結んだ頃は景気もよく満鉄にも有利だったが、世界恐慌の中で日本経済が停滞すると、三井側は、撫順炭の輸入より三井炭鉱など自社所有の炭鉱で発掘した国内産を優先するようになっていた。それどころか不景気の中で、北九州の中小炭鉱主たちは互助会を結成し、「撫順炭の輸入阻止」に立ち上がる。満鉄の貯炭場には風化し始めた石炭が山積されていた。

販売部長の十河の責任は重大であり、三井物産を督励して販路拡大と売り上げ増加を要請し続けた。しかし、三井側も、自社所有の炭鉱の石炭と撫順炭が競争の立場にあり、「あちらを立てれば、こちらが立たず」の状況で、これ以上、撫順炭の販売増はできない、と担当者は音を上げる。「三井との独占販売契約を破棄するしかない」。そう決意した十河は密かに上京し、種田虎雄を訪ね相談した。

団琢磨

種田は、十河の親友である森恪が、三井物産在職中に三井の総帥、三井合名理事長団琢磨の信任を受け、極めて密接な関係であったことを調べていた。十河は森に団琢磨との直接交渉の斡旋を頼み、団と秘密裡に会談することになった。懇談場所は千駄ヶ谷の団の私邸。十河は「本日はお願いがあって参りました」と満鉄の実情と三井物産との石炭独占契約破棄を懸命に訴えた。

「満鉄は日本のアジア大陸発展の先駆者であります。一億の人口が四つの資源のない小島に過密化生活を続けているのだから、隣邦の地中国大陸とは運命共同体たるべく生まれて来ているのです。その先駆者たる使命を授けられた満鉄は、満州大豆の輸送と撫順炭を命の綱としていますが、満州大豆の方は張学良（作霖の息子）軍閥のために抑制せられ、一方、撫順炭は不景気と三井の一手販売契約に死命を制せられているのです。張軍閥の排日は容易に之を制止することはできない。そこで、せめて石炭の方で何とか救急の途を開きたいのです。ついては物産の撫順炭の取引先とその数量は、契約通り三井のシェアとして確保しますから、一手販売の契約はこれを破棄し、そのほかの取引は満鉄の自由にさせていただきたい」

団琢磨は十河が話し終わるのを、静かに頷きながら待っていた。そしてこう断言した。

「君の申し出は筋が通っている。何等の無理がない。三井は撫順炭の独占販売権を有していますが、三井は日本の会社で、満鉄は三井にとり大切なお客です。三井は自分の利益のみを追求するものではありません。国家公共の要請に応えなければなりません。このような筋の通った無理のない提案に対して、三井は否という回答はできない。委細承知しました。明日からすぐに実行して下さって差支えない。ただし三井物産社長に提言すれば必ず反対するであろうから、物産には私が責任をもって納得させせます。君は一言も触れないで、満鉄社内で自由に行動せられたい」

数日して団から電話があり「すべて快諾した」と伝えられる。「君の注意がなければ、満鉄の赤字が拡大し、明治大帝の偉業が没落する。その責任は三井物産が背負うことになるところだった。森恪君のおかげで危うい所を救われた」と団は、十河との会見を斡旋した森にも感謝したのである。「私企業と公共事業との間に質的な差別はない。いかなる営利的私企業も公共の利益を無視して存続するものではない」。十河は「さすが大三井のリーダーだ。団の英断は大きな教訓になった」と語っている。

大連に戻って仙石に報告すると、すぐに理事会が開かれ、仙石はこの経緯を全理事に紹介した。満鉄には三井の息のかかった理事も多く、十河の独断を非難する者もいた。仙石はその席で、「十河と森恪が親友であり、森は三井物産で鍛えられた産業人である」ことを改めて披露する。「三菱系の仙石の指示によって十河が動いた」と憶測していた理事も、納得する。三菱ほか撫順炭の販売を希望していた商社もこの朗報を喜んだ。「前科者が飛び込んできた、と社内に不満の空気が充ちていたところに、この問題を解決したことで、そんな空気も変わって来た」と十河は述懐している。

団琢磨が東京・日本橋の三井銀行玄関前で血盟団盟主、井上日召の「一人一殺」に共鳴する菱沼五郎に射殺されたのは、それから一年あまり後の昭和七（一九三二）年三月五日のことである。

関東軍参謀、花谷正との邂逅

大連に赴任直後、十河は挨拶回りに満鉄沿線の各地を旅した。彼がその時、感じたのは沿線主要駅にある石に刻まれた日露戦争の戦跡案内だった。国運を賭して戦った先人の偉業を称え、その功績を追慕することに異議はない。しかし、満州を旅行するのは日本人だけではなく世界各地からやってくる。ソ連人も来るだろう。彼らはロシアの将軍が降伏した場所とか師団が全滅した地、といった戦跡案内を見てどう感じるか。そんな頃、十河は大連ロータリー・クラブで満州の第一印象を話してくれ、と頼まれ概略、以下のような話をした。

「今は平和時代であるので各国間の往来が殷賑をきわめている。交通機関は各国親善の紐帯となって繁盛し満鉄線も世界一周の重要な公路となっている。だが、本線の主要各駅ホームに戦跡案内が建てられていることは穏やかでない印象を受けた。ソ連と日本とは今日は友好国である。天下の公道にこうしたものを建てておくことは、この鉄道を通過する外国人、ことにロシア人に非常な不快感をあたえるのではないか。日本人にとっても知らず知らずに軍人に頼り、問題を軍部の実力行使によって解決してもらうという傾向が出てくる恐れがないか。戦跡案内などは出来るだけ早く撤廃すべきである」

乗客輸送も重要な業務である満鉄にとって、観光客誘致は重要な政策の一つである。ロシア人観光客も増えていた。ロータリー・クラブの会員向けの発言としては何ら問題にならない感想だが、満ソ国境にソ連軍の増強が続いていた時期でもあり、関東軍関係者の間に複雑な反応を引き起こす。「十河は怪しからんことをいう」と激高する軍人も出て、十河は憲兵隊の取り調べを受け、東京にも報告されたが、不問に付された。しかし、現地関東軍の青年将校たちは収まらなかった。

昭和六年夏のある夜、十河が満鉄奉天駅から大連本社に帰任するため、寝台列車に乗り込んだ時のことである。前方から目つきの鋭い大柄な軍人が大股でやってきて、狭い廊下でぶつかりそうになった。「君は満鉄の十河理事ですか」。「そうだ」と答えると、その軍人はいきなり日本刀に手をかけ、「僕は君を刺し殺そうと思う。覚悟しろ」と厳しい目で睨みつけた。男は最初から十河と知って近づいて来たのである。

驚いた十河は「物騒なことを言うのはよしてくれ。ここは寝台車の通路だ。どんな理由で私を殺すというのか。話を聞こう」と男の手を押さえて喫煙室に連れて行った。彼は十河がロータリー・クラブで話した戦跡案内の問題に憤慨していた。「あの意見は今でも同じ考えか？」「もちろん今も考えは変わっていない」と答えると、体をグッと乗り出し「それならどうしても生かしておけない」と刀を抜こうとした。危険だと察した十河は「いささか詭弁を弄して懸命に宥《なだ》めた」。

その「詭弁の内容」について十河は「日本の将来は平和的に海外発展をはかるべきで、軍の武力を背景とする強硬外交のみによる交渉は頗《すこぶ》る危険が伴う。日露戦争の勝利に酔って武力に頼りすぎるような傾向をつくることは国民にとって不幸だ。国民はそうした覚悟を持つべきだというのが主旨だと解説した」。二人の議論はソ連に対する認識から満州のあり方まで発展する。議論になれば十河も負けてはいない。満州問題に関していえば十河は、政友会の森恪の「満州切り離し論」を色濃く受け継いでいる。この軍人に彼の「満州観」まで情熱的に語ったに違いない。

そしておよそ一時間、興奮していた軍人の気分もほぐれ、「わかりました。君は我々の同志だった。唯今までの粗忽無礼を陳謝する。これからご指導を願います」と太い手を差し出し固く握手した。「驚き入った淡白率直、真に竹を割ったような典型的な武人の姿であった」[*46]。二人は議論を通じて意気投合したのである。

この軍人は〝満州の暴れ者〟と呼ばれていた関東軍参謀、花谷正（当時少佐）だった。大正三年に陸軍士官学校を卒業した花谷が、関東軍参謀として満州に赴任したのは昭和三年八月。河本大作による張作霖爆殺事件の二か月後のことである。花谷の着任から二か月遅れて陸軍大学校教官だった石原莞爾（当時中佐）が作戦参謀として着任している。石原を関東軍参謀に強く推挙したのは河本だと言われる。河本の後任の高級参謀として、奉天駐屯の歩兵第三十三連隊長、板垣征四郎（当時大佐）が着任したのは、翌昭和四年四月である。張作霖爆殺事件後のわずかの期間に板垣、石原、花谷ら「満州事変」の〝仕掛け人〟たちが旅順の関東軍司令部に勢揃いしていたのである。

花谷は戦後、「別冊知性」に「満州事変はこうして計画された」[*56]とその真相を書いているが、それによると「昭和六年春頃には柳条溝（湖）事件のおよその計画が出来上がっていた」という。花谷が寝台列車の中で「殺すぞ」と刀に手をかけた頃、すでに関東軍中枢は、計画実行に向けて動き始めていた。十河と花谷の邂逅は単なる偶然ではなく、十河の本音を聞き出し、十河という人物を確かめるための計画的行動だった、とみて間違いない。「詭弁を弄し」て説得できる相手ではない。二人は本音の〝対決〟になったと見てもよい。

十河も花谷との激しい議論によって学ぶ点は多かった。「関東軍中枢の満州に対する根本思想がほぼ理解できたことは大きな収穫だった」と率直に認め、次のように述べている。

「日本は明治開国以来、世界各国と外交関係を持つようになったが、不動の国是というべき外交基本方針の『満州は日本の生命線である』という意味は、ロシアの太平洋進出を阻止することであり、それによってのみ東洋の平和、したがって我が国の安全が確保せられるということである。このためには国運を賭してもたたかわなければならぬということが国家国民の一致した基本線であった。日清、日露戦争もこの基本線によって戦われた」

「ロシアは少なくとも、満州を通り朝鮮を経て、太平洋に進出しようという意図を持っていた。しかし清国、朝鮮はロシアの野望を阻止する実力がない。やむを得ず我が国が国家の命運をかけて東洋の平和を確保するため、尊い犠牲を払ってロシアの進出を阻止したのだと確信した。花谷少佐の意見も全く同じで、関東軍の考え方もこの基本線にそったものであると感得した」

そして十河は「満州のわが権益が中国側に無視せられ、圧迫蹂躙せられる実情に対して、関東軍が憤慨し、これに一撃を加え地歩を確保せねばおかぬという空気が、次第に濃厚になりつつあることを察知した」というのである。

十河が満州に赴任する直前、森恪は「関東軍の石原に会って、特に満州や支那問題についての基本方針に対する考えをよく聞いてくれ」と十河に紹介状を書いた。石原にはすでに何度か会い、彼の思想に接していた。「満州が生命線と言うとき、石原さんの結論は〝対ソ生命線〟だった」。森恪の「満蒙分離論」に同調していた十河は、石原莞爾の思想に完全に共鳴し、石原も十河の〝本心〟を理解していた。しかし、石原の直属の部下である花谷らは十河を知らず、ロータリー・クラブでの十河発言に反発していた。石原は暴れん坊の花谷を焚き付けて寝台列車に送り込み、十河という男をどこまで信用できるか、その本音や胆力を試させたのだろう。剣道の達人である花谷は、十河を信じられぬと判断すれば、本気で殺すつもりだった。だが、車中での議論を通じて十河という人物を知った花谷は、完全に兜を脱ぎ〝十河ファン〟になるのである。これをきっかけに板垣征四郎、石原莞爾ら関東軍中枢と十河の関係は急速に深まり、「血盟的関係」を結ぶようになって行く。

この頃から昭和史の〝主役〟を演じるようになった「関東軍」について、簡単に記しておきたい。日本は日露戦争の勝利によりポーツマス条約を結び、ロシアが租借権を持っていた満州鉄道の南半分とその付属地、さらに遼東半島の南端部分（面積約三千五百平方キロ）を割譲させた。埼玉県ほどの広さのこの地を日本は「関東州」と名づけた。日本政府はこの関東州の旅順に明治三十九（一九〇六）年八月、「関東総督府」をおいた。総督府は南満州鉄道（満鉄）の監督権を持ち、在留邦人を保護し、鉄道付属地を守る目的でその指揮下に陸軍二個師団を駐留させた。「関東総督府」はその後、「関東都督府」に改められ、その指揮下の軍隊は「関東都督府陸軍部」と呼ばれた。

大正八（一九一九）年の改革で「都督府」は「関東庁」となり、陸軍部は独立して「関東軍」

となる。司令部を旅順におき、作戦と行動については陸軍参謀総長の指揮下に入った。昭和の初期、関東軍は形式的には関東州と満鉄の沿線警備、二十万人に膨れ上がった在留邦人の保護を任務としていたが、一貫してソ連（ロシア）を仮想敵国とし、駐留一個師団、独立守備隊六個大隊合わせて一万余の兵力が常駐して北方への睨みをきかせていた。

満州芸者おせん

大連の満鉄に赴任してから間もなくの頃、というから満鉄列車内で花谷少佐と火花を散らした前後のことだろう。大連市内の「湖月」という料亭で宴会があった。その席でおせんという名の芸者が「ちょっとお顔を拝借したい」と十河を別室に呼び出した。おせんは大連の花柳界きっての売れっ子。大物食いと評判の芸者である。「私を助けると思って、名前だけでもよいので私の旦那になってくれま

前列左より板垣征四郎、十河信二、おせん、後列左端・河本大作（石原莞爾の撮影か）

せんか」。おせんは手を合わせて十河をかき口説いた。

十河はこの頃、家族を東京に残し単身赴任の身である。突然の、それも突飛な申し出に十河は当惑した。聞けばおせんは、日本人土建屋の世話になっているが、その男がいやで別れたいと思うものの、容易に聞き入れてもらえない。満鉄出入りの土建屋なので、新任理事の十河が旦那についたとわかれば、あきらめてくれるのではないか、というのである。

「こんな問題に縁の遠かった私だが、余りに熱心に口説かれたので、一人の女が助かるというのなら、致し方ないと承知するしかなかった」

しかし、旦那と別れるためと言うなら、「秘密ではなく、おおっぴらでなければ意味がない」。おせんは十河が待合や料亭に顔を出すといつも十河のそばに寄り添うようになった。キクと学生結婚をして以来、浮いた話の一つもなかった十河にとって、生涯で一度だけの〝艶聞〟である。ある夜、宴会が終わると、おせんが十河の仮寓である星が浦のヤマトホテルまでタクシーで送るという。その途中、二人の乗ったタクシーは運転手の居眠りで路面電車に衝突、二人は開いたドアから路上に放り出された。十河はかすり傷で済んだが、おせんは一時、意識不明となり病院に収容された。

翌日の現地の邦字新聞に「満鉄理事の醜聞」として、事故は大きく報道された。このことはおせんにとっては幸いした。嫌っていた前旦那との縁切り問題に決着がついたのである。ヤマトホテルは芸者の出入りを禁止していたが、この事故以来、おせんは特別扱いとなり、十河の部屋に出入りし、十河の衣服の洗濯などを引き受けた。

仙石総裁の死去後、新総裁となった内田康哉と共に、副総裁として赴任してきた江口定條《さだえ》がおせんに魅せられ、しきりに言い寄ったが、彼女は頑として応ぜず、肘鉄砲を食わせ続けた。内田は十河とおせんが関係しているからだ、と邪推して江口夫人名で十河の妻キクに中傷の手紙を何通も送る。キクは笑いながら無視した。十河になんらかの事情があると信じて疑わなかった。キクは満州事変勃発後の昭和七年十月、長女の由子《みちこ》が加賀山之雄《ゆきお》（戦後、国鉄総裁）と結婚すると、二女恵子（六歳）、五男新作（三歳）を連れて大連にやってくる。長男給作《こうさく》はこの年、京都帝大を卒業、三菱商事に就職した。三男林三（十六歳）は、浦和にいる祖父母の岡崎家から県立浦和中学に通学。四男和平（十二歳）は東京・小石川林町のキクの弟の家に預けられ、近くの林町小学校に通った。

十河一家は星が浦の満鉄社宅で新しい生活を始めた。台所仕事はお手伝いまかせの満鉄理事の社宅。奥様用の応接室もある。キクは婦人会などの中心メンバーとして生き生きと活動を始めた。キクにとっては生涯で最も華やかな時代だった。キクはおせんとも親しい友人となり、おせんは事あるごとに十河の家族の世話をした。

十河は任期満了で満鉄理事を退職する時、おせんと別れの酒を酌み交わした。おせんは「長いあいだ名義上の旦那として、清い付き合いをしてくれたことに感謝します」と涙を流した。そして「おかげで近くあなたの郷里、愛媛県出身の三味線屋と結婚することが決まりました」と報告した。おせんは間もなく結婚し「西山きさ」となる。

この話には後日談がある。十河が戦後、国鉄総裁に就任した直後、旧満鉄職員が、西山きさは夫の故郷、松山に帰還していると知らせて来た。十河は総裁として初めて四国入りした記者会見で「こんな人が満州から引き揚げて来ているはずだ」と西山きさの話をし、それが地元紙の記事になった。二回目の四国入りの際、きさが十河の宿舎を訪ねて来た。二人は辺り構わず抱擁して再会を喜びあった。新聞で十河の話を読んだが、その時は死の床にあった夫の看病で動けなかったのだという。きさは再会後まもなく、肺炎で亡くなった。

仙石総裁の最期

昭和六（一九三一）年四月二十九日、初代総裁として満鉄発展の基礎を築いた後藤新平の銅像（朝倉文夫作）が大連・星が浦の海の見える高台に造られ、その除幕式が行われた。東京から十河と親しい後藤の長男一蔵を始め、女婿の鶴見祐輔夫妻、その息子の俊輔もやってきて大連・ヤマトホテルに泊まった。序幕式では当然、現総裁の仙石貢が祝辞を読まなければならない。十河が祝辞を頼むと「祝辞というのは誉めなければならない。後藤によい所があるのか。わしは後藤のよい所など知らない。知っているならお前が読め」と言って頑としてきかない。

十河にとっては後藤新平も尊敬する恩人であり師であり、仙石貢もそうである。二人は広軌鉄道の強い推進者でもあった。しかし、二人は性格的に合わないのか、不思議なほど仲が悪かった。十河は何度も祝辞を書き直して持っていくが、「こんなことは嘘だ」と突き返される。やっと了承してくれた時には「まことに簡単なあっけない祝辞になっていた」。

十河は後年、「気性の激しい人でしたから自ら許した人には徹底的に応援し情誼も尽くしましたが、反対に信用しないとなると、どんなことも許しませんでした。妥協などということはおよそ大嫌いだったのでしょう。昔の士にはこういう型の人がいました」と懐かしむ。仙石の気質に自分と全く同じものを見ていたのだろう。

前年の昭和五年十一月十四日、首相の浜口雄幸が東京駅頭で「愛国社」の佐郷屋留雄のピストルで狙撃され瀕死の重傷を負う。「浜口を信じ彼を支援することが最大の国家奉仕だと考えていた」仙石は、事件を知ると満鉄重役会で「公務を疎かにして相済まぬが、浜口の見舞いに上京したい」との発言を残して上京する。ショックが余りにも大きかったのか、浜口を見舞った後、仙石の病状は急速に進み始めていた。後藤の銅像の除幕式が終わると、仙石の衰弱は一段と顕著になる。

十河は意を決して、政府や民政党の幹部に仙石の病状を報告、仙石は病床で辞表を書く。十河も理事就任の際の約束に従って辞表を提出した。昭和六年六月十三日、仙石の辞表は受理され、後任総裁に原敬内閣や高橋是清内閣など四内閣で外務大臣を務めた内田康哉が、副総裁に三菱財閥の江口定條が発令された。

辞表を出した十河は東京の仙石邸に呼ばれ、夫人と同席して病床に伏す仙石に会った。仙石は涙ながらにこう説得した。

「満州の風雲はすこぶる切迫しているように見える。今後、満鉄の責任は一段と重さを加える。自分は老齢、病軀。とうていその任に耐えられず辞任した。幸い自分の推薦した内田康哉総裁の就任が決まった。君は自分と進退を共にするという約束だったが、内外の情勢は君の満鉄を去るを許さない。自分の身代わりである内田総裁を支援してもらいたい」

恩師の情熱と誠意に「否という余地はなかった」。十河の辞表は受理されず、内田総裁の下で引き続き勤務することになった。
狙撃され重傷を負った浜口雄幸はこの年の八月二十六日、六十一歳で没した。湘南片瀬の別荘で療養していた仙石も、浜口の後を追うように同年十月三十日、波乱の人生を閉じた。七十四歳だった。

十河は仙石の病気を見舞っている時、仙石夫人に別室に呼ばれた。夫人が三菱銀行に小切手を持って行ったら、「お宅とは百万円の当座貸越契約をしているが、もう百五十万円を超過している」と小切手を返されたというのである。仙石は満鉄総裁在任中の報酬なども心酔する浜口に政治資金としてことごとく届け、自らは家屋敷まで担保にして銀行から借金し、貯金は皆無だった。貸越契約分は全額が〝借金〟であり、総額は現在の価値に直せば四十数億円に相当するだろう。十河にはそれを請け負う力はない。考えた末、仙石の死後、三菱財閥の岩崎久弥を訪ね事情を話した。岩崎は「私が引き受けますからご安心を」とその処理をすべて引き受けてくれた。仙石が未亡人と二人の子供に残したのは、夫人名義の片瀬の別荘だけだった。（以下、下巻）

主要引用文献

▼資料

（1）「備忘録」全十九冊。十河信二自筆または口述筆記による。執筆時期は①昭和三十九年—同四十三年②同四十四年一月—五月③同六月—十二月④同四十五年—四十六年⑤同四十七年—同五十年⑥同五十一年—五十三年。⑦から⑨までは執筆時期不明。⑩は昭和四十四年から四十五年に執筆している。その他に自筆の「随想」三分冊や「念願の東海道広軌新幹線の建設」（日本経済復興協会での講演口述筆記）、「人物政治資料」（対談筆記）などが含まれる。西条図書館所蔵。

（2）「十河信二口述テープ」全七十三巻。昭和四十三年ごろから吹き込んだと見られる。中には「浅原健三日記」を全文吹き込んだものもある。「備忘録」を補完するものも多く、口述テープの方がざっくばらんな回顧となっている。本文中の引用は、「私の履歴書」『有法子』などの注記のない限り「備忘録」と「口述テープ」によるもので、双方を合体した箇所もある。十河光平氏所蔵。

（3）「浅原健三口述ノート上、下」昭和三十八年八月八日口述。十河光平氏所蔵。

（4）「浅原健三政治秘話」（明治、大正、昭和）と記された口述筆記ノート。口述時期不明。十河光平氏所蔵。

（5）「浅原氏の証言・軍法会議」浅原健三の口述筆記。口述時期不明。十河光平氏所蔵。

（6）「復興局疑獄事件」での種田虎雄弁護資料。一審弁護要旨、予審決定書に列挙せる各事項に対する答弁要領、控訴審における弁護全文、「交友の観たる十河信二」（控訴審で裁判官に提出したもの）、「十河君の復活を祝いて」（雪冤会で配布したパンフレット）。十河光平氏所蔵。

（7）「広軌鉄道計画並びに青函及び四国連絡計画の試案」国鉄審議室作成。十河光平氏所蔵。

（8）「東海道線増強調査会資料　議事録」国鉄技師長室作成。西条図書館所蔵

▼引用文献

＊1「石田国鉄総裁と新幹線」岩崎雄一　「交通ペン」30周年記念号所収　交通ペンクラブ　2011年
＊2「十河国鉄総裁の涙」大谷良雄　「交通ペン」20周年記念号所収　交通ペンクラブ　2000年
＊3「おこられ会」三坂健康　『十河信二別冊』所収　十河信二伝刊行会　1988年
＊4「偉大なる教師」谷伍平　『十河信二別冊』所収　十河信二伝刊行会　1988年
＊5「大送別会」青木槐三　「交通新聞」1963年6月6日付
＊6「僕の診断書」近藤日出造　「中央公論」1957年1月号所収
＊7「新人物群像　十河信二」阿部真之助　「東京日日新聞」1938年1月24日付掲載
＊8『戦時日本の華北経済支配』中村隆英　山川出版社　1983年
＊9『有法子　十河信二自伝』十河信二　ウェッジ　2010年
＊10「私の履歴書」十河信二　「日本経済新聞」1958年8月15日から22回連載
＊11『新居浜産業経済史』新居浜市編纂　新居浜市　1973年
＊12「海南新聞」（現「愛媛新聞」）1894年7月22日付
＊13『幽翁』西川正治郎　非売品（1931年刊）1952年再刊
＊14『風雲児・十河信二伝』中島幸三郎　交通協同出版社　1955年
＊15「旧制　わが母校」「朝日新聞」1977年5月15日付
＊16『坊っちゃん』夏目漱石　新潮文庫　1950年
＊17『大町よいとこ』石井武司　西条市立大町公民館　1977年
＊18『種田虎雄伝』鶴見祐輔　非売品　近畿日本鉄道　1958年
＊19『検証　藤村操――華厳の滝投身自殺事件』平岩昭三　不二出版　2003年

＊20 『草枕』夏目漱石　新潮文庫　1950年
＊21 『日本文壇史』第7巻　伊藤整　講談社　1964年
＊22 『日露戦争史』（一）半藤一利　平凡社　2012年
＊23 『清水次郎長——幕末維新と博徒の世界』高橋敏　岩波新書　2010年
＊24 「母——そのひろき愛に」加賀山由子　『十河信二別冊』所収　十河信二伝刊行会　1988年
＊25 『〈決定版〉正伝・後藤新平』⑤　鶴見祐輔　藤原書店　2005年
＊26 『日本国有鉄道百年史』全十四巻　日本国有鉄道編　日本国有鉄道　1969—73年
＊27 『後藤新平』北岡伸一　中公新書　1988年
＊28 『原敬日記』第三巻「内務大臣」　原奎一郎編　福村出版　2000年
＊29 『満鉄外史』（新装版）菊池寛　原書房　1979年
＊30 『ポーツマスの旗』吉村昭　新潮社　1979年
＊31 『満鉄と東インド会社、その産声』三浦康之　ウェッジ　1997年
＊32 「後藤新平の台湾・満州経営」御厨貴　『時代の先覚者・後藤新平　1857—1929』所収　御厨貴編　藤原書店　2004年
＊33 『坂の上の雲』（一）司馬遼太郎　文藝春秋　1971年
＊34 『溶鉱炉の火は消えたり』浅原健三　新建社　1930年
＊35 『昭和史の怪物たち』畠山武　文春新書　2003年
＊36 『洋上の点——情報戦略家森恪の半生』小島直記　中公文庫　1982年
＊37 『森恪』明治百年史叢書第294巻　山浦貫一編　原書房　1982年
＊38 「満州建国は「明治維新の理想」実現に向けた、最後の一歩だった」中西輝政　「歴史街道」2012年7月号

＊39『関東大震災と鉄道』内田宗治　新潮社　2012年
＊40『震災復興　後藤新平の120日――都市は市民がつくるもの』所収資料　後藤新平研究会編著　藤原書店　2011年
＊41『〈決定版〉正伝・後藤新平』⑧　鶴見祐輔　藤原書店　2006年
＊42『演歌の明治大正史』添田知道　刀水書房　1982年
＊43『帝都復興史』巻一　高橋重治編　興文堂書院　1930年
＊44『陛下、お尋ね申し上げます』高橋紘　文春文庫　1988年
＊45「謎のお役所―復興局」「時事新報」1924年8月13日から3回連載
＊46『十河信二と大陸』北条秀一編纂　非売品　1971年
＊47『満州事変から日中戦争へ』加藤陽子　岩波新書　2007年
＊48『評伝　吉田茂』上中下　猪木正道　読売新聞社　1978、80、81年
＊49『実録・満鉄調査部』下　草柳大蔵　朝日新聞社　1979年
＊50「東方会議と田中メモランダム」有田八郎『昭和史探索』（1）所収資料　半藤一利編著　ちくま文庫　2006年
＊51『昭和史探索』（1）同右
＊52「私が張作霖を殺した」河本大作「文藝春秋」1954年12月号
＊53『回想の満洲国』片倉衷　経済往来社　1978年
＊54「満蒙をどうする？　急迫せる満蒙の現状」森恪「経済往来」1931年10月号
＊55「満蒙私見」石原莞爾『昭和史探索』（2）所収資料　半藤一利編著　ちくま文庫　2007年
＊56「満州事変はこうして計画された」花谷正「別冊知性」1956年12月号
＊57「満洲事変の舞台裏」花谷正「文藝春秋」1955年8月号

*58『秘録・石原莞爾』横山臣平　芙蓉書房　1971年
*59『秘録　板垣征四郎』板垣征四郎刊行会編　芙蓉書房　1972年
*60『満鉄に生きて』伊藤武雄　勁草書房　1964年
*61「秋二日」宮崎正義　「石原莞爾研究」第一集所収　保坂富士夫編　精華会中央事務所　1950年
*62『地ひらく　石原莞爾と昭和の夢』福田和也　文藝春秋　2001年
*63「『満州』における経済統制政策の展開」原朗　『日本経済政策史論』(下)所収　安藤良雄編　東京大学出版会　1976年
*64「対支政策の質的転換――民衆への経済的直接支援」十河信二　「文藝春秋」1936年9月号
*65『軍ファシズム運動史』復刻版　秦郁彦　河出書房新社　2012年
*66『憲兵――自伝的回想』大谷敬二郎　新人物往来社　1973年
*67『それでも、日本人は「戦争」を選んだ』加藤陽子　朝日出版社　2009年
*68『昭和史』中村隆英　東洋経済新報社　2012年
*69『反逆の獅子――陸軍に不戦工作を仕掛けた男・浅原健三の生涯』桐山桂一　角川書店　2003年
*70「昭和維新と浅原健三の陰謀」大谷敬二郎　「日本週報」1955年4月5日号
*71「『大東亜共栄圏』の経済的実態」原朗　『展望日本歴史20』所収　柳沢遊・岡部牧夫編　東京堂出版　2001年
*72「組閣工作の一〇九時間」宇垣一成　「文藝春秋7月臨時増刊　昭和史メモ」所収　1954年
*73『昭和史探索』(4)半藤一利　ちくま文庫　2007年
*74『東條英機と天皇の時代』保阪正康　ちくま文庫　2005年
*75「石原莞爾の悲劇」田村真作　「文藝春秋」1950年7月号
*76『日本憲兵正史』全国憲友会連合会編纂委員会　全国憲友会連合会本部　1976年

＊77『わが東条英機暗殺計画』津野田忠重　徳間書店　1985年
＊78「〝東条暗殺計画〟の真相」中原宏「文藝春秋」1968年1月号
＊79『作戦の鬼　小畑敏四郎』須山幸雄　芙蓉書房　1983年
＊80『昭和経済史』中村隆英　岩波現代文庫　2007年
＊81「続・怒号の人」谷伍平「西日本通信」1984年1月号
＊82『新幹線そして宇宙開発――技術者60余年の記録』島秀雄　レールウェー・システム・リサーチ社　1987年
＊83「十河総裁と東海道新幹線」山本佳志「交通ペン」30周年記念号所収　交通ペンクラブ　2011年
＊84『歌集　石楠花』加賀山由子　不識書院　1985年
＊85「国鉄総裁の〝借金〟――十河信二氏夫人の赤字葬儀」「週刊サンケイ」1958年9月21日号
＊86『証言記録　国鉄新幹線』柳井潔　新人物往来社　1985年
＊87『国鉄』青木槐三　新潮社　1964年
＊88「国鉄総裁のイスにすわる条件」「週刊朝日」1963年5月17日号
＊89「十河先生とお墓参り」鎌田太郎『十河信二別冊』所収　十河信二伝刊行会　1988年
＊90『歌集　銀の軌道』加賀山由子　不識書院　1999年
＊91「老人病学専念のはじまり」楢崎正彦『十河信二別冊』所収　十河信二伝刊行会　1988年
＊92「故十河信二氏の葬儀」「汎交通」1981年12月号　日本交通協会

▼新聞各紙（発行の日付は本文中に明記・順不同）
万朝報　時事新報（現「産経新聞」）　海南新聞（現「愛媛新聞」）　九州日報（現「西日本新聞」）、東京日日新聞（現「毎日新聞」）　東京朝日新聞（現「朝日新聞」）　読売新聞　朝日新聞　日本経済新聞　交通新聞

▼その他の主要参考文献は下巻に記載

十河信二　略年譜

＊下段の数字は月日

1884（明治17）		4・14愛媛県新居郡中萩村大字中村に生れる
1897（明治30）	13歳	4松山中学校東予分校に入学
1902（明治35）	18歳	3西条中学校卒業　9第一高等学校入学
1905（明治38）	21歳	9東京帝国大学法科大学政治学科入学
1908（明治41）	24歳	9岡崎キクを入籍
1909（明治42）	25歳	7同卒業、任鉄道院書記　11文官高等試験合格、経理部庶務課勤務
1910（明治43）	26歳	4総裁官房、会計課勤務　9『鉄道経済要論』共訳　12鉄道院副参事
1912（明治45）	28歳	12会計課兼倉庫課勤務、鉄道院参事
1913（大正2）	29歳	5経理局勤務、中央倉庫兼務
1915（大正4）	31歳	6経理局会計課勤務
1917（大正6）	33歳	2米国留学
1918（大正7）	34歳	8帰国　9経理局調度部庶務課長
1919（大正8）	35歳	5経理局購買第一課長
1920（大正9）	36歳	5兼任鉄道省参事官　9経理局会計課長
1923（大正12）	39歳	9帝都復興院書記官　11兼任鉄道書記官
1924（大正13）	40歳	8鉄道省経理局長
1926（大正15）	42歳	1刑事事件容疑者として逮捕、依願免本官
1927（昭和2）	43歳	6第一審判決、有罪

1929（昭和4）45歳　4第二審判決、無罪
1930（昭和5）46歳　7満鉄理事就任
1931（昭和6）47歳　9満州事変　11東北交通委員会主席顧問に就任
1932（昭和7）48歳　1初代満鉄経済調査会委員長に就任　3満州国政府建国宣言
1934（昭和9）50歳　7満鉄理事退任
1935（昭和10）51歳　12興中公司社長に就任
1937（昭和12）53歳　1林銑十郎内閣組閣参謀長　7盧溝橋事件
1938（昭和13）54歳　11興中公司社長辞任
1939（昭和14）55歳　7帝国鉄道協会理事
1944（昭和19）60歳　11帝国交通協会理事
1945（昭和20）61歳　7愛媛県西条市市長に就任
1946（昭和21）62歳　4鉄道弘済会会長　4西条市長辞任　5日本経済復興協会会長
1947（昭和22）63歳　11日本交通協会理事
1948（昭和23）64歳　4鉄道弘済会会長辞任
1955（昭和30）71歳　5日本国有鉄道総裁就任
1958（昭和33）74歳　7妻キク病没（享年71）　12東海道新幹線の早期着工決まる
1959（昭和34）75歳　4自伝『有法子』出版記念会、新幹線起工式　5総裁再任
1962（昭和37）78歳　5常磐線三河島事故
1963（昭和38）79歳　5任期終了により総裁辞任　6日本交通協会会長に就任
1964（昭和39）80歳　10新幹線開業
1981（昭和56）97歳　10・3歿

著者略歴

牧　久（まき・ひさし）

ジャーナリスト。一九四一年、大分県生れ。六四年、早稲田大学第一政治経済学部政治学科卒業。同年、日本経済新聞社に入社。東京本社編集局社会部に配属。サイゴン・シンガポール特派員。名古屋支社報道部次長、東京本社社会部次長を経て、八九年、東京・社会部長。その後、人事局長、取締役総務局長、常務労務・総務・製作担当。専務取締役、代表取締役副社長を経て二〇〇五年、テレビ大阪会長。現在、日本経済新聞社客員、日本交通協会会員。著書に『サイゴンの火焔樹――もうひとつのベトナム戦争』『特務機関長 許斐氏利――風淅瀝として流水寒し』『「安南王国」の夢――ベトナム独立を支援した日本人』（各小社刊）がある。

不屈の春雷

――十河信二とその時代（上）

二〇一三年九月二十八日　第一刷発行

著　者　牧　久

発行者　布施知章
発行所　株式会社ウェッジ
〒101-0052　東京都千代田区神田小川町1-3-1
NBF小川町ビルディング3F
電話：03-5280-0528　FAX：03-5217-2661
http://www.wedge.co.jp/　振替00160-2-410636
DTP組版　株式会社リリーフ・システムズ
印刷・製本所　図書印刷株式会社
＊定価はカバーに表示してあります。　ISBN978-4-86310-115-9 C0095